Am Anfang war die Verschwörungstheorie

Marius Raab
Claus-Christian Carbon
Claudia Muth

Am Anfang war die Verschwörungstheorie

Springer

Marius Raab
Institut für Psychologie
Universität Bamberg
Bamberg, Deutschland

Claudia Muth
Institut für Psychologie
Universität Bamberg
Bamberg, Deutschland

Claus-Christian Carbon
Institut für Psychologie
Universität Bamberg
Bamberg, Deutschland

ISBN 978-3-662-53882-1   ISBN 978-3-662-53883-8 (eBook)
DOI 10.1007/978-3-662-53883-8

Die Deutsche Nationalbibliothek verzeichnet diese Publikation in der Deutschen Nationalbibliografie; detaillierte bibliografische Daten sind im Internet über http://dnb.d-nb.de abrufbar.

© Springer-Verlag GmbH Deutschland 2017
Das Werk einschließlich aller seiner Teile ist urheberrechtlich geschützt. Jede Verwertung, die nicht ausdrücklich vom Urheberrechtsgesetz zugelassen ist, bedarf der vorherigen Zustimmung des Verlags. Das gilt insbesondere für Vervielfältigungen, Bearbeitungen, Übersetzungen, Mikroverfilmungen und die Einspeicherung und Verarbeitung in elektronischen Systemen.
Die Wiedergabe von Gebrauchsnamen, Handelsnamen, Warenbezeichnungen usw. in diesem Werk berechtigt auch ohne besondere Kennzeichnung nicht zu der Annahme, dass solche Namen im Sinne der Warenzeichen- und Markenschutz-Gesetzgebung als frei zu betrachten wären und daher von jedermann benutzt werden dürften.
Der Verlag, die Autoren und die Herausgeber gehen davon aus, dass die Angaben und Informationen in diesem Werk zum Zeitpunkt der Veröffentlichung vollständig und korrekt sind. Weder der Verlag noch die Autoren oder die Herausgeber übernehmen, ausdrücklich oder implizit, Gewähr für den Inhalt des Werkes, etwaige Fehler oder Äußerungen. Der Verlag bleibt im Hinblick auf geografische Zuordnungen und Gebietsbezeichnungen in veröffentlichten Karten und Institutionsadressen neutral.

Planung: Marion Krämer
Illustrationen: Pia Deininger
Einbandentwurf: deblik, Berlin
Einbandabbildung: © vu3kkm/stock.adobe.com

Gedruckt auf säurefreiem und chlorfrei gebleichtem Papier

Springer ist Teil von Springer Nature
Die eingetragene Gesellschaft ist Springer-Verlag GmbH Deutschland
Die Anschrift der Gesellschaft ist: Heidelberger Platz 3, 14197 Berlin, Germany

Vorwort: Vor dem Schleier

Hier die *Vernünftigen,* dort die *Spinner:* Verschwörungstheorien polarisieren. Und wir treffen Sie in verschiedenen Kontexten an. Sie begegnen uns in Schriften aus dem alten Rom. Sie prägen das Nachtprogramm von Fernsehspartensendern. Fernsehserien wie Akte X begeistern Millionen. Wir hören vom Spähprogramm der NSA. Wir lesen von Menschen, die in den Kondensstreifen von Düsenflugzeugen ein weltweites Vergiftungsprogramm erkennen – den Chemtrailgläubigen. Sogenannte Reichsbürger, die die Bundesrepublik Deutschland nicht als Staat anerkennen, bilden eine Subkultur und stehen im Zusammenhang mit dem Mord an einem Polizisten, der im Oktober 2016 im Dienst erschossen wurde. Die meisten Menschen werden sich als aufgeklärt bezeichnen und Reichsbürger und Chemtrailanhänger als krude Verschwörungstheoretiker bezeichnen. Und Akte X, das ist ja Entertainment. Aber die Spähprogramme der Geheimdienste, das sind doch zum Teil echte Verschwörungen. Wie passen die dazu? In den sozialen Medien und Internetforen wird genauso über den Begriff gestritten wie in den Feuilletons der großen Zeitungen: „Naive Scheuklappenträger" auf der einen Seite reiben sich an „paranoiden Spinnern". Ein Fortschritt in der Debatte ist nicht erkennbar. Woran liegt das?

Der Begriff Verschwörungstheorie ist sehr unscharf definiert. Meist assoziiert man damit große, umfassende Verschwörungen, etwa die aller Pharmafirmen (Big Pharma), der Regierungen der Welt (Big Government), oder der Daten sammelnden Internetfirmen und Versicherungskonzerne (Big Data). Größe ist aber kein notwendiges Kriterium: Auch eine Fraktion in Ihrem Stadt- oder Gemeinderat kann sich heimlich verabreden. Der politische Gegner, die politische Gegnerin, kann das ahnen und diesen Verdacht und die mutmaßlichen Beweggründe der Verschwörerinnen und Verschwörer öffentlich machen – eine Theorie über eine Verschwörung ist entstanden.

Finstere Beweggründe der Verschwörerinnen und Verschwörer werden oft als Merkmal genannt. Was ist aber objektiv „finster"? Das Sammeln und Analysieren großer Datenmengen kann als totale Überwachung gesehen werden. Es kann aber auch als Mittel eines fürsorglichen Staates betrachtet werden, der uns vor Terroristen schützen will. Finster ist immer relativ und vom Standpunkt des Betrachters abhängig.

Ein Gegenentwurf zu einer offiziellen Theorie kann eine Verschwörungstheorie sein. Wer aber sollte die letzte Deutungshoheit haben und entscheiden, wann eine Erklärung offiziell ist? Nehmen Sie als Beispiel das Attentat vom

11. September 2001: Die offizielle Sichtweise ist ebenfalls eine Theorie über eine Verschwörung. Es waren demnach ja 19 Attentäter von Al Kaida, die im Geheimen und mit der Absicht, viele Menschen zu töten, vorgegangen sind. Wer sollte nun darüber entscheiden dürfen, ob die Erklärung, dass sich Al Kaida gegen die USA verschworen hat, eine Verschwörungstheorie ist – oder eine offizielle Theorie über eine Verschwörung?

Verschwörungstheorien sind Geschichten, die nicht durch Fakten belegt sind: Auch das ist ein häufiges Definitionskriterium. Aber oft sind Fakten ja auch unbekannt, nicht zugänglich (weil zum Beispiel als geheim eingestuft) oder aus anderen Gründen nicht verfügbar. Vor der Enthüllung des US-Spähprogramms durch Edward Snowden war die Annahme über eine globale Totalüberwachung eine Verschwörungstheorie – sogar eine der Theorien, die als besonders unrealistisch abgetan wurden. Hat sich der Charakter der Theorie nun wirklich geändert? Immerhin beziehen wir unser Wissen über einen einzigen Mann – Edward Snowden –, den wir nicht persönlich kennen und dessen Erkenntnisse wir nur durch die Medien gefiltert erhalten haben. Sind wir an einem Punkt, der uns eine abschließende und sichere Einordnung des gesamten NSA-Spähkomplexes ermöglicht, oder ist die gesicherte Datenlage dazu noch zu dünn?

Die meisten Menschen versuchen tagtäglich, sich und ihrer Umwelt einen Sinn abzutrotzen. Und seit Jahrtausenden gehen manche der daraus entstehenden Theorien eben von Verschwörungen aus. Manchmal ist solch eine Verschwörungstheorie sogar die beste unter mehreren

Erklärungen. Manchmal wiederum, auch das werden wir in diesem Buch diskutieren, sind Verschwörungstheorien auch hasserfüllte Ideologien, die gegen Minderheiten hetzen. Wenn Sie jetzt das Gefühl bekommen, dass unsere Welt, und mit ihr die Bewertung von Verschwörungstheorien, nicht nur schwarz-weiß ist, dann werden Ihnen die folgenden Seiten neue Impulse geben, das Phänomen Verschwörungstheorie aus vielen Blickwinkeln zu sehen. Dabei ist es egal, ob Sie eines dieser verbohrten Schlafschafe sind, das die Wahrheit einfach nicht sehen will, oder einer dieser Aluhut tragenden Wahnwichtel.[1]

Eine wissenschaftliche Einordnung und Analyse von Verschwörungstheorien findet erst seit einigen Jahren statt. Das ist umso erstaunlicher, als Verschwörungstheorien wesentliche Eigenschaften aufweisen, die uns helfen, den Menschen an sich besser zu verstehen. Die starke Wirkung, die von Verschwörungstheorien ausgeht, und die große Auswirkung, die Verschwörungstheorien haben können, machen sie zu einem gesellschaftlichen Phänomen, das einer detaillierten und vor allem differenzierten Betrachtung bedarf.

---

[1]Verschwörungstheoretikerinnen und -theoretiker nennen Menschen, die kein Interesse an einer Erschütterung ihres Weltbildes haben, oft „Schlafschafe". Die Nutzerinnen und Nutzer von Antiverschwörungsseiten wie „Der goldene Aluhut" wiederum bezeichnen Menschen die einer Verschwörungstheorie anhängen in ihren Postings manchmal als „Wahnwichtel" – ein Begriff, der von Jutta Ditfurth populär gemacht wurde. Auf die Probleme solcher Etikettierungen gehen wir in späteren Kapiteln ein. Den Schlafschaf-Wahnwichtel-Gegensatz hat der Journalist Gunnar Kaiser schon im April 2015 in einem Essay der Wochenzeitung *Der Freitag* betrachtet – und die Gefahr, die von einer derartigen Dichotomisierung (also einer klaren Aufteilung in das eine oder andere Lager) ausgeht.

Vorwort: Vor dem Schleier

Dieses Buch ist kein Almanach der Verschwörungstheorien. Wir gehen davon aus, dass Sie schon mit vielen solcher Theorien Kontakt hatten. Gerade im Jahr 2016, mit Brexitdebatte und Wahlkampf in den USA, war der Begriff ständig in den Medien präsent. 9/11, Impfen, Chemtrails ... Es ist kaum möglich, die Diskussion um solche Themen nicht zur Kenntnis zu nehmen. Falls Sie aber doch das Gefühl haben, dass Sie noch nicht genügend solcher Theorien kennen: Es gibt im Buchhandel zahlreiche Lexika mit Sammlungen bekannter und exotischer Theorien. Auch auf Wikipedia finden Sie eine Liste. Einige besonders interessante Theorien aus der ganzen Welt schildern wir aber auch in diesem Buch. Manche sind kulturspezifisch und damit eher regional bekannt. Wussten Sie beispielsweise, dass die Sowjetunion angeblich einmal versucht hat, China mit langen Unterhosen zu bekämpfen?

Aber: Vorwissen oder gar vertiefte Kenntnisse in solchen Theorien benötigen Sie nicht. In diesem Buch nehmen wir Sie mit auf eine Reise durch die Ideengeschichte der Verschwörungstheorie. Wir schildern Ihnen Verschwörungstheorien aus verschiedenen Teilen der Welt. Wir zeigen Ihnen, warum uns das Finden von Sinn in der Unordnung Freude bereitet – getreu dem Motto *ordo ab chao*, Ordnung aus dem Chaos, ein Leitspruch, der oft mit der Freimaurerei in Verbindung gebracht wird. Auch diskutieren wir, welche Chancen und welche Grenzen uns die Wissenschaft bietet, wenn wir versuchen, die Welt besser zu verstehen. Wir werben in diesem Buch einerseits für einen differenzierten Umgang mit dem Phänomen

Verschwörungstheorie, andererseits hoffen wir, Wege aufzuzeigen, wie Sie souveräner auf Verschwörungstheorien reagieren, und welche Kriterien Sie zu ihrer Bewertung einsetzen können.

Verschwörungstheorie – das ist für uns in diesem Buch zuerst einmal ein sehr weit gefasster Begriff:

> Immer wenn Menschen eine Erklärung für ein wichtiges Ereignis oder Geschehen aufstellen, in dem die geheime Verabredung von mindestens zwei Menschen als wesentlicher Bestandteil enthalten ist, dann sehen wir darin eine Verschwörungstheorie.

Uns ist dabei egal, wie groß die Verschwörung ist. Eine tatsächliche Verschwörung, zum Beispiel im Bauausschuss der eigenen Kommune, kann das eigene Leben sogar stärker betreffen als eine Verschwörung auf weltpolitischer Ebene. So zentral und relevant das für unseren *Umgang* mit Verschwörungstheorien ist, berücksichtigen wir für unsere *Definition* auch nicht, ob es sich um eine geheime Verabredung zum Guten oder zum Schlechten handelt. Wenn wir nun zunächst auf Verschwörungstheorien eingehen und sie beschreiben, so nehmen wir hierbei keine wertende Position ein, vielmehr interessiert uns wann, weshalb und wie Menschen Theorien über Verschwörungen bilden und gebildet haben. Auch Kriterien wie Wahrheit („Ist das wirklich so, wie in der Theorie behauptet?") und die Absicherung mit Fakten („Stimmen die in der Theorie vorgebrachten Fakten?") ignorieren wir zunächst. Wie man aber diese wichtigen Einschätzungen treffen könnte, diskutieren wir in späteren Kapiteln. Lassen Sie uns nun beginnen mit einem weiten und offenen Blick auf das Phänomen.

Bamberg, Deutschland	Marius Raab
Januar 2017	Claus-Christian Carbon
	Claudia Muth

Inhaltsverzeichnis

1 Am Anfang war die Verschwörungstheorie 1

2 Heute ist alles „post" 19

3 Dystopien und Verschwörungstheorien 33

4 Philosophie oder: Die Pille der Vernunft 65

5 Die Magie der Komplexität 91

6 Vom Rätsel zur Ordnung: Über das Vergnügen an (un-)sinnigen Zusammenhängen 107

7	Die Kraft der Erzählung: Warum wir (Verschwörungs-)Geschichten lieben	119
8	Eine Dosis Wahrheits-Globuli, bitte: Möglichkeiten und Grenzen der wissenschaftlichen Methode	143
9	Ein rutschiger Abhang: die Abgründe des Verschwörungsglaubens	175
10	Wie tickt ein Verschwörungstheoretiker?	189
11	Der Verschwörungsbaukasten	213
12	Wie man mit Verschwörungstheorien umgeht, ohne den Verstand zu verlieren	227
13	Verschwörungstheorien aus aller Welt	255
14	Schlafschaf oder Wahnwichtel? Bleiben Sie flexibel!	267
Literatur		277
Sachverzeichnis		287

Über die Autoren und Illustratorin

Über die Autoren

Marius Raab hat als Psychologe über experimentelle Ansätze zur Erforschung von Verschwörungstheorien promoviert. Mehr noch als die Extremfälle – Vorstellungen von außerirdischen Echsenwesen und einer flachen Erde – interessiert ihn, warum praktisch alle Menschen an die eine oder andere Verschwörungstheorie glauben, warum das psychologisch und gesellschaftspolitisch auch sein Gutes haben kann und wann solche Theorien gefährlich sind. Ende der 1980er-Jahre hätte er gerne einen Plattenspieler gehabt, der Schallplatten rückwärts abspielen kann.

Claus-Christian Carbon ist Professor für Psychologie an der Universität Bamberg und hat Psychologie und später Philosophie studiert. Er forscht und lehrt zu Themen, die eng mit Verschwörungstheorien verknüpft sind: Wahrnehmung, Gedächtnis, Ästhetik, Denken, Problemlösen, Persuasion und Akzeptanz. Er interessiert sich vor allem für psychische Phänomene in komplexen Wirkzusammenhängen, bei denen allzu einfache Erklärungen zu kurz greifen und die eine gesamtheitliche Betrachtung notwendig machen. Verschwörungstheorien sind für ihn ein paradigmatisches Mittel, um dynamische psychische Prozesse wissenschaftlich untersuchen zu können.

Claudia Muth ist Wahrnehmungsforscherin und Künstlerin. Sie forscht und lehrt an der Universität Bamberg und arbeitet für den **turm**der**sinne**, ein interaktives Museum zu den Themen Wahrnehmung und Täuschung. Sie beschäftigt sich mit dem Vergnügen am Erzeugen von Bedeutung, insbesondere für Fälle, in denen sich die Welt sträubt, in einfache Muster zu passen. Dazu gehört die Wahrnehmung von Kunst und Täuschungen genauso wie die komplexer Ereignisse, die über Verschwörungstheorien scheinbar bedeutsam werden.

Illustratorin

Pia Deininger hat Kunstpädagogik, Kunstgeschichte und Philosophie studiert. Als Lehrbeauftragte an der Universität Bamberg beschäftigt sie sich hauptsächlich mit der Wirkungsweise von Kunst. Sie zeichnet Comics, illustriert Texte und malt in Acryl- und Aquarelltechnik. Im Moment arbeitet sie an einem Comic, der über Prosopagnosie (Gesichtsblindheit) aufklären soll.

Zusammenfassung

Verschwörungstheorien psychologisch zu ergründen ist wichtig: Wir finden dieses Phänomen seit dem Beginn menschlicher Kultur. Oft sind sie fiktional, basieren manchmal aber auch auf realen Fakten. Angeblich bewachen Tempelritter den Heiligen Gral und Reptilienwesen kontrollieren die Welt; tatsächlich wird unsere gesamte digitale Kommunikation überwacht. Oft sind diese Theorien gefährlich und hetzerisch, andere fordern aktives Eintreten für Demokratie und Menschenrechte. *Die* Verschwörungstheorie gibt es nicht, und auch nicht *die* Verschwörungstheoretiker. Psychologische Grundmechanismen wie das Vergnügen an guten Geschichten, am Rätsellösen und der Wunsch nach Selbsterkenntnis spielen eine Rolle. Dieses Buch erklärt die Hintergründe und zeigt, wie man souverän auf Verschwörungstheorien reagiert, aber auch, was den Reiz von

Verschwörungstheorien ausmacht. Wir dürfen Ihnen nicht sagen, wer John F. Kennedy wirklich umgebracht hat, aber wir können Ihnen sagen, warum uns diese Frage bis heute nicht loslässt.

1

Am Anfang war die Verschwörungstheorie

Unser Maskottchen Adam begleitet Sie in diesem Buch auf den Stufen zur Erkenntnis.

Wann entstand die erste Verschwörungstheorie? Sicher wissen können wir das nicht. Wir nehmen aber an, dass die erste Verschwörungstheorie etwa 12.000 Jahre vor Beginn unserer Zeitrechnung entstand, irgendwo im heutigen Syrien. Schriftliche Überlieferungen aus dieser Zeit gibt es nicht, die ersten Tontafeln sind rund 6000 Jahre jünger. Was also bringt uns auf diese Idee?

1.1 Das Bedürfnis nach Abgrenzung

Im sogenannten fruchtbaren Halbmond – heute Syrien, Israel und der Irak – lagen um diese Zeit äußerst urbare Gebiete. Hier beginnt nach unserem heutigen Wissensstand die Sesshaftigkeit. Erstmals lassen sich Menschen dauerhaft nieder, gründen Siedlungen, betreiben Ackerbau und Viehzucht auf fester Scholle. Diese Periode der Jungsteinzeit wird manchmal auch neolithische Revolution genannt. Mit der Sesshaftigkeit beginnt die menschliche Kultur, wie wir sie heute kennen: Erst die stabile Siedlungsstruktur ermöglicht zuverlässig die Bewahrung und Weitergabe komplexer Handwerkstechnik.

Ein unerhörter Vorgang war das. Heute erscheint uns Sesshaftigkeit selbstverständlich. Damals aber muss es auf Nomaden wie ein Frevel gewirkt haben, wenn sich ein Grüppchen Menschen auf einmal an einer schönen Wasserstelle niederlässt und diese exklusiv für sich beansprucht. Menschen passen sich nicht mehr nur der Natur an – Menschen beginnen damit, die Natur an ihre Bedürfnisse anzupassen. Man kann auch sagen: Da haben sich Menschengruppen gegen den Rest der Gesellschaft – und gegen die Natur – verschworen und mit der Landnahme die Existenz anderer Menschen gefährdet.

Mit der Sesshaftigkeit hatten auch Infektionskrankheiten ein leichteres Spiel, da die Menschen eng beieinander wohnten. Und eine vergiftete Wasserquelle ist ein großes Problem, wenn man an die Scholle gebunden und der nächste Brunnen weit weg ist. Ist es da abwegig, dass diese frühen Siedlerinnen und Siedler das verdächtige umherfahrende „Gesindel", die Nomaden, der Brunnenvergiftung bezichtigt haben könnten?

Wahrscheinlich drehten sich die ersten Verschwörungstheorien also um Grenzen im wörtlichen Sinn, um die Abgrenzung der eigenen Siedlung gegenüber der ungezügelten Natur und gegenüber den nomadisch lebenden Menschen. Die Rechtmäßigkeit dieser Grenzen wurde dadurch betont, dass Natur und „unzivilisierte" Menschen eben jene Grenzen infrage stellten. Eine Sache, die in ihrer Existenz bedroht ist, steigt im Wert. Eine Trennlinie, die von anderen nicht respektiert wird, muss verteidigt werden.

Mit der Sesshaftigkeit begann der Aufstieg einer Gruppe von Handwerkern, die bis heute eine besondere Rolle in Verschwörungstheorien spielen: der Aufstieg der Baumeister. Wer sesshaft wird, muss bauen. Am Anfang waren das Hütten, Brunnen, Einzäunungen. Dann folgten Mauern und kleine Tempel – und Verteidigungsanlagen. Die ersten guten Baumeister waren mit Sicherheit die Berühmtheiten der Siedlungsgemeinschaft. Ihr Können hat erst die damalige neue Gesellschaftsordnung ermöglicht. So wie heute Mark Zuckerberg (Gründer von Facebook) und Steve Jobs (Gründer von Apple), so waren damals diese Baumeister die Protagonisten und

Architekten einer neuen Zeit. Sie ermöglichen, dass aus gedachten Grenzen Mauern aus Stein wurden. Sie standen dabei auch im Austausch mit anderen Siedlungen und verfeinerten und perfektionierten ihr Handwerk, behielten die Geheimnisse dieses Handwerks aber für sich. Eine Gruppe mit Geheimwissen, die Großartiges hervorbringt: Hier liegen die Ursprünge des Freimaurer-Mythos. Die Bewahrung und Weiterentwicklung von Zunftwissen ist zwar kein exklusives Merkmal der Maurer – Schreiner und Kupferstecher etwa haben es im Mittelalter nicht anders gemacht. Da für ein großes Bauwerk aber schon immer sehr viele, sehr gut ausgebildete Steinmetze gebraucht wurden, hatte dieses Handwerk schon sehr früh einen hohen Organisationsgrad. Und die Steinmetze kamen viel herum.

Die moderne Freimaurerei sieht ihren Ursprung im 18. Jahrhundert, als Ideale der Aufklärung und des Humanismus begannen, unsere Gesellschaft zu verändern. Die Mitglieder dieser Logen waren und sind spekulative Freimaurer: Sie bearbeiten keine Steine, sondern sie arbeiten an ihrem Charakter und an der Gesellschaftsordnung. Verschwiegenheit und nur Eingeweihten bekannte Rituale sind wichtige Merkmale der Freimaurerei. Das Wirken im Verborgenen war während der Aufklärung ebenso überlebensnotwendig wie unter totalitären Regimen: Die humanistischen Ideen der Freimaurerei waren gefährlich für absolutistische Herrscher und Diktatoren. Das Wirken im Untergrund machte diese Vereinigungen aber seit jeher verdächtig und war mit verantwortlich für die zahlreichen Freimaurer-Mythen.

Die Freimaurer des Mittelalters hingegen waren wirkliche Steinmetze – wie von Ken Follett in seinem Bestseller

Die Säulen der Erde beschrieben. In manchen esoterisch-okkulten Büchern unserer Zeit wird der ideelle und spirituelle Beginn der Freimaurerei noch deutlich früher gesehen, beim Bau des Tempel Salomos in alttestamentarischer Zeit. Vor und während des Tempelbaus befand sich die Bundeslade, das Allerheiligste des Volkes Israel, im sogenannten Stiftszelt – die Tempelbaumeister schufen also einen steinernen, weltlichen Raum für die Gegenwart Gottes. Eine höhere Ehre ist in einer religiösen Gesellschaft für Handwerker nicht denkbar. Aus der herausgehobenen Stellung der Steinmetze und aus der Tradierung von Geheimwissen speist sich bis heute der Mythos der Freimaurerei.

Das Auftreten von Verschwörungstheorien mit Beginn der Sesshaftigkeit ist Spekulation, denn wie bereits erwähnt sind Schriften aus dieser Zeit nicht überliefert. Aus archäologischen Funden lassen sich die hier aufgestellten Thesen kaum ableiten. Aus psychologischer Sicht ist das geschilderte Szenario aber recht wahrscheinlich: Auch damals haben die Menschen Sündenböcke gesucht, um gesellschaftliche Probleme zu erklären. Das wird umso mehr zutreffen, wenn die eigentlichen Ursachen für bestimmte Phänomene nicht erklärbar waren, was zum Beispiel bei ansteckenden Krankheiten der Fall war.

1.2 Zehntausend Jahre später

Es gibt dennoch Möglichkeiten, unsere Thesen zu überprüfen: Wenn an diesen Behauptungen über die ersten Verschwörungstheorien etwas dran ist, dann sollten sich in den ersten schriftlichen Überlieferungen aus diesem Kulturkreis Anhaltspunkte dafür finden. Falls wir dort Hinweise auf die genannte Verschwörung finden, dann wäre das ein starkes Indiz dafür, dass dieser Konflikt zwischen Nomaden und Sesshaften damals eine zentrale Rolle spielte.

In den ältesten Schriften – genauer gesagt, auf Tontafeln mit Keilschrift – aus dem Zweistromland, wird dieser Konflikt tatsächlich geschildert. Auf sumerischen Tafeln aus dem 2. Jahrtausend vor unserer Zeitrechnung werden Abzu (der Ausgang von allem; und der Süßwasserozean unter der Erde) und Tiamat (die Urmutter, die alles gebar; das Salzwasser) beschrieben. Eines Tages waren die beiden alten Gottheiten nicht sehr gut auf die junge Göttergeneration zu sprechen, da die Jungen Lärm und Aufruhr verursachten. Abzu wollte die jungen Götter töten, denn er ahnte: Es dauert nicht mehr lang, bis die Jungen uns Alte herausfordern. Enki, ein junger Gott, der später noch den Menschen erschaffen würde, hat Abzu daraufhin gebannt, sich seiner bemächtigt und war fortan selbst Herr über das Süßwasser. Enki war der Bewahrer der *Me*, der sumerischen Kulturtechniken und Moralvorstellungen. Die *Me* regeln die grundlegenden Beziehungen zwischen der göttlichen und menschlichen Sphäre. Sie sind in fragmentarischen Auflistungen überliefert.

Diese sumerische Kultur brachte die ersten Städte der Menschheitsgeschichte hervor. Die sumerische Sprache und Schrift unterscheidet sich allerdings so radikal von den uns bekannten Sprachen, dass jede Übersetzung schwierig und verlustreich ist. In der Psychologie besagt die *Sapir-Whorf-Hypothese* (benannt nach ihren Erfindern,

Edward Sapir und Benjamin Whorf), dass die Sprache unser Denken formt. Demnach hätte sich auch das Denken der Menschen im alten Sumer radikal von unserer heutigen Art zu denken unterschieden. Wenn also heutige Übersetzungen der *Me*-Listen göttliche Insignien, Priesterämter, Handwerkstechniken, die Weisheit an sich, Musikinstrumente und Prostitution als Kulturtechniken nennen, dann wirkt die Zusammenstellung auf uns befremdlich. Wir würden andere Kategorien bilden. Aus sumerischer Sicht waren aber all diese grundverschiedenen Dinge offenbar gleichberechtigte Facetten der Kultur und verdienten göttlichen Schutz. Sie ermöglichten das Zusammenleben in festen, ortsgebundenen Gemeinschaften. Enki wurde also zum Bewahrer des Süßwassers, Erschaffer des Menschen, Gott der Weisheit und Bewahrer der Kultur. Er machte die Lande fruchtbar, indem er in Euphrat und Tigris ejakulierte, um sie mit „seinem Wasser" zu füllen.

Bevor die Jungen diese führende Rolle einnehmen konnten, musste aber erst der Chaoskampf zwischen den alten und den jungen Göttern ausgetragen werden.

Die Urmutter Tiamat war aufgebracht, dass Abzu in der Unterwelt gebannt war. Mit elf Kampfdämonen zog sie in den Krieg gegen die Jungen, die so viel Unruhe stifteten. Doch die jungen Götter bekamen kalte Füße. Sie suchten jemanden, der es für sie mit Tiamat aufnehmen konnte. Auftritt Marduk: Er, ein Sohn des Gottes Enki, erklärte sich bereit, der Champion dieser Verschwörung der jungen Wilden zu werden. Mit Pfeil und Bogen spaltete er Tiamat und schlitzte ihren Körper auf. Aus dem, was da so herausquoll aus der Urmutter, baute Marduk den Himmel und die Erde. Er erfand den Kalender, war oberster Bewacher des Getreides und wies die Felder zu. Mit den Jahrhunderten stieg Marduk in den göttlichen Hierarchien immer weiter auf, bis er rund 1500 Jahre vor der Zeitenwende im alten Babylon als die oberste Gottheit verehrt wurde: Bezwinger des Urchaos, oberster Baumeister – manchmal als Mensch dargestellt, manchmal als Spaten.

Es ist vielleicht nicht überraschend, dass in den alten sumerischen und babylonischen Schöpfungsgeschichten der Kampf zwischen Naturgewalt und Kultur geschildert wird. Schließlich ist das Motiv häufig in alten Mythen zu finden. Es hat die Menschen offenbar so angesprochen, dass es in viele andere Kulturen weitergetragen wurde. Es begegnet uns beispielsweise bei den Griechen als Kampf zwischen Göttern und Titanen. In nordischen Mythen war es Thor, der die Midgardschlange besiegte. Bemerkenswert ist aber, dass der Götterkampf gleichzeitig eine Verschwörungstheorie ist: Der Zustand der Welt wird mit der verborgenen Verabredung mächtiger Wesen erklärt. So bringt im alten Sumer die Verschwörung der jungen Götter Marduk an die Macht, der die Welt neu ordnet. Die Eingeweihten (die Priester) haben diese Geschichte erkannt und offenbaren sie in ihren Riten dem Volk.

Samuel Noah Kramer hat 1956 in seinem Buch *Geschichte beginnt in Sumer* 39 Begebenheiten und Konzepte aufgezeigt, die hier erstmals in der Menschheitsgeschichte vorkommen: die ersten Schulen, die ersten moralischen Vorstellungen, die ersten Tierfabeln, das und eben auch die erste Kosmogonie, also die erste überlieferte Geschichte vom Werden von Himmel und Erde. Wir sollten Kramers Aufzählung als 40. Begebenheit die erste Verschwörungstheorie hinzufügen: nämlich, dass die jungen Götter heimlich Marduk auserkoren haben, die Welt neu zu ordnen und eine neue Kultur zu bauen. Noch heute wird den Baumeistern respektive Freimaurern und anderen Geheimgesellschaften die Arbeit an einer so genannten „Neuen Weltordnung" (NWO) nachgesagt. Sie ist in vielen der extremen politischen Verschwörungstheorien die ultimative Schreckensvision und verweist auf eine versklavte breite Masse unter der Herrschaft einer skrupellosen Elite.

An diesem Beispiel sehen Sie, warum Geschichte immer eine Geschichte von Verschwörungen ist; warum jedes Nachdenken über den Zustand der Welt immer auch Verschwörungstheorien umfassen wird. Egal wie unsere Gesellschaft aussieht, und egal wer Macht ausübt in dieser Gesellschaft: Jede Veränderung, und sei sie noch so positiv für einen Teil dieser Gesellschaft, wird immer auch ein paar Verlierer mit sich bringen. Geplante Veränderungen beginnen deshalb meistens im Geheimen. Es geht gar nicht anders.

Wenigstens in jener Geschichte, führten diese Veränderungen zum Guten! Enki, Marduk – sie haben der sumerischen und babylonischen Kultur Fruchtbarkeit und Weisheit gebracht und das Urchaos besiegt. Selbst da war geheimes Planen kleiner mächtiger Gruppen unvermeidbar. Eine Verschwörung muss also nicht immer einen üblen Zweck verfolgen. In seinen Memoiren erinnert sich beispielsweise der ehemalige Regierende Bürgermeister von Berlin, Walter Momper, an die Zeit unmittelbar vor dem Mauerfall. Den Politikern damals war bewusst, dass eine Grenzöffnung nur eine Frage der Zeit war. Der

Journalist Johannes Gernert hat 2009 die Chronologie der „Projektgruppe zur Vorbereitung auf einen verstärkten Besucher- und Reiseverkehr aus Ostberlin" zusammengestellt. Diese Projektgruppe, vulgo: die Taskforce Mauerfall, wurde eine gute Woche vor dem 9. November gegründet, um Westberlin auf eben jenen Mauerfall einzustimmen. Polizei, Verwaltung, Verkehrsbetriebe – sie wurden vorbereitet auf 500.000 Touristinnen und Touristen, die um das erste Adventswochenende 1989 aus Ostberlin erwartet wurden. Es wurden dann etwa vier Mal so viele, und die Mauer fiel drei Wochen früher. Aber der Umbruch hat Westberlin nicht kalt erwischt.

Ausgelöst hat diese Vorplanungen mutmaßlich Günter Schabowski, damals Mitglied im ZK der SED. Er hat wohl schon einige Wochen vor dem Mauerfall im Verborgenen Informationen weitergegeben. Auf der historischen Pressekonferenz am 9. November 1989 hat Schabowski, als wäre er selbst überfordert und überrumpelt, den Zettel mit der Reiseregelung dann vorgelesen. In unserem kollektiven Gedächtnis ist der 9. November 1989 ein Tag, an dem ein Zufall, ja eine Unachtsamkeit die Weltgeschichte veränderte. Selbst wenn die genaue Stunde, in der die Grenzöffnung bekannt gegeben wurde, nicht vorhersehbar war: Wir machen uns oft nicht bewusst, dass der Mauerfall ein langer Prozess mit vielen öffentlichen Geschehnissen (wie den Montagsdemos), aber auch mit vielen geheimen Absprachen im Westen wie im Osten war. Selbst gute Absichten müssen manchmal in aller Stille eingefädelt werden. Ein Putsch gegen ein brutales Regime? Ein Mord an einem Tyrannen? Selten werden derlei Absichten öffentlich diskutiert.

Wenn die Veränderung aber Vorteile für eine kleine Elite bringt, für die meisten Menschen hingegen Nachteile, dann sind Geheimhaltung und Verschwörung noch wichtiger – aus Sicht dieser Elite zumindest. Sobald die finsteren Absichten erst einmal als Verschwörungstheorie kursieren und so weithin bekannt werden, haben es die Dunkelfrauen und Dunkelmänner schwerer.

Verschwörungstheorien stehen also am Anfang der überlieferten Geschichte. Sie sind ein Grundnarrativ, denn geplante Veränderungen, zum Guten wie zum Schlechten, werden oft zunächst im Geheimen vorbereitet: kein Wunder, dass das Verschwörungsmotiv sich als roter Faden durch die Geschichte zieht.

1.3 Möglichkeiten und Wirklichkeiten

In Sumer und Babylon stand eine göttliche Verschwörung am Anfang der Kultur. Der Schöpfungsmythos ist also eine Verschwörungstheorie. Betrachten wir nun ein Weltreich, in dem knallharte Machtpolitik wichtiger war als göttliche Überlieferung.

Sieben – fünf – drei … Sie erinnern sich bestimmt! Rom schlüpft aus dem Ei. Victoria Emma Pagán (2005, 2012) hat Quellen aus dem Römischen Reich auf Verschwörungen und Verschwörungstheorien abgeklopft. Ihr Fazit: „Römische Politik scheint gleichbedeutend zu sein mit Intrige, und anscheinend ist keine Verschwörung komplett ohne die Beteiligung einer Frau, eines Sklaven und manchmal sogar eines Ausländers.[1]"

---

[1] Übersetzung aus dem Englischen.

Drei Beispiele:

1. Die *Catilinarische Verschwörung*: Der römische Politiker Lucius Sergius Catilina wollte sich 63 v. Chr. an die Macht putschen, aber der Putsch scheiterte. Wer ihn unterstützt hatte, wurde der Verschwörung bezichtigt und hingerichtet.
2. Der *Bacchanalienskandal* 186 v. Chr., Schauplatz ebenfalls das republikanische Rom. Tausende Menschen, Anhänger des Bacchus-Kultes, wurden der Verschwörung gegen die öffentliche Ordnung angeklagt und hingerichtet.
3. Die *Pisonische Verschwörung*: Verschwörung von Gaius Calpurnius Piso gegen Kaiser Nero 65 n. Chr., abermals in Rom, wiederum gescheitert. Piso und rund 40 Anhänger wurden der Verschwörung angeklagt, einige wurden hingerichtet, einige verbannt, einige wenige freigesprochen.

Sehr wahrscheinlich haben sich solche und andere Geschichten in Windeseile verbreitet – auf dem Forum, in den Straßen, Gassen und in den Thermen. Gut möglich, dass es schon vorher Gerüchte gab: Verschwörungstheorien, alternative Erklärungen und wilde Spekulationen über Hintermänner und Strippenzieher.

In diesen Geschichten werden politisch-moralische Grundsatzfragen verhandelt: Macht und Einfluss des Staates – und wie weit der Einfluss reichen darf. Die Catilinarische und die Pisonische Verschwörung waren Angelegenheiten des Adels, aber im Bacchanalienskandal waren tausende von Bürgerinnen und Bürgern verstrickt.

Letztere sollen teilgenommen haben an wilden Sexorgien – Verbrechen bis hin zu Giftmischerei und Mord waren angeblich Teil des Kultes. „Tabulose Orgien bei der irren Mördersekte" würde die Schlagzeile heute vermutlich auf einschlägigen Covern lauten. Im Jahr 186 v. Chr., als der römische Senat die Kultvereine quasi verboten hat, wird das Volk nicht weniger sensationshungrig gewesen sein. Wenn es damals schon besorgte Bürger gab, dann war das ihre Stunde.

Die Quellenlage zu Verschwörungen und Verschwörungsdenken im alten Rom mag schon umfangreich sein, ein Ereignis jedoch hallt bis heute nach, jedes Schulkind lernt es: die *Iden des März*, also der 15. März des Jahres 44 vor unserer Zeit. Gaius Julius Cäsar ist einer der bekanntesten Feldherren aller Zeiten. Er überschritt einst den Rubikon und zog gegen Rom in den Bürgerkrieg. Cäsar, Kaiser, Zar – der Ehrentitel hat sich fast 2000 Jahre gehalten und in Deutschland beispielsweise erst 1918 den Bezug zum Machtanspruch verloren. Der Mord an Cäsar war einer der wichtigsten Wendepunkte der Geschichte. Damit ist noch nicht einmal die tatsächliche Veränderung der Weltläufe gemeint, sondern die ikonische Bedeutung des Ereignisses. Orakelhafte Warnungen, Tyrannenmord, eine dysfunktionale Männerfreundschaft zu Brutus, kurzum: Dramenstoff für mindestens 2000 Jahre.

Der 15. März 44 v. Chr. hat viele Gemeinsamkeiten zum 11. September 2001. Ein offenkundiger Unterschied allerdings ist natürlich der Blutzoll. *9/11 2001* forderte über 3000 Leben ganz normaler Menschen. *3/15 44* ist ein Mensch gestorben, zudem ein Kriegsherr und mutmaßlicher Tyrann. Aber Opfer aufrechnen ist niemals gerechtfertigt, Tod und Leid sind niemals relativ. Wir bitten Sie deshalb bei der folgenden Betrachtung, auf die Bedeutung für die Weltgeschichte und die Struktur der Erzählung (und der Verschwörungstheorien dazu) zu fokussieren. Das verursachte Leid klammern wir dabei aus, um es nicht zu relativieren.

Bei 3/15 ist die offizielle Version, dass 60 bis 80 Mitglieder des römischen Senats Cäsar loswerden wollten. Zu viele waren ihm wahrscheinlich einen Gefallen schuldig, hatten Angebote angenommen, die sie nicht ablehnen konnten, und sahen dabei, wie Cäsar immer mehr zum Tyrannen mutierte. Cäsar derweil tat alle Vorzeichen eines bevorstehenden Attentats ab. Seine Frau hatte Albträume, ein Weissager warnte ihn vor den Iden des März, aber Cäsar war nicht davon abzuhalten, das Theater des Pompeius zu betreten. Dort haben ihn die Verschwörer dann mit ihren Schreibgriffeln erstochen. Die Ironie der Geschichte liegt nun darin, dass eben dieser Tyrannenmord eine Dynamik in Gang setzte, die im Bürgerkrieg und schließlich in der Abschaffung der Republik endete.

Die offizielle Version der Iden des März ist also eine Verschwörungstheorie: Einige Männer haben sich heimlich verabredet, die Regierung zu stürzen, um damit auch persönlich einen Vorteil zu erhalten. Die Quellenlage ist dünn und stützt sich hauptsächlich auf eine Schrift von Sueton. Diese Verschwörungstheorie ist aber gleichzeitig die offizielle Theorie, wird im Geschichtsunterricht vermittelt und seit über 2000 Jahren immer wieder neu gedeutet. Shakespeare etwa hat den Konflikt zwischen Monarchie und Republik in seinem Stück *Julius Cäsar* aufgegriffen, ohne ihn aufzulösen. „Brutus ist ein ehrenwerter

Mann", dieser Satz aus Shakespeares Drama ist ein Aphorismus der humanistischen Kulturgeschichte und ins Unbewusste jeder Gymnasiastin und jedes Gymnasiasten eingebrannt.

Die inoffiziellen Verschwörungstheorien zu diesem Ereignis setzen natürlich noch eins drauf. Vielleicht hat Cäsar ja von dem Komplott geahnt und es geschehen lassen? Er litt immer häufiger unter epileptischen Anfällen und hatte Angst, senil und gebrechlich im Bett zu sterben. Er, der große Feldherr und Herrscher! Walter Jens hat 1969 in seinem Fernsehspiel *Die Verschwörung* genau diese Handlung weitergedacht. Cäsar erklärt dort sein Motiv, in den sicheren Tod zu gehen: „Wenn Caesar stirbt, muß die Welt den Atem anhalten: nur noch Fragen, keine Antworten mehr."

Die Legendenbildung war erfolgreich. Immerhin ist Cäsar nicht einmal zwei Jahre nach seinem Tod – als erster menschlicher Römer überhaupt – offiziell in den Rang eines Gottes erhoben worden. In den Anmerkungen schreibt Walter Jens, sein Stück halte sich nicht an die Wirklichkeit, sondern an die Möglichkeit. Wirklichkeit jedenfalls wurde, dass nicht zuletzt dieser grandiose Abgang den Ruf Cäsars auf ewig gefestigt hat. Die Wahrheit können wir 2000 Jahre später nicht mehr finden, aber wir können in der Rückschau beurteilen, welche Möglichkeit zur Wirklichkeit wurde. In der Verschmelzung aus menschlicher und göttlicher Sphäre in einer Person, in Gaius Julius Cäsar, wird jedenfalls ein Prinzip wirksam, das der Philosoph und Erkenntnistheoretiker Karl Raimund Popper (1958) bei Verschwörungstheorien vermutet hat: Wenn die Religion ihren Allmachtsanspruch verliert und Geschehnisse nicht mehr auf Götter zurückgeführt werden, werden ihre Erklärungsmuster trotzdem beibehalten. Praktisch allmächtige Menschen werden dann anstatt der Götter zu Strippenziehern. Das Beispiel von Enki aus dem alten Sumer passt gut zu dieser These. Sehr mächtige göttliche Wesen mit menschenähnlichen Zügen hatten sich verschworen und spielten mit dem Schicksal der Welt. Im alten Rom waren es schon sehr mächtige Menschen mit göttlichen Attributen. Von der Säkularisation ist Cäsar aber noch 1800 Jahre entfernt – das Menschliche und das Göttliche waren in der Menschheitsgeschichte nicht sauber getrennt voneinander; die Grenzen der beiden Sphären waren nicht so klar, wie Popper es 1958 wahrgenommen hat, sie haben sich immer wieder verschoben, wurden durchlässiger und dann wieder härter.

Mit den Attentaten vom 11. September 2001 hat der Cäsar-Mord zunächst gemein, dass das Datum Pars pro Toto reicht, um das Ereignis selbst zu beschreiben. Die Iden des März und 9/11 – beide sind sprichwörtlich geworden für drohendes Unheil und unerwartetes Grauen. Beiden gemeinsam ist auch, dass die offizielle Erklärung eine Verschwörungstheorie ist. Bei Cäsar haben sich Senatoren verschworen, bei 9/11 hat sich nach offizieller Lesart ein Dutzend Attentäter unter der Führung von Osama bin Laden heimlich und aus böser Absicht zu der Tat verabredet.

Heute, über 15 Jahre nach den Anschlägen auf das World-Trade-Center, erscheint uns 9/11 als ein Wendepunkt der westlichen Nachkriegsgeschichte, so wie 3/15 ein Schicksalsdatum Roms war. Cäsars Tod läutete das Ende der Republik ein, der Tyrannenmord brachte also genau die Entwicklung, die er eigentlich verhindern sollte. Im heutigen Amerika mahnen Bürgerrechtlerinnen und Bürgerrechtler, dass die Freiheitseinschränkungen durch den *Krieg gegen den Terror* die Demokratie mehr gefährden als die Terroristen selbst. Wo hört die Freiheit des Einzelnen auf? Wo und wie stark darf der Staat die Grenzen der Privatsphäre seiner Bürgerinnen und Bürger überschreiten? Haben die Vereinigten Staaten das Recht, Staatsgrenzen im Nahen Osten zu verletzen, um militärisch ihre Interessen durchzusetzen? Vielleicht ahnen Sie jetzt schon eine weitere Gemeinsamkeit: So wie Verschwörungstheorien behaupten, dass Cäsar das Mordkomplott begrüßt oder sogar selbst eingefädelt hat, so werden auch die USA von der sogenannten *Trutherbewegung* beschuldigt, dass sie 9/11 geahnt und nicht verhindert oder sogar selbst eingefädelt hätten.

9/11 war eine Grenzüberschreitung. Die erste große, kriegerische Attacke ausländischer Aggressoren auf dem Gebiet der Vereinigten Staaten (vorherige nationale Traumata wie *Pearl Harbor* begaben sich nicht innerhalb der Festlandgrenzen der USA). Moralisch hat der Angriff die Grenzen der Nation erschüttert.

Vielleicht spüren Sie gerade eine Unzufriedenheit mit dem Begriff der Verschwörungstheorie. Wie kann die offizielle Theorie gleichzeitig eine Verschwörungstheorie sein? Und Babylon – Rom – New York, über eine Zeitspanne von mindestens 4000 Jahren, das ist gewiss eine sehr große zeitliche und inhaltliche Klammer. Nur: Wo sollte man die Grenze ziehen? In späteren Kapiteln wird noch die Rede sein von weiteren echten Verschwörungen und wilden Verschwörungstheorien unserer Zeit. Der kurze Blick in die

Vergangenheit, den wir hier gewagt haben, hat uns aber schon gezeigt: Verschwörungen und Theorien über diese Verschwörungen hat es in der menschlichen Kultur schon immer gegeben.

Wo stehen wir heute? Postmoderne, Postdemokratie, postfaktische Politik – geht es nach den Schlagworten in den Zeitungsmeldungen und den Kommentatorinnen und Kommentatoren in Zeitungen und Internetforen, dann ist die heutige Zeit noch viel, viel verwirrender als jemals zuvor. Der ideale Nährboden also für Verschwörungstheorien.

Zusammenfassung

- Schon in den ersten schriftlich überlieferten Texten der Menschheit spielen Verschwörungen eine wichtige Rolle.
- Eine Legendenbildung mit konkurrierenden Erklärungen gab es auch im klassischen Altertum: Die Ermordung von Gaius Julius Cäsar ist ein Beispiel dafür.
- Verschwörungen und Theorien über mutmaßliche Verschwörungen sind kein Phänomen der Neuzeit.

2

Heute ist alles „post"

Manche sehen das Zeitalter der Moderne an einem Ende. Folgt nun ein postfaktisches Zeitalter, in dem gefühlte Wahrheiten *wichtiger sind als Tatsachen?*

2 Heute ist alles „post"

Unsere Welt ist „post": postmodern, postdemokratisch, postfaktisch. Zumindest schwirren diese Begriffe immer wieder durch die Debatten, stehen in Leitartikeln und sind Buzzwords in Fernsehtalkshows und in den Diskussionsforen des Internets. Post – das heißt, früher war es anders; und möglicherweise auch besser. Auf jeden Fall aber wusste man früher eher, woran man war, so eine der Thesen.

Wer diese Begriffe benutzt, der beruft sich auf die Vergangenheit. Die Zustandsbeschreibung der Gegenwart bleibt vage: „Es ist halt nicht mehr so demokratisch wie (gefühlt) noch vor einigen Jahren." Eine postmoderne Welt ist gekennzeichnet von einer Vielzahl an Ideen und Meinungen, alles ist relativ, die verbindlichen Anker für eine gefestigte Weltanschauung fehlen. Und postfaktisch: Tatsachen spielen in der öffentlichen Diskussion nicht mehr die dominante Rolle – es wird eher auf Gefühle, Befindlichkeiten, starke Meinungen und Überzeugungen Wert gelegt. Die Gesellschaft für deutsche Sprache hat „postfaktisch" zum *Wort des Jahres 2016* erkoren mit der Begründung: „Immer größere Bevölkerungsschichten sind in ihrem Widerwillen gegen ‚die da oben' bereit, Tatsachen zu ignorieren und sogar offensichtliche Lügen bereitwillig zu akzeptieren."

Hier ist also der ideale Nährboden für Verschwörungstheorien bereitet. Sind solche Theorien ein Symptom für die postfaktische Gesellschaft, entwickelt von Menschen, die nicht mit einer Welt umgehen können, in der vieles relativ und beliebig geworden ist? Das wäre zu einfach. Und simple Erklärungen werden Sie in diesem Buch nicht finden, denn das wäre ja genau die Vereinfachung der

Welt, die Verschwörungstheoretikerinnen und -theoretikern oft vorgeworfen wird.

Unser Blick auf das Phänomen ist philosophisch und psychologisch. Wir berufen uns auf Platon, Popper und empirische Forschung gleichermaßen, verweisen aber auch auf die Faszination komplexer Täuschungen und Kunstwerke, die unseren Wahrnehmungsgewohnheiten widersprechen. Diese Phänomene veranschaulichen generelle Merkmale und Potenziale des menschlichen Wahrnehmens, Denkens und Urteilens. Ihre Analyse zeigt: Das Entwickeln von Verschwörungstheorien ist kein sonderbares Gebaren der anderen, sondern betrifft Grundlagen, die wir alle teilen. Den Zustand der Welt aber, den dürfen wir neben dem Blick auf den wahrnehmenden, denkenden und urteilenden Menschen nicht außer Acht lassen. Er ist der Ausgangspunkt für Verschwörungsdenken ebenso wie für wissenschaftliche Theoriebildung. Die Welt konfrontiert uns mit Situationen – wir ergründen Zusammenhänge, machen Vorhersagen, erschaffen aktiv Sinn. Hier stehen wir, wir können nicht anders.

2.1 Postmoderne und Identität

Die *Postmoderne* war ein Schlagwort aus den 1980er-Jahren. Der Begriff ist älter, aber prominent wurde er durch Jean-Francois Lyotard. In *Das postmoderne Wissen* (1982) schreibt der französische Philosoph, dass Nationalstaaten, Parteien, Institutionen und Traditionen an Anziehungskraft verlieren. Er hat dafür den Begriff des *Zerfalls der großen Erzählungen* geprägt. Wer wir sind – unser Selbst – ist angesichts dieses Niedergangs überkommener Werteanker kein absoluter und stabiler Zustand. Jeder Mensch ist in einem Netz von Beziehungen gefangen. In diesem Netz spielen wir Theater, wie es der Soziologe und Psychologe Erving Goffman einmal gesagt hat, und konstruieren so unsere Identität.

Bei Jean Baudrillard geht die Auflösung einer verbindlichen Realität noch weiter. In *Simulacra und Simulation* diagnostiziert er, ebenfalls Anfang der 1980er-Jahre, eine große Doppelbindung in unserer Mediengesellschaft: Jede Handlung bringt gleichzeitig das Gegenteil ihrer eigentlichen Absicht mit hervor. Berichtet ein Fernsehsender über Terrorismus, dann wird er zwar seinem Informationsauftrag gerecht, verbreitet aber gleichzeitig die Schreckensbotschaft des Terrorismus. Ein Mensch, der öffentlich für seine Überzeugungen kämpft, wird in seinem persönlichen Umfeld und über soziale Medien seine Ansichten in die Welt tragen. Damit aber trägt er auch zu tausenden von Meinungen in den Newsfeeds von Facebook, Twitter und Co. bei. So wird er selbst ein Teil der unüberschaubaren Informationsflut, in der kaum ein Thema noch richtig Beachtung findet. Inhalte werden geteilt oder mit einem Retweet weitergeschickt. Sender und Empfänger verschmelzen, es ist kaum noch nachvollziehbar, auf welche Quellen die so verbreiteten Nachrichten zurückgehen. In diesem Gewimmel ist nicht mehr zu unterscheiden: Was ist Realität, und was ist ein *Simulacrum,* also ein Abbild oder gar Trugbild? In einer Szene im Film *Matrix* der Wachowski-Geschwister liest Neo, die Hauptfigur, in Baudrillards Buch *Simulacra und Simulation*.

Neo wird uns später noch einmal begegnen. Für den Moment genügt uns die Diagnose, dass unsere Gegenwart scheinbar unübersichtlich ist. Doch wir müssen vorsichtig sein. Unsere Zeit erscheint uns als unübersichtlich, weil wir einfachen und ausführlichen Zugang zu Informationen über die Gegenwart haben. Obwohl auch unser Wissen über die Gegenwart gefiltert ist, ist unser Wissen über die Vergangenheit deutlich stärker eingeschränkt. Verfügbar sind oft nur Zusammenfassungen, Wikipedia-Artikel und Doku-Filme; im besten Falle bekommen wir Einblick in archivierte Schriftzeugnisse und Bildmaterial. Wir können also nur erahnen: Wie viel psychischen Halt hat wohl ein Mensch im heutigen Süddeutschland des 17. Jahrhunderts durch die große Erzählung des Katholizismus erfahren, wenn regelmäßig ein schwedisches Heer neben Tod und Verderben auch den lutherischen Glauben mitgebracht hat? Wie viel eigene Persönlichkeit konnten Herrscherinnen und Herrscher, Höflinge und Schranzen in den Ränkespielen des 18. Jahrhunderts entwickeln? An welchen Lebensanschauungen und Erklärungsmustern hielten sich die unter der Industrialisierung im 19. Jahrhundert leidenden Arbeiterinnen und Arbeiter fest? Was bleibt an Realität und sinnstiftender Erzählung nach einem Weltkrieg übrig? Suchen Menschen immer nach abstrakten Welterklärungen, auch wenn die Sorge groß ist, wovon man die Familie am nächsten Tag ernähren soll, oder lässt der alltägliche Kampf ums Dasein dafür keinen Raum?

Die Postmoderne wird oft zur Erklärung des heutigen Lebensgefühls in der westlichen Welt herangezogen. Allerdings erklärt dieser Begriff nicht – er beschreibt einen

Zustand. Eine Erklärung müsste konkrete Wechselwirkungen verschiedener Faktoren aufzeigen, die das Phänomen erzeugen.

Das ist im Falle gesellschaftlicher Entwicklungen eine Herausforderung. Wir können zudem nicht mit Sicherheit sagen, dass die Dinge früher besser oder einfacher waren. Bei Aussagen über andere Kulturkreise sollten wir erst recht vorsichtig sein, wenn wir Gesellschaftstheorien aus der westlichen Welt heranziehen. Aber zwei Fragen waren wohl für Menschen immer aktuell, und sie sind es heute noch: Wer bin ich eigentlich? Und was geht um mich herum vor? Die Beliebigkeit bei der Beantwortung dieser Fragen, die der postmodernen Philosophie oft zum Vorwurf gemacht wird, begegnet uns heute in der Mediennutzung, und sie stellt uns bei Selbstfindung und Welterklärung vor Probleme: Im Facebook-Feed, über Twitter und Snapchat, selbst über die Internetseiten seriöser Medien strömt eine Vielzahl an konkurrierenden Antworten auf alle möglichen Fragen auf uns ein. Über das Smartphone sind diese unsere ständigen Begleiter. Auch der Rechtfertigungsdruck für eigene Erklärungsmodelle – für alltägliche Begebenheiten und große Zusammenhänge – ist in unserer postmodernen Welt mit großer Wahrscheinlichkeit gestiegen. Wenn wir ständig mit anderen Sichtweisen und Erklärungsangeboten konfrontiert werden, dann kann das unsere eigene Weltsicht nicht unbedingt nur relativieren, sondern im Gegenteil auch radikalisieren. Ständig müssen wir sie ja vor uns und vor anderen vertreten, beispielsweise bei der Frage, warum wir unsere Kinder (nicht) impfen. Warum wir (nicht) die Partei XY wählen. Warum wir der Regierung (nicht) vertrauen. Dazu müssen wir auch erklären, warum die anderen falsch liegen. Ein Gerät in der Hosentasche, das ständig neue Posts, Mails und Tweets auflistet und damit andauernd unser Selbstbild fordert – das ist definitiv eine Herausforderung, die die Menschheit erstmals erlebt, und das Ganze auch noch in Echtzeit!

2.2 Nach der Demokratie ist vor der Demokratie

Ein zentraler Teil des Selbstbildes – also der Art, wie wir unsere Gedanken und Gefühle erleben und bewerten, welche Werte wir für wichtig erachten und wie wir mit anderen Menschen umgehen wollen – ist die politische Realität, die uns umgibt. Wenn es um Politik geht, wird seit den 1990er-Jahren der Begriff der *Postdemokratie* genannt. Geprägt wurde er von Colin Crouch (2008). Der Soziologieprofessor diagnostiziert eine Demokratie, in der die wirklichen Akteure multinationale Konzerne sind, die über Lobbyarbeit die Gesetze in ihrem Sinn schreiben. Was wir als Demokratie wahrnehmen, ist dabei nur noch Fassade.

Als unser Buch entstand, lief gerade der Wahlkampf für die Präsidentschaft in den Vereinigten Staaten. Die Anhängerschaft von Donald Trump warf Hillary Clinton vor, nur eine Marionette des Finanzkapitals zu sein. Unterstützerinnen und Unterstützer von Clinton wiederum warfen Trump vor, ein rücksichtsloser Geschäftsmann zu sein, der nicht einmal Steuern zahle. Sexuelle Verfehlungen, ob von Trump oder von Hillary Clintons Mann Bill, wurden breit diskutiert. Politische Inhalte und Visionen spielten in diesem Wahlkampf eine untergeordnete Rolle.

Ein Kapitel im Buch von Colin Crouch ist überschrieben mit *Die globale Firma*. Politik wird im Hinterzimmer gemacht, diktiert von Firmen, und die ganze glamouröse Fassade soll nur ablenken von den eigentlichen Machthabenden. Das hat 1978 schon Douglas Adams so gesehen, denn in seinem satirischen Roman *Per Anhalter durch die Galaxis* hat der Präsident der Galaxie keine Macht. Seine Aufgabe ist es, von der eigentlichen Macht abzulenken. Das ist heute aktueller denn je. Wahrscheinlich haben Sie schon einmal von den sogenannten Reichsbürgern gehört: Das sind Menschen in Deutschland, die die Bundesrepublik nicht anerkennen und auf dem Standpunkt stehen, das „Deutsche Reich" existiere noch. Die BRD hingegen sei lediglich eine GmbH, also eine Firma. Jetzt wird es unangenehm: Die Reichsbürger prangern eine von Wirtschaftsinteressen geleitete Politik an, in der die Menschen nur noch Stimmvieh sind. Die wirklich Mächtigen, so die Verschwörungstheorie, kümmert wenig, was das Volk denkt. In diesem Teil ihrer Diagnose stimmen sie also überein mit Colin Crouch, der die Erosion demokratischer Prozesse und die zunehmende Macht globaler Firmen beklagt. Aber Reichsbürger sind eben keine aufrechten Demokraten, denn die Bundesrepublik lehnen sie ja ab. Genau diese Gefahr hat Crouch schon gesehen, wenn sich neben Graswurzelbewegungen für mehr Demokratie und Freiheit „gewalttätige Tierrechtskampagnen, extreme Anteile der Globalisierungs- und Kapitalismusgegner, rassistische Organisationen und Befürworter von Lynchjustiz" tummeln, wie Crouch schreibt. Systemgegnerinnen und

-gegner haben dann auch „Jörg Haider in Österreich, Pim Fortuyn in den Niederlanden und populistischen und rassistischen Gegenstücken in Belgien, Frankreich, Dänemark und anderswo" die Stimme gegeben.

Crouch schlägt deshalb im Umgang mit neuen gesellschaftlichen Bewegungen ein zweistufiges Herangehen vor. Zuerst einmal muss man überprüfen, ob eine neue Bewegung wirklich für mehr Demokratie und die Zivilgesellschaft eintritt. Sie sollte es sich zur Aufgabe machen, Entscheidungsprozesse aus den Hinterzimmern zu holen. Dann erst sollte man sich entscheiden, ob man diese neue Bewegung unterstützt, ablehnt oder einfach ignoriert. Einfach ist das nicht, man sollte ja nicht immer nur gegen etwas sein. Kritik an der Globalisierung beispielsweise wird von Linken genauso geäußert wie von Rechten, wenn auch aus ganz unterschiedlichen Motiven. Was dann zählt ist, wie eine Situation analysiert wird und welche Lösungen die Bewegung anbietet. Wenn Geflüchtete beispielsweise als Ursache von Problemen ausgemacht werden, bringt uns das nicht weiter; das hat Crouch schon 2004 erkannt, also lange vor dem, was 2015 als sogenannte Flüchtlingskrise unsere politische Landschaft verändert hat: Migration ist bei Crouch ein Symptom, die Ursachen sind Krieg und Elend, die wiederum durch die Wirtschaftsordnung provoziert werden. Gestaltungsvorschläge im Sinne einer demokratischen, positiven Veränderung unseres Wirtschaftssystems wären also diejenigen, die Migration nicht als Ursache, sondern als Symptom von Ungleichheit sehen.

Wenn wir Postmoderne und Postdemokratie einmal – mit der gebotenen Skepsis – als Beschreibungen der Gegenwart sehen, dann leben wir in einer Welt ohne sinnstiftende große Erzählungen, also ohne Glaubens- und Wertesysteme, die von der Mehrheit der Gesellschaft anerkannt werden. Verschiedene Erklärungsmodelle für alle denkbaren Lebensbereiche stehen gleichberechtigt nebeneinander. Zu dieser postmodernen Sichtweise gesellt sich die postdemokratische: Unsere Einflussmöglichkeiten sind begrenzt, Partizipation wird von den Mächtigen nur geduldet, wenn sie liberale Wirtschaftsinteressen nicht beeinträchtigt.

Das klingt doch schon wie eine Verschwörungstheorie! Machtgierige Eliten kochen hinter einer demokratischen Fassade ihr eigenes Süppchen. Und wir lassen es uns gefallen, weil große Ziele und Welterklärungen ihren Sinn verloren haben. Zum Glück haben wir noch unseren Verstand und können ja anhand von Fakten prüfen, was in der Welt wirklich der Fall ist. Oder?

2.3 Was kümmern mich die Fakten von heute?

Ralph Keyes hat 2004 den Begriff des *Postfaktischen* geprägt. Mit dem Präsidialwahlkampf in den USA und der Brexitdebatte war der Begriff 2016 in aller Munde, auch Angela Merkel hat ihn gebraucht. Kurz gefasst besagt er, dass gefühlte Wahrheiten wichtiger sind als Tatsachen. Was zum Beispiel ein Präsidentschaftskandidat sagt, ist egal, solange es bei seiner Zielgruppe die angestrebten Emotionen hervorruft. Oxford University Press hat den Begriff „postfaktisch" 2016 zum internationalen Wort des Jahres auserkoren. Der Begriff stehe für ein Jahr, in dem sich der Appell an Emotionen in der öffentlichen Debatte als einflussreicher herausgestellt hat als objektive Fakten. Im neuen Jahr ging es dementsprechend weiter: Kellyanne Conway, Beraterin des US-Präsidenten Donald Trump, hat im Januar 2017 den Begriff *alternative Fakten* geprägt, um wahrscheinlich unwahre Aussagen von Trumps Pressesprecher Sean Spicer zu verteidigen.

Wort des Jahres – in Deutschland und international: Der Begriff „postfaktisch" hat 2016 eine steile Karriere hingelegt. Er hat auch einen guten Klang, akademisch und doch resolut. Trotz aller Begeisterung über dieses Wort sollte man nicht über seine Schwächen hinwegsehen. In der Kampagne zum Austritt Großbritanniens aus der EU, die einer der Hauptgründe für die Karriere dieses Begriffs war, gab es zum Beispiel die Behauptung: 350 Mio. Pfund pro Woche überweise Großbritannien jede Woche an die EU, das Geld solle man lieber ins Gesundheitssystem stecken. Das war eine präzise Zahl und eine klare Ansage. Mithin wurden hier Tatsachen suggeriert, die nicht haltbar sind, aber in der Debatte wurden sie als Fakten präsentiert. Das zeigt: Quellen, Zahlen und Statistiken werden weiterhin gerne genutzt – wenn sie ins eigene Weltbild passen. Fakten sind nicht überflüssig geworden, wie es der Begriff des Postfaktischen suggeriert; sie werden verwendet, solange es der gewünschten Wirkung dient.

Das Phänomen ist nicht neu. Isaac Asimov, einer der berühmtesten Science-Fiction-Autoren aller Zeiten, hat schon 1980 in einer *Newsweek*-Kolumne den Kult des Unwissens angeprangert: „Mein Unwissen ist genauso gut wie dein Wissen", diese antiintellektuelle und antielitäre Haltung greife immer mehr um sich. Jetzt ist aber gerade das Problem der Wissenschaften, dass Wissen immer eine Relativität in sich trägt. Nur Mathematikerinnen und Mathematiker mit einem festen Regelsystem können logische Schlüsse ziehen und so (in diesem System gültige) echte Wahrheiten finden. Ansonsten können Wissenschaftlerinnen und Wissenschaftler kein unangreifbares Wissen liefern. Und sogar die Mathematik gründet sich auf Axiomen, also Vorannahmen, die selbst nicht beweisbar sind, aber von den Vertreterinnen und Vertretern des Fachs allgemein akzeptiert werden. Absolut gesichertes Wissen ist unmöglich, wir haben immer nur die derzeit beste und wahrscheinlichste Erklärung für ein Phänomen. Eine solche wissenschaftliche Erklärung trägt damit immer den Keim der Zerstörung in sich: Nur wenn sie widerlegbar ist, ist sie wissenschaftlich, aber eben auch niemals endgültig. Diesem Problem widmen wir in diesem Buch Kap. 8 und diskutieren *Möglichkeiten und Grenzen der wissenschaftlichen Methode*.

Wahrscheinlich ist das von Asimov angesprochene Unwissen deshalb so erfolgreich: Was wir zu wissen glauben, kann morgen schon seine Gültigkeit verlieren. Eine gute Dosis Ignoranz kann uns hingegen durch das ganze Leben tragen. Unbequemer und schwieriger ist es, immer wieder Fakten und Beweise zu fordern – wenn uns Moderne und Demokratie schon im Stich lassen. Der Umgang mit dieser Unsicherheit unseres Weltwissens verlangt uns Mühe ab. Unsere Wahlentscheidung sollten wir nicht von einem Fernsehduell der Spitzenkandidatinnen und -kandidaten abhängig machen. Die ideale Energiepolitik findet man nicht in fünf Minuten mit Google. Und wenn wir nur hartnäckig bleiben, finden wir auch heraus, wer wirklich die Drahtzieher hinter dem 11. September waren.

Moment: 11. September? Jetzt beißt sich die Katze in den Schwanz: Verschwörungstheoretikerinnen und -theoretiker sind doch diejenigen, die Unsicherheit vermeiden wollen, mit Demokratie nichts anfangen können und ein eher pathologisches Verhältnis zu Fakten haben. Und gleichzeitig sind das die Menschen, die alles infrage stellen und Regierung und Medien misstrauen. Da muss es doch eine Trennlinie geben zwischen kritisch-vernünftigem Denken und abstrusem Verschwörungsglauben!

Unser Problem ist vergleichbar mit dem sogenannten Theodizeeproblem in der Theologie: Gott kann nicht gleichzeitig allgütig, allwissend und allmächtig sein. Wäre er zum Beispiel allgütig und allwissend, wie kann es dann noch Leid geben – außer er ist nicht allmächtig? Ähnlich ist es mit den drei Post-Begriffen, die wir Ihnen in diesem Kapitel vorgestellt haben. Eine große Erzählung für die ganze Gesellschaft, die sich Demokratie nennt, verträgt sich nicht mit Fakten. Letztere sind nämlich nicht abhängig davon, ob die Mehrheit sie akzeptieren will. Eine faktenbasierte allumfassende Ideologie wäre eine Wissenschaftsdiktatur. Und wenn alle Fakten auf dem Tisch liegen und die Leute darüber abstimmen dürfen, dann können viele Dinge passieren. Dass aber eine für alle verbindliche große Erzählung herauskommt, ist unwahrscheinlich, denn viele Fakten müssen noch interpretiert und in den Bezug zum konkreten Handeln gesetzt werden. Diese Interpretationsleistung wird bei jedem Menschen, je nach Wertüberzeugungen und Vorerfahrungen, andere Ergebnisse hervorbringen.

Egal wie wir uns abstrampeln: In das Paradies allgemein verbindlicher und gleichzeitig von allen akzeptierter Werte, in dem die Wissenschaft eine tragende Rolle spielt, kommen wir in einer Demokratie nie (wieder). Wahrscheinlich waren wir dort auch noch nie. Vielmehr stellt sich da die Frage: Wo gehen wir hin? Davon handelt das nächste Kapitel, in dem wir anhand literarischer Klassiker einen Blick auf Verschwörungsideen in verschiedenen alternativen Gesellschaftsmodellen – Dystopien ebenso wie Utopien – werfen. Wir wollen Ihnen zeigen, dass manche Verschwörungstheorien, über die viele Menschen heutzutage den Kopf schütteln, in ihrer Grundaussage in Klassikern der Literatur zu finden sind.

Zusammenfassung

- Die sogenannten großen Erzählungen haben keine alleinige Deutungshoheit mehr.
- Die demokratische Willensbildung wird von intransparenten Vorgängen und der Macht großer Firmen gefährdet.
- In den letzten Jahren scheint zudem der Appell an Emotionen gegenüber der Darstellung von Fakten in der öffentlichen Meinungsbildung immer mehr an Bedeutung zu gewinnen.
- Die drei Herausforderungen – Postmoderne, Postdemokratie, Postfaktizität – sind alle nicht neu, werden aber in dieser Kombination von den Menschen als immer bedrohlicher erlebt.
- Dies kann ein Grund dafür sein, dass Menschen nach alternativen Erklärungen für wichtige Ereignisse und gesellschaftliche Vorgänge suchen.

3
Dystopien und Verschwörungstheorien

In diesem Kapitel stellen wir Ihnen einige berühmte Werke der fiktionalen Literatur vor, mit Schwerpunkt auf Science-Fiction. Wir haben sie ausgewählt nach dem Kriterium, dass sie ihrer Zeit voraus waren – dass sie also entstanden sind, während die dargestellten gesellschaftlichen Entwicklungen noch keine Selbstverständlichkeit waren. Die folgenden Werke sind mittlerweile Klassiker, sie sind aber immer noch aktueller oder sogar prophetischer Natur: Was damals geschrieben wurde, beschäftigt uns heute noch immer – oder sogar noch viel mehr – als zu der Zeit, als das jeweilige Buch geschrieben wurde.

Warum gerade Science-Fiction? Dieses Genre ist Fiktion, wie schon im Gattungsbegriff klar erkennbar. Allerdings hat sich gute Science-Fiction schon immer dadurch ausgezeichnet, dass sie gesellschaftliche und technologische Entwicklungen so weitergedacht hat, dass uns eine mögliche Zukunft der Menschheit vor Augen geführt wird. Verschwörungstheorien gehen sogar noch einen Schritt weiter. In ihnen sind die Möglichkeiten der Science-Fiction Wirklichkeit geworden (wie bei Walter Jens für den Mord an Cäsar); aus dem Morgen von damals ist ein Heute geworden, das aber für die meisten Menschen unsichtbar bleibt. Den Science-Fiction-Autorinnen und Autoren von damals und den Verschwörungsgläubigen von heute ist also gemein, dass wir sie als Mahnende betrachten müssen. Wie viel Gewicht oder gar Wahrheit wir einer Weissagung verleihen wollen, ist damit natürlich nicht gesagt.

Zeigen wollen wir Ihnen mit der folgenden Zusammenstellung, dass *Verschwörungstheorie* nicht einfach ein Etikett ist, das wir einer Theorie verleihen können, ohne die Zeitumstände und den Stand der Technik zu betrachten. Alle folgenden Geschichten waren zunächst Belletristik – Fiktion einer fern erscheinenden Zukunft. In den folgenden Jahren spuken dann einzelne Ideen dieser Fiktionen als Bestandteile von Verschwörungstheorien herum. Und in all den folgenden Erzählungen gibt es ein Paar verschwörerische Elemente, die damals kaum möglich schienen, die heute aber wahrscheinlich und teilweise sogar schon Realität sind.

3.1 Der industriell-militärisch-faschistische Komplex

Starship Troopers von Robert A. Heinlein aus dem Jahr 1959 ist bis heute einer der umstrittensten Science-Fiction-Romane – wohl, weil man nach der Lektüre unschlüssig bleibt, ob die Verherrlichung des Militärs nun als Schreckensvision oder als erstrebenswertes Ziel gemeint ist. Die Menschheit befindet sich in der Zukunft im Krieg mit einer außerirdischen Spezies, den Bugs (Insekten). Die Angreifer aus dem Weltall sind intelligent, ihre gefährlichste Eigenschaft ist aber ihre schiere Masse.

Das Gegenmittel der Menschen: Eine durch und durch militarisierte Gesellschaft. Nur wer gedient hat, der erhält Privilegien wie das Wahlrecht. Das Recht des Stärkeren prägt die Menschheit. Todesstrafe erhält den Vorzug vor Resozialisierung. Im gleichnamigen Film von Paul Verhoeven aus dem Jahr 1997 wird der latente Faschismus der Starship-Troopers-Gesellschaft ins Bild gesetzt: Kommentatorinnen und Kommentatoren haben dem Regisseur vorgeworfen, die Uniformen der Marineinfanteristen im Film würden an SS-Uniformen der Nationalsozialisten erinnern. Die Glorifizierung der Gewalt gegen die außerirdischen Feinde und die konsequent sozialdarwinistische Gesellschaft passen in dieses Bild. Die ungeschnittene Version des Films ist in Deutschland bis heute von der *Bundesprüfstelle für jugendgefährdende Schriften* indiziert. Die Glorifizierung des Kampfes, wie im Buch *In Stahlgewittern* von Ernst Jünger, wird weder von Heinlein noch von Verhoeven gebrochen. Eine kritische Distanz zu gewinnen bleibt stattdessen Aufgabe der Leserinnen und Leser, der Zuschauerinnen und Zuschauer.

Der Koreakrieg war bereits Vergangenheit, als der Roman 1959 erschien. Die Kuba-Krise, Vietnam, Afghanistan und schließlich der Beginn der asymmetrischen Konflikte mit Kriegsparteien wie Al Kaida und ISIS – all das war aber aus der Perspektive von *Starship Troopers* noch Zukunft. Die Ideologie und Bildsprache heutiger

Konflikte, die Überschreitung moralischer Grenzen, die Dehumanisierung von Menschen – in Abu Ghraib durch amerikanische Soldatinnen und Soldaten ebenso wie in den Folter- und Exekutionsvideos des Islamischen Staates – machen uns Angst. Diese Angst ist keine Paranoia, sie ist ständiger Begleiter und seit dem Ende des Zweiten Weltkrieges für uns auch in Bild und Ton greifbar geworden – als Fiktion in Filmen und realiter in Kriegsberichten.

Der bildhafte Schrecken, nicht zuletzt durch Korea und Vietnam, nährte bei vielen Menschen die Befürchtung, dass der *militärisch-industrielle Komplex* zu viel (oder sogar die eigentliche) Macht in unserer Gesellschaft hat. Dieser Begriff aus den 1950er- und 1960er-Jahren steht für enge Verflechtungen zwischen Rüstungsunternehmen und Politik. So eng, dass Politikerinnen und Politiker aus Sorge um Arbeitsplätze in der Rüstungsindustrie einem Krieg den Vorzug gegenüber anderen politischen Mitteln geben könnten. Der frühere US-Präsident Dwight D. Eisenhower hat diesen Begriff populär gemacht und vor diesem Komplex gewarnt.

Die Grundidee, dass die Rüstungsindustrie mehr Einfluss hat als öffentlich bekannt, ist also so abwegig nicht. Wie eine Gesellschaft aussehen würde, die sich dem ergeben hat und einem Primat des Militärs verfallen ist, hat Robert A. Heinlein in seinem Roman beschrieben. In Verschwörungstheorien spiegelt sich diese Schreckensvision ebenfalls in verschiedenen Ausprägungen. Die politische Linke prangert den industriell-militärischen Komplex und seine verborgene Macht immer wieder an. Extrem ist die Sichtweise, dass die USA und Europa momentan einen Angriffskrieg gegen Russland vorbereiten würden – angeblich getrieben von Lobbyistinnen und Lobbyisten der Rüstungsfirmen, die an einem neuen großen Krieg glänzend verdienen würden. Schließlich ist da noch die extreme - und gefährliche - Verschwörungstheorie, dass praktisch alle Kriege – spätestens beginnend mit dem Ersten Weltkrieg – zurückzuführen seien auf das Wirken einer verborgenen Elite, die alle Kriegsparteien mit Waffen beliefere und ein gesteigertes Interesse daran habe, dass sich ständig irgendwo auf der Welt Menschen umbringen.

3.2 1984 und 2017 – Mikrofone überall

„Der große Bruder sieht dich an!" – *1984*, ein Roman von George Orwell, steht heute synonym für den totalitären Überwachungsstaat. Im Roman wird ein Staatsapparat (der *Große Bruder*) beschrieben, der sich im Dauerkrieg mit den anderen beiden großen Supermächten der Welt befindet. Teleschirme, Mikrofone und menschliche Spitzel sind überall. Die Hauptfigur Winston Smith selbst arbeitet im *Ministerium für Wahrheit*. Smith ahnt, dass hinter der vom Staat aufgebauten Kulisse vielleicht eine andere Wahrheit steht: Möglicherweise ist der Große Bruder ein verkommenes, sich selbst erhaltendes System; die Kriege mit den anderen beiden Weltmächten sind vielleicht nur inszeniert, um die eigene Bevölkerung in Schach zu halten. Das Staatsregime durchdringt alle Bereiche des Lebens: Selbst Gedanken können schon Verbrechen sein. *Neusprech* ist eine Maßnahme des Systems, solche Verbrechen unmöglich zu machen, indem die Sprache so verändert wird, dass regierungskritische Gedanken unmöglich sind. Die Steigerung von gut ist nicht besser, sondern plusgut – und den Menschen wird von Kindesbeinen an klargemacht, dass plusgut immer auch gut im Sinne des Systems bedeutet. Immer wenn man an etwas Besseres, pardon – Plusgutes – denkt, muss es im Sinne des Systems sein, sonst hätte man kein Wort dafür. Auf seiner Suche nach der echten Wahrheit hinter dem System verliebt Winston sich in Julia. Das Aufbegehren des Paares wird von der Gedankenpolizei des Systems bemerkt. Die beiden werden schließlich verhaftet, getrennt und mit Folter und Gehirnwäsche gebrochen. Der Staat hat beiden jede Menschlichkeit entrissen.

Der Roman entstand Ende der 1940er-Jahre. Der deutsche Faschismus war eben erst besiegt. Stalin regierte die Sowjetunion. Der Arbeitgeber von George Orwell, der staatliche britische Rundfunksender British Broadcasting Company (BBC), war noch dem Informationsministerium (also dem Kriegspropagandaministerium) unterstellt. Fernseher hielten Einzug in die Wohnzimmer.

Im Hinblick auf die technischen Möglichkeiten – und ihrer Umsetzung – ist *1984* von den hier vorgestellten Fiktionen die, die sich praktisch vollständig bewahrheitet hat. In den Industrie- und mittlerweile auch in den Schwellen- und Entwicklungsländern trägt fast jeder Mensch ständig ein Gerät mit sich herum, das neben einem kleinen Teleschirm auch mehrere Kameras und Mikrofone hat. Im sogenannten *Internet der Dinge* (Internet of Things; IoT) können Haushaltsgeräte wie Kühlschrank, Ofen, Heizung

3.2 1984 und 2017 – Mikrofone überall

und Rollläden verknüpft werden und verfügen oft über Schnittstellen, um Daten mit Firmenservern austauschen. Fitnessarmbänder von Fitbit, Xiaomi und Apple sind in Deutschland inzwischen millionenfach verbreitet. Diese Geräte überwachen ständig Pulsschlag und Körperaktivität des Nutzers und senden diese – potenziell für Behörden und Krankenversicherungen äußerst interessanten – Daten in die sogenannte Cloud. 2016 hat der Amazon-Konzern das Produkt *Echo* mit der Software *Alexa* auf den deutschen Markt gebracht. Das Gerät, so groß wie eine Milchflasche, hat sieben Mikrofone eingebaut. „Alexa, ich brauche in einer halben Stunde ein Taxi" – auf solche Aufforderungen kann das Gerät eine Antwort geben, es kann Musik spielen, die Rollläden steuern, die Heizung regulieren und noch viel mehr. Dafür horcht es Tag und Nacht auf gesprochene Befehle, genau wie der Computer in *Raumschiff Enterprise*.

Seit den Enthüllungen von Edward Snowden wissen wir, dass Geheimdienste (in Amerika die National Security Agency, NSA, in Großbritannien die Government Communications Headquarters, GCHQ, in Deutschland der Auslandsgeheimdienst BND) über die technischen Möglichkeiten verfügen, praktisch jede irgendwie auf digitalem Weg vermittelte Kommunikation (E-Mail, Telefon, Facebook, Internetforen) mitzuschneiden; und dass die Dienste diese Möglichkeiten gut ausschöpfen. Zwar ist es in fast allen Ländern nur erlaubt, Angehörige anderer Staaten abzuhören – aber über gegenseitige Abkommen, wie beispielsweise über das *Five-Eyes-Abkommen* zwischen

Australien, Kanada, Neuseeland, Großbritannien und den USA, entsteht dann doch faktisch ein potenziell lückenloses Profil über In- und Ausländer. Zudem existieren Gesetze, wie in den USA die sogenannten *National Security Letters*, mit denen staatliche Behörden von Privatfirmen die Herausgabe von Daten verlangen dürfen – den Firmen ist streng untersagt, öffentlich zu sagen, dass solch eine Anfrage gestellt wurde. Das treibt inzwischen bizarre Blüten. Manche Unternehmen etwa bauen in ihre jährlichen Rechenschaftsberichte Sätze mit dem Inhalt ein, dass sie im abgelaufenen Jahr *nicht* zur geheimen Herausgabe von Daten aufgefordert wurden. Fehlt dieser Satz in einem Bericht, dann ist das ein starkes Indiz dafür, dass es eine solche Anfrage gab. *Kanarienvögel* heißen diese Sätze. Ihr Fehlen ist ein Signal dafür, dass etwas nicht stimmt, so wie es für Bergbauer ein Zeichen von zu hoher Kohlen-Monoxid-Konzentration war, wenn ein Kanarienvogel von der Stange fiel.

Auch für Veränderungen der Sprache gibt es Anzeichen. Es gibt in westlichen Demokratien kein Ministerium, das Sprachverwendung à la *1984* vorgibt. Aber es gibt Institutionen, die die Sprache bewusst und zu ihrem Vorteil verbiegen. Mit der Zeit sickern diese geschönten Wendungen in den Alltagsgebrauch ein. Der Sprachwissenschaftler Martin Haase hat das 2015 *Nebelsprech* genannt – alles bleibt ein bisschen wolkig in öffentlichen Verlautbarungen, mit einem Ziel: „Klare und bedeutungsschwere Aussagen werden vermieden – insbesondere das Nennen von verantwortlich Handelnden, die in Regress genommen werden könnten."

3.2 1984 und 2017 – Mikrofone überall

Das Ministerium für Staatssicherheit (Stasi) der DDR hat Daten über Menschen noch in Aktenordnern gesammelt; was die Geheimdienste heute über uns sammeln, ist in der Menge so unvorstellbar, dass selbst Politikerinnen und Politiker den Überblick verlieren. Bundespräsident Joachim Gauck zog 2013 den Spott der Netzgemeinde auf sich, als er gesagt hat, die NSA würde eben keine Aktenordner mit unseren Gesprächsinhalten führen. Wörtlich gesehen mag das stimmen. Die Blogger von Opendatacity haben daraufhin ausgerechnet, dass alle Stasiakten zusammen ein Lager von der Größe eines Häuserblocks hatten. Würde die NSA nun alle Daten ihres neuen Rechenzentrums – sein Speicher wird geschätzt auf etwa 5 Zettabyte (das ist eine 5 mit 21 Nullen) – ausgedruckt in Aktenordnern abheften wollen, würde man eine Lagerhalle mit 17 Mio. km^2 Grundfläche benötigen. Europa hat etwa 10 Mio. km^2 Grundfläche. Digitale Daten haben zudem den Vorteil, dass die gesamte Information über einen Menschen in einem einzigen Augenblick herausgefiltert werden kann aus den Zettabytes an Daten. Mögliche Verknüpfungen – zwischen zwei Menschen zum Beispiel – sind mit entsprechenden Algorithmen ebenso schnell überprüft.

Menschen alleine können diese Datenmengen nicht mehr handhaben. Computerprogramme hingegen sehr wohl. Sie können permanent Facebook-Daten, Telefongespräche und E-Mails nach Mustern und Schlüsselwörtern scannen. Selbst wenn Sie zu einhundert Prozent Vertrauen in Ihren Staat haben – kein Computerprogramm kann mit dieser Art von Daten zu einhundert Komma null Prozent fehlerfrei arbeiten. Können Sie ausschließen, dass nicht irgendwo auf der Welt jemand ein Facebook-Konto hat unter einem Namen, der so klingt wie Ihrer? Vielleicht werden unter diesem Profil Propagandavideos von Islamistinnen und Islamisten geteilt. Vielleicht stehen Sie nun auch schon auf einer Liste, einfach wegen der Namensähnlichkeit oder einer mit islamistisch radikalisierten Menschen assoziierten Persönlichkeitseigenschaft?

Der Philosoph Lee Basham (2006a, b) hat große Bedenken deswegen. Selbst wenn Sie Ihrer Regierung vollkommen vertrauen, Ihre Regierung wirklich nur das Beste im Sinn hat, die Computerprogramme perfekt arbeiten, Ihre Daten sicher und Sie ein durch und durch guter Mensch sind: Können Sie mit absoluter, unumstößlicher Sicherheit davon ausgehen, dass eine solch vertrauenswürdige Regierungen in alle Zukunft demokratisch und transparent bleiben und nur unser Bestes im Sinn haben würde? Für alle Zeit? Oder werden Sie, wie Lee Basham, nun ein schlechtes Gefühl bekommen, weil wir die Integrität unser staatlichen Institutionen eben nicht (für alle Zukunft) garantieren können?

In der Türkei beispielsweise hat sich die politische Lage im Jahr 2016 innerhalb ganz kurzer Zeit massiv verändert. Nach einem Putschversuch hatte Staatschef Recep Tayyip Erdoğan noch am Abend des Putschversuchs Listen von Regierungskritikerinnen und -kritikern zur Hand – tausende von Namen. Doch selbst ohne politischen Umsturz kann uns die Datensammelei einholen. Das Center for Long-Term Cybersecurity aus Berkeley hat 2016 verschiedene Szenarien unserer digitalen Zukunft durchgespielt. Eines davon, es trägt den Namen *Bubble 2.0*, beschreibt die Möglichkeit, dass sich die Menschen bald in großer Zahl entnervt von den sozialen Medien abwenden und wieder echte zwischenmenschliche Kontakte bevorzugen. Die großen Internetfirmen müssten Insolvenz anmelden. Die gesammelten Daten wären dann Teil der Insolvenzmasse und könnten, direkt oder über Scheinfirmen, zum Beispiel von sogenannten „Schurkenstaaten[1]", ganz einfach und legal gekauft werden.

Unterschätzen Sie dabei nicht, wie viel Informatikerinnen und Informatiker mit diesen automatisierten Analysen – dem sogenannten *Data Mining* – aus den Daten herausholen können. Die Psychologen Kosinski, Stillwell und Graepel gaben im Jahre 2013 ihren Versuchspersonen – mit deren Einverständnis – ein kleines Computerprogramm, das registrierte, welche Inhalte die Teilnehmerinnen und Teilnehmer auf Facebook *geliked* haben. Alleine aus diesen wenig sensiblen Daten – was man auf Facebook mag, können und sollen andere ja sehen – war es mit 85- bis 95-prozentiger Sicherheit möglich, etwa sexuelle Ausrichtung, Religion und politische Überzeugung der jeweiligen Nutzerinnen und Nutzer zu bestimmen. Dies waren ausschließlich Analysen aus Facebook-Likes, gesammelt mit dem Wissen der Nutzerinnen und Nutzer. Dass die Trefferquoten nicht bei 100 % liegen, macht diese Art des Kategorisierens von Menschen nicht weniger gefährlich. Wenn in einer Diktatur mit einer Big-Data-Analyse Gegnerinnen und Gegner des Regimes mit 95-prozentiger Wahrscheinlichkeit identifiziert werden können, dann werden diese

---

[1]Der Begriff wurde geprägt von der Regierung von George W. Bush nach den Terroranschlägen von 9/11 und bezeichnet Staaten, die aus Sicht der Regierung den internationalen Terrorismus unterstützen.

Menschen trotzdem verfolgt. Dass bei 100 Verfolgten im Schnitt 5 regimetreue Menschen dabei sind, wird den Diktator, die Diktatorin nicht stören.[2]

Vor Edward Snowden wurden diese Themen nur in Expertenkreisen diskutiert. Der im Jahr 1981 gegründete Chaos Computer Club (CCC) ist nicht etwa eine Selbsthilfegruppe für Computernerds, Geeks sowie Hacker und Hackerinnen. Er legt die Gefahren und Grenzen der Informationstechnologie offen und engagiert sich für eine gerechte und transparente Informationsgesellschaft. Vor Edward Snowden wurde dem aber nicht viel Beachtung geschenkt. Eine Totalüberwachung aller Bürgerinnen und Bürger wurde als Verschwörungstheorie belächelt. Und 2017? Belächelt wird man nicht mehr. Fitnessarmbänder und Kühlschränke mit Internetverbindung werden trotzdem gekauft. Die Anwenderinnen und Anwender sind begeistert, sie produzieren ihre Daten freiwillig und stellen sie auch noch kostenlos zur Verfügung.

---

[2]Prozentangaben wie in dieser Rechnung sind trotzdem mit einer gewissen Vorsicht zu genießen; 95 % Trefferquote klingen zunächst beeindruckend, sind aber nur dann wirklich belastbar, wenn wir wissen, wie viele Menschen in der Grundgesamtheit das entsprechende Merkmal aufweisen. Auch müssten wir die Anzahl der falsch negativen Treffer kennen: Wie viele Menschen wurden nicht identifiziert, obwohl sie das Merkmal aufweisen? Diese Rechnungen mit *bedingten Wahrscheinlichkeiten* mit dem sogenannten Bayes-Theorem sind meist kontraintuitiv. Die Gefahr, dass Menschen zu Unrecht in eine Kategorie gesteckt werden, ist in der Realität deshalb wahrscheinlich höher als es 95 % Trefferquote vermuten lassen.

3.3 Alles schön und neu hier

Schöne neue Welt (im Original *Brave New World*) von Aldous Huxley ist 1932 erschienen. Die Menschen in dieser Dystopie sind ähnlich unfrei wie in der *1984*-Gesellschaft; aber es ist, zumindest an der Oberfläche, eine Spaßgesellschaft. Jeder Mensch ist Mitglied einer Kaste, es gibt Gesellschaftsschichten von der Elite, den sogenannten Alphas, bis zu den einfachen Hilfsarbeitern, den Epsilons. Dabei ist jede Schicht noch einmal stratifiziert in plus und minus: Alpha-Plus, das sind die obersten Kontrolleure. Eine ganz kleine Elite bilden die Alpha-Plus-Plus (im Original: Alpha Double-Plus). Sie sind die obersten Kontrolleure und Weltenlenker, stellen die besten Wissenschaftler und Beamten.

Die Kastenzugehörigkeit wird schon vor der Geburt festgelegt. Dazu werden Menschen in Flaschen gezüchtet, natürliche Empfängnis ist verpönt. Über Auslese und auch über gezielte Schädigung durch Alkohol und Sauerstoffmangel werden die Embryonen für die entsprechende Kaste passend gemacht. Mit psychologischen Techniken werden die Menschen dann weiter auf ihre vorgesehene Rolle vorbereitet. Dies geschieht zum einen über Konditionierung – also Verhaltenssteuerung über Belohnung und Bestrafung – und zum anderen über Botschaften, die im Schlaf eingespielt werden. Die Psychologie ist in dieser Dystopie also unverzichtbar: Verhaltenskonditionierung ist bis heute eine bekannte Technik und geht auf die Psychologen John B. Watson (1878–1958; klassische Konditionierung; Lerntechnik über angeborene Reflexe, eine Übertragung der Befunde der Pawlow'schen Hunde auf den Menschen) und B. F. Skinner (1904–1990; operante Konditionierung; Lernen über Belohnung und Bestrafung) zurück. Die Manipulation über Träume in *Schöne neue Welt* greift auf Ideen von Sigmund Freud (1856–1939; Begründer der Psychoanalyse) zurück. Für den Begründer der Psychoanalyse haben sich in Träumen die nicht vom Verstand zensierten, unbewussten Triebregungen manifestiert. In Huxleys Roman wird dieser Mechanismus sozusagen rückwärts genutzt. Auch haben die Menschen in der schönen neuen Welt keine Eltern. Gezeugt in Flaschen, aufgezogen in der Gemeinschaft: So können sich die von Freud postulierten Neurosen wie der Ödipuskomplex gar nicht erst entwickeln.

Ohne Psychologie – auf dem Stand der damaligen Zeit – würde diese Gesellschaft nicht funktionieren. Neben der Gehirnwäsche tragen Drogen (das sogenannte Soma) und das Fernsehen dazu bei, dass alle Menschen glücklich sind. Jede Frau und jeder Mann haben ihren Platz, alle sind unverzichtbar für die Gesellschaft. Und nur in der Gemeinschaft mit anderen liegt das Glück.

Wer so auf Linie gebracht wurde, der hat kein Interesse mehr daran, was wirklich in der Welt vor sich geht. Die „Verblödung der Massen", meistens befördert durch die „Staatsmedien", fehlt in fast keiner längeren Internetdiskussion. Der Autor Mike Godwin hat 1990 das nach ihm benannte Gesetz *(Godwin's law)* formuliert: Mit zunehmender Länge einer Internetdiskussion nähert sich die Wahrscheinlichkeit eines Hitler-Vergleichs dem Wert Eins an. In anderen Worten: Praktisch keine Internetdiskussion ohne die Gleichsetzung von Standpunkten mit dem

Nationalsozialismus. Die Erwähnung der „Massenverblödung" ist in deutschen Diskussionsforen heutzutage das beliebteste Argument. Damit wird dann erklärt, warum manche Menschen beispielsweise nicht in das allgemeine Schimpfen auf die Regierung einstimmen wollen. Da kann ja nur eine Gehirnwäsche dahinterstecken.

Ähnlich argumentiert Noam Chomsky. Der Linguist und Kognitionswissenschaftler postulierte eine sogenannte Universalgrammatik. Das bezeichnet die Annahme, dass praktisch alle Sprachen rund um die Welt gemeinsame grammatische Prinzipien teilen, die angeboren seien. Das bedeutet nicht, dass in unseren Genen Bildungsregeln für Satzstellungen und Wortformen abgelegt sind. Aber es heißt, dass unser Gehirn – mit seiner spezifischen Bauweise und seinen neuronalen Möglichkeiten und Grenzen – bestimmte *Transformationen,* also Veränderungen sprachlicher Einheiten, besser und leichter verarbeiten kann als andere.

Noam Chomsky hat nicht nur eine der wichtigsten (und bis heute aktiv diskutierten und kritisierten) Theorien der Sprachpsychologie erdacht: Er ist ebenso einer der bekanntesten und streitbarsten Intellektuellen der politischen Linken in den USA. Er kritisiert Kriege, unterstützt globalisierungskritische Bewegungen wie Occupy, und ist Vertreter einer extremen Meinungsfreiheit. Seiner Ansicht nach trägt jede staatliche Beschränkung der freien Rede den Keim der Manipulation in sich. Selbst extreme Ansichten wie die Leugnung des Holocaust sieht er von der freien Rede gedeckt. Im Buch *Manufacturing Consent: The Political Economy of the Mass Media* prangern Edward S. Herman und er die Selbstzensur der

Medien an. Zwar gebe es keinen Zwang zu geschönter und einseitiger Berichterstattung, aber Profitinteressen (wie die Angst, Werbekunden zu verlieren), Druck von Leserinnen und Lesern sowie ideologische Überzeugungen (wie eine irrationale Angst vor dem Kommunismus) würden die Berichterstattung verzerren.

Uwe Krüger schreibt 2013, dass dieses Propagandamodell (ein Begriff von Herman und Chomsky) bisher kaum auf die deutschen Medien angewandt wurde. Es hat, wie jedes Modell, auch Schwachstellen und Unzulänglichkeiten, wie Krüger schreibt; es ist aber einer von mehreren wichtigen Bausteinen in seiner Analyse der deutschen Medienlandschaft. Krüger hat in seinem Buch, einer Überarbeitung seiner Dissertation, akribisch die persönlichen Verflechtungen deutscher Topjournalistinnen und -journalisten mit Thinktanks und Politikerinnen und Politikern erläutert. Für den *Zeit*-Mitherausgeber Josef Joffe waren die *Münchner Sicherheitskonferenz,* die *Trilaterale Kommission,* die *Bilderberg-Konferenz* und die *Atlantik-Brücke* zentrale Schnittstellen. Drei dieser Organisationen definieren sich ausdrücklich auch über das NATO-Bündnis und sind im Wertesystem dementsprechend verankert. Wir haben dieses sogenannte *Egonetzwerk* von Joffe beispielhaft aus Krügers Buch herausgegriffen – für andere Spitzenjournalistinnen und -journalisten sieht es dort ähnlich aus. Einseitige Medien, Selbstzensur und Bilderberger: Nein, wir sind nicht in den Tiefen der Verschwörungstheorie versunken. Chomsky und Krüger sind vielleicht streitbar und umstritten, aber sie machen uns bewusst: Massenmedien sind nicht neutral. Das können und wollen Medien auch gar nicht sein; es wäre utopisch, von Menschen mit persönlichen Überzeugungen und Werten völlige Unvoreingenommenheit zu fordern. Ganz zu schweigen davon, dass es in einer komplexen sozialen Realität so eine vollkommene Unvoreingenommenheit gar nicht geben kann.

Medienwissenschaftlerinnen und -wissenschaftler sowie Kommunikationsprofis sehen Krügers Befunde eher gelassen; für sie ist das nichts Neues. Natürlich sind Medien nicht objektiv. Auch Ihnen, liebe Leserinnen und Leser, erzählen wir da wahrscheinlich etwas, das Sie schon wissen – auf einer abstrakten Ebene. Aber: Wie oft machen Sie sich Gedanken darüber, wie stark die politische Einstellung deutscher Spitzenjournalistinnen und -journalisten die Berichterstattung prägt? Reflektieren Sie vor und nach dem Lesen eines Leitartikels (egal, in welcher Zeitung), welche Werthaltungen da drinstecken? Im Alltag, wenn wir Medien beiläufig konsumieren, ist die ganz selbstverständliche Tatsache, dass Medien nicht objektiv sind, dann doch keine Selbstverständlichkeit.

Wir amüsieren uns zu Tode, das war 1985 die berühmte Mahnung des Autors Neil Postman. Er hat die Entwicklung unserer Gesellschaft zwischen den beiden Extremen *1984* und *Schöne neue Welt* positioniert. Totale Kontrolle im Überwachungsstaat und vollständige Banalisierung in der Spaßgesellschaft waren seiner Ansicht nach die beiden Arten, wie wir, die Menschheit, scheitern können in der Informationsgesellschaft. Das war vor über 30 Jahren.

3.4 Die Realität – ein Trugbild?

Im Jahr 1964 wurde in der amerikanischen Firma Control Data Corporation gerade der CDC 6600 konstruiert. Diese Rechenmaschine gilt als der erste erfolgreiche Supercomputer der Welt und wurde maßgeblich von Seymour Cray entwickelt, dessen Computer in den folgenden Jahrzehnten synonym standen für die schnellsten Rechner der Welt. Die CDC 6600 schaffte 3 Mio. Rechenoperationen pro Sekunde und war für diese Rechenleistung ziemlich klein: nur vier Aktenschrank große Gehäuse, dazu kamen noch Kontrollkonsole und Aggregate für die Kühlung. Das zu belächeln ist heute leicht, schließlich übertrifft ein Raspberry Pi 2 aus dem Jahr 2014 – ein Minicomputer, so groß wie eine Zigarettenschachtel und für rund 30 US$ zu haben – diese Rechenleistung deutlich. Vor 50 Jahren läuteten Rechner wie der CDC 6600 jedoch eine neue Ära der Computertechnik ein: genug Leistung, um Realität als (stark vereinfachte) Simulation in den Schaltkreisen abzubilden. Solche Rechner wurden beispielsweise genutzt, um das Explosionsverhalten von Atomwaffen zu simulieren, sodass Tests mit echten Atombomben überflüssig wurden.

Im Jahr 1964 ist auch der Roman *Simulacron-3* von Daniel F. Galouye erschienen. Darin leitet der Ingenieur Douglas Hall eine Rechenanlage, die eine komplette Großstadt im Computer simuliert – inklusive aller Menschen, die darin leben. Diese simulierten Menschen nehmen sich als bewusste Wesen war. Die Illusion ist perfekt. Dann trifft Hall auf Jinx, die sich als Systemadministratorin einer übergeordneten Welt entpuppt. Die Welt von Hall soll abgeschaltet werden; Jinx will das verhindern.

Douglas Hall ist also Herr über eine Computersimulation, in der eine ganze Stadt zu Marktforschungszwecken vom Computer berechnet wird, doch offenbar ist er selbst auch nur Teil einer simulierten Realität. Ist Jinx nun ein echter Mensch – oder ist auch sie nur ein simuliertes Wesen? Woran würde man die echte Welt überhaupt erkennen? Ist menschliches Bewusstsein letztlich nur eine besondere Art von Information und kann zwischen diesen Welten hin- und herspringen?

Unsere Welt – nur eine Computersimulation? Diese Vorstellung klingt verrückt, eher wie eine Wahnvorstellung. Es ist die denkbar umfassendste Verschwörungstheorie: Jeder Gedanke, den wir haben, unsere Eltern und Kinder, jeder Baum, jedes Sandkorn und jeder funkelnde Stern am Himmel, nichts wäre so, wie es scheint. Alles wäre von einer unbekannten und unsichtbaren Macht beeinflusst und von ihr abhängig. Eine so umfassende Täuschung könnten wir prinzipiell nicht erkennen. Wenn alles simuliert ist, dann existiert kein vom System unabhängiger Standpunkt mehr. Wir können nicht von außen darauf schauen und uns ein Urteil bilden. Wir wissen ja nicht einmal, wo so ein Draußen sein könnte. Außerhalb unseres Universums? Aber das gibt es ja vielleicht gar nicht: Wo wäre dann draußen? Wie sähe es dort aus? Vielleicht sind dann all unsere Galaxien nur kleinste Elementarteilchen in einer übergeordneten Galaxie. Im Hollywood-Blockbuster *Men In Black II* aus dem Jahr 2002 etwa existiert eine ganze Galaxie im Anhänger am Halsband einer Katze. Eine andere Zivilisation wohnt in einem Schließfach am Bahnhof.

Wir haben also keine Möglichkeit zu entscheiden, ob die Alles-ist-nur-eine-Simulation-Vorstellung zutrifft. Unmöglich ist es nicht. Der Philosoph Nick Bostrom hat sich 2003 damit auseinandergesetzt. Er beschreibt einen posthumanen Zustand unserer Zivilisation als einen Zustand, in dem unsere technischen Möglichkeiten bis ans Limit des physikalisch Machbaren gehen. Dabei ist es egal, ob wir diese posthumane Ebene in einigen Jahrzehnten oder erst in vielen hunderttausend Jahren erreichen. Bostrom kommt zu dem Schluss, dass mindestens eine der folgenden Annahmen nach den Regeln der Logik zwingend wahr sein muss:

1. Die Menschheit wird ausgelöscht, bevor wir diesen Zustand erreichen,
2. es ist sehr unwahrscheinlich, dass eine posthumane Zivilisation Simulationen ihrer eigenen evolutionären Geschichte laufen lassen würde, oder
3. wir leben mit sehr großer Wahrscheinlichkeit in einer Simulation.

Die zweite Annahme ist wohl nicht zutreffend. Schon heute versuchen wir, Ausschnitte unserer Realität zu simulieren, etwa das Weltklima, wirtschaftliche Entwicklungen, Mutationen von Krankheitserregern. Die schiere Neugier würde uns wohl dazu treiben, unsere eigene Evolution zu simulieren und dabei ein bisschen an den Parametern zu drehen, wenn unsere Computer leistungsfähig genug sind. Wenn wir die erste Annahme ebenfalls verwerfen – und sei es nur, weil der Gedanke, dass die menschliche Zivilisation untergehen wird, ein bedrückender ist –, dann bleibt noch die dritte Annahme übrig. Es gibt eine echte Menschheit und wahrscheinlich viele, viele Simulationen. Vielleicht dutzende, eher aber tausende oder Millionen. Leben wir dann zufällig in der einen, echten Realität? Oder doch eher in einer der vielen Simulationen, die die posthumane Menschheit nutzt, um mehr über sich und ihre eigene Vergangenheit zu erfahren?

Im Jahr 2016 ist diese Simulationshypothese einer breiten Öffentlichkeit bekannt geworden. Elon Musk, Chef des Elektroautobauers Tesla Motors und einer der bekanntesten Vordenker der Technikkultur des Silicon Valley, hat in einem Interview gesagt, dass er es für sehr wahrscheinlich halte, dass wir in einer Simulation leben. Aus einer Science-Fiction-Idee ist also zuerst eine mit Mitteln der Logik gestützte philosophische Theorie geworden. Und Elon Musk hat für die Verbreitung dieser Nischenidee gesorgt.

Von allen Verschwörungstheorien ist diese nicht nur die umfassendste, sondern auch die für unseren Alltag am wenigsten relevante. Wenn es also so wäre, dass wir alle nur Teil eines Computerprogramms sind, dann könnten wir es niemals erkennen (wenn nicht gerade, wie in *Simulacron-3*, Wesen aus der übergeordneten Welt in unsere Realität übertreten). Wir könnten nichts dagegen tun, und an unserem Alltag würde sich auch nichts ändern. Die Angst aber, dass eine Hausmeisterin oder ein Hausmeister in einem Rechenzentrum unserer übergeordneten Welt eines Tages über das Stromkabel ausgerechnet unserer Simulationseinheit stolpert und uns den Stecker zieht – die wäre gar nicht so unvernünftig.

3.5 Jenseits der Biologie

Der Mensch hat seit jeher versucht, die Grenzen des menschlichen Körpers zu überwinden. Der erste Faustkeil, mithin das erste Werkzeug, war eine Erweiterung der Möglichkeiten unseres Körpers. Und auch unsere Wahrnehmung und Kognition könnten wir als „erweitert" bezeichnen, wenn wir an den Gebrauch von Brillen, Hörgeräten, aber auch Stift und Papier, Smartphones und Computer denken. So manche Rechnung könnten wir nicht ausführen, ohne Zwischenschritte zu notieren, und das Gedächtnis eines Alzheimer-Patienten mag – etwas überspitzt gesagt – nicht nur in seinem Körper, sondern auch in einem Notizbuch verortet sein, wie der Philosoph Andy Clark es beschreibt. Mit der Biotechnologie unserer Zeit zeichnet sich ab, dass wir gar nicht absehen können, ob es dabei so etwas wie eine letzte Grenze gibt. Klar ist: Wenn wir so weit sind, dass wir mit speziell angepassten Viren, Nervengiften und Neuroschnittstellen sowie biomechanischen Erweiterungen unser Fleisch- und-Blut-System nachhaltig verändern, dann wird unser Zusammenleben umgekrempelt.

Der Autor William Gibson hat 1984 in seinem Roman *Neuromancer* diese mögliche Realität geschildert und damit das Genre des Cyberpunk populär gemacht; er war nicht der Erste oder Einzige, der Anfang der 1980er-Jahre dystopische Ideen einer technisierten Zukunft hatte, aber viele Details seiner Romane aus der *Neuromancer*-Reihe packen uns bis heute. Gibson beschreibt eine globalisierte Welt, in der nach Kriegen, nach politischen und sozialen

Verwerfungen die Regierungen keinen großen Einfluss mehr haben. Die Macht liegt bei Konzernen. Sie schreiben die Gesetze. An den Positionen der Macht sind Menschen, die mit biotechnischen Verjüngungskuren alle Grenzen des biologischen Lebens hinter sich gelassen haben. Die meisten Menschen hingegen schlagen sich durch in schmutzigen Großstädten voll lauter und bunter Reklame. Künstliche Körperteile und Schnittstellen, die eine direkte neuronale Verbindung zum Cyberspace, zur Matrix ermöglichen, sind Fluch und Segen zugleich.

Diese Dystopie berührt mehrere Themen, die regelmäßig in Verschwörungstheorien eine Rolle spielen. Da ist zum einen die Macht großer Konzerne: Wollen wir in einer Welt leben, in der Firmen – die nicht demokratisch legitimiert sind, die ausschließlich ihren eigenen Profit maximieren wollen und die an keine internationale Vereinbarung wie etwa die UN-Menschenrechtskonvention gebunden sind – mehr Macht über unser Leben haben als gewählte Regierungen? Diese Vorstellung ähnelt dem *1984*-Szenario. Dort allerdings war eine moralisch verkommene Macht daran interessiert, die Gesellschaft in einem ewig unsicheren Zustand von Angst und Krieg zu halten, um so unangreifbar zu werden. In einer *Neuromancer*-Welt ist kein böser Wille notwendig. Firmen wollen ihren Gewinn maximieren, das kann ihnen niemand verdenken. Ihre Produkte wiederum ermöglichen es uns, Beschränkungen unseres Körpers hinter uns zu lassen. Der von den Firmen geschaffene Cyberspace vernetzt unsere Gedanken und ist Arbeitsmittel und Spielwiese zugleich. Daraus entsteht eine Erosion der politischen Kontrolle, die mit der Zeit in einer Gesellschaft mündet, die letztlich ein Feudalsystem ist; nur diesmal auf einem überlegenen biotechnischen Niveau. Globalisierungskritische Bewegungen, zum Beispiel Occupy, kämpfen gegen eine drohende Übermacht der Konzerne. Als Gegenmodell zum Kapitalismus wird eine Gesellschaft vorgeschlagen, die die natürlichen Ressourcen unserer Erde wieder schätzen lernt und den Menschen nicht mehr als bloße Verfügungsmasse betrachtet.

Die Besinnung auf natürliche Gegebenheiten und Grenzen ist die zweite Verschwörungsidee, die in der *Neuromancer*-Dystopie steckt: Die Auflösung der Grenzen zwischen Technik und Leben. Zurzeit ist für uns klar: Die Hautoberfläche ist die Grenze zwischen Innen- und Außenwelt. Über Sinneskanäle erreicht uns Information. Erfindungen wie der Herzschrittmacher, die körperliche Einschränkungen und Krankheiten mit einer technischen Lösung angehen, die uns also nicht „besser", sondern nur wieder gesund machen, tun unserem Verständnis von Körperlichkeit noch keinen Abbruch. Aber wenn die ersten Implantate in Serie gehen, die uns zum Beispiel klüger machen, wie definieren wir das Menschsein dann? Oder stellen Sie sich, wie der Philosoph und Kognitionswissenschaftler David J. Chalmers in einem 1995 erschienenen Artikel vor, man würde Ihre Neuronen nach und nach durch künstliche ersetzen; verändert das Ihr Bewusstsein, und ab wann sind Sie nicht mehr Sie selbst? Und wie werden wir uns selbst verstehen, wenn wir unser Nervensystem direkt mit einer computergenerierten Realität verbinden können, ohne noch auf unsere langsamen Sinnesorgane angewiesen zu sein?

Eine Verschwörungstheorie greift genau solche Ängste auf: Böse Mächte würden uns RFID-Chips einpflanzen wollen – kleine Bauteile also, die Information speichern und über Radiowellen übertragen können. Sie werden tatsächlich Haustieren unter die Haut gesetzt und tragen Information über das Tier und die Besitzerin oder den Besitzer. Die Herrschaft über den eigenen Körper und über seine Grenzen zur Umwelt wird hier in Gefahr gesehen. Ganz ähnlich sind Behauptungen angelegt, Impfungen würden mehr schaden als nützen; kleine und praktisch unsichtbare Informationsträger (hier aber biologische, gebaut aus Aminosäuren und nicht aus Computerteilen) würden uns unter die Haut gespritzt und stören die „natürliche" Ordnung der Dinge.

Beide Vorstellungen sind eng verwandt, die von der befürchteten Entmenschlichung durch Konzerne und die von der Entmenschlichung durch Biotechnologie. Aus beiden Sichtweisen wird unser Wert als menschliches Wesen angegriffen, einmal von außen, von den Firmen, die in uns nur Kunden sehen; und einmal von innen, von Implantaten und biochemischen Mitteln.

3.6 Angriff der Killerviren

Zombiefilme und -serien (wie *The Walking Dead*) gehören zu den Quotenrennern der vergangenen Jahre. Populär wurde die sogenannte *Zombieapokalypse* 1954. Der Autor Richard Matheson hat in seinem Kurzroman *I Am Legend* Robert Neville als einzigen Überlebenden einer Pandemie beschrieben. Alle anderen Menschen sind offenbar infiziert mit einem Erreger, der sie zu Vampiren mutieren lässt – denn sie fürchten Kruzifixe, Tageslicht und Knoblauch. Das Verhalten der Vampire erinnert aber eher an Tollwut, es ist aggressiv und ziellos. Neville bekämpft die Wesen rücksichtslos, indem er die schlafenden Vampirzombies tagsüber aufsucht und ihnen Pflöcke in die Herzen treibt. Mathesons Werk hat maßgeblich das Zombiegenre geprägt.

Die entscheidende Wendung geschieht auf den letzten Seiten: Neville wird von den Wesen gefangen genommen und realisiert: Die infizierten Vampire haben sich an den Erreger angepasst und eine neue Zivilisation begründet. Mit einem Medikament halten sie die Infektion im Zaum. Das tatsächliche Monster ist Neville, denn er tötet ohne erkennbaren Grund die tagsüber Schlafenden. Besessen von der moralischen Richtigkeit seines Tuns hat er es zuvor nie infrage gestellt.

Das Buch wurde mehrfach verfilmt: 1964 als *The Last Man on Earth* mit Vincent Price, 1971 als *Der Omega-Mann* mit Charlton Heston und 2007 als *I Am Legend* mit Will Smith. Die überraschende Wendung am Schluss fehlt in der Kinofassung der jüngsten Verfilmung. Stattdessen erreicht Robert Neville mit dem Impfstoff eine Siedlung mit Überlebenden, die verklärt illuminiert ist wie ein himmlisches Jerusalem. Die DVD-Version des Films enthält aber ein alternatives Ende, das nahe an der literarischen Vorlage bleibt.

Ein Erreger, der sich rund um die Welt verbreitet – *I Am Legend* ist 30 Jahre vor der Entdeckung von AIDS geschrieben worden, ist heute aber kaum zu lesen oder als

Film zu sehen, ohne an eine Verbindung zu denken: Was kann passieren, wenn sich ein tödlicher und ansteckender Krankheitserreger um den ganzen Erdball verbreitet? Und wie gehen wir mit den Menschen um, die darunter leiden?

Der Erfolg des Buches sowie der drei Hollywood-Verfilmungen zeigt auch: Dieses Szenario lässt uns nicht kalt. Der Zusammenbruch der Zivilisation, eine grassierende Infektion mit Wesensveränderung und Tod – das zieht heute ebenso wie 1954. Zombieserien wie *The Walking Dead* erzielen derzeit Jahr um Jahr Spitzenquoten. In Verschwörungstheorien sind diese Ängste natürlich auch präsent: Das HI-Virus beispielsweise sei, je nach Verschwörungstheorie, entweder in amerikanischen oder russischen Geheimlabors entstanden. Für den Ebolaerreger und das Zikavirus kursieren ähnliche (und widersprüchliche) Geschichten.

Bemerkenswert in diesen Geschichten und Verschwörungstheorien: Die ganze Menschheit ist in ihrer Existenz bedroht. *Starship Troopers* zeigt ein Militär, das in den Faschismus abdriftet, aber die Bedrohung kommt von außen, aus dem Weltall. Bei *1984* und *Schöne neue Welt* läuft zwar auch vieles falsch, aber zumindest existiert die Gesellschaft noch. In *Simulacron-3* ist zwar nichts real, aber dafür ist alles so, wie wir es gewohnt sind. Die Biotecherweiterungen in *Neuromancer* verändern den Menschen, der aber dabei immer damit ringt, Mensch zu bleiben. Eine Pandemie in *I Am Legend* legt alles in Trümmer; jede Menschlichkeit, unsere ganze Zivilisation.

3.7 Deus ex conspiratione

In Kap. 1 dieses Buches haben wir Ihnen gezeigt, dass Verschwörungstheorien kein ausschließliches Phänomen der Gegenwart sind. Schon in den ersten Kulturen, die uns Schriften hinterlassen haben, spielt die geheime Absprache unter menschenähnlichen Göttern[3] eine wichtige Rolle. Über die Jahrtausende sind Verschwörungstheorien beliebte Erklärungsmuster geblieben.

Unsere Gegenwart wirkt auf viele Menschen verstörend oder zumindest beunruhigend – das ist die Kernaussage von Kap. 2. Diese mutmaßliche kollektive Unruhe schlägt sich in Begriffen wie denen der Postmoderne, der Postdemokratie und der Postfaktizität nieder. Solche Etiketten sind problematisch. Sie erklären nicht, sondern geben einem Phänomen nur einen griffigen Namen. Und sie sind, als pauschale Bezeichnungen, sicher falsch. Andererseits scheinen diese Begriffe einen Nerv zu treffen. Im Jahr 2016 hatten Menschen das Gefühl – und anfangs war es das, ein Gefühl, und keine durchdachte und klar formulierbare Meinung –, dass politische Entscheidungsprozesse, wie das Brexitvotum und der US-Wahlkampf um

---

[3]Wissenschaftlerinnen und Wissenschaftler der Philosophie und Religionswissenschaft streiten sich, ob man jede Religion als Verschwörungstheorie auffassen könne; auf diese Diskussion haben wir bewusst verzichtet. Es gibt zwar einige Argumente dafür, aber ebenso einige dagegen. Es ist riskant, ein faszinierendes und vielschichtiges Phänomen dadurch erklären zu wollen, dass man die Gemeinsamkeiten und Ähnlichkeiten mit einem noch komplexeren Phänomen betont: So verlagert man lediglich den Fokus, schafft aber kein neues Verständnis.

die Präsidentschaft, nicht mehr den gleichen Regeln folgen wie in den vergangenen Jahrzehnten. Wenn sich die Wahrnehmung der Welt verändert und somit unser Bezugssystem wirkt das auf uns zurück: Die Antwort auf die Frage „Wer bin ich?" hängt auch davon ab, wie wir die Welt um uns herum einschätzen.

Dieses Gefühl einer veränderten Welt – oder zumindest die Angst davor, dass sich unsere Gesellschaft in kurzer Zeit tief greifend zum Schlechteren verändern könnte: Das war das Thema dieses Kapitels. In den Dystopien und in der Science-Fiction-Literatur des 20. Jahrhunderts wurde diese Angst thematisiert. Totalüberwachung, Massenverdummung, Bioimplantate, die Zombieapokalypse und schließlich die Vorstellung, dass die wahrgenommene Realität gar nicht real ist: Was zum Erscheinen der jeweiligen Bücher noch Science-Fiction war, ist in manchen Teilen heute Realität geworden oder – wie bei den Zombies – noch immer populäre Vision. Es ist technisch möglich, die gesamte digitale Kommunikation auf der Erde zu belauschen. Es gibt über Streamingdienste und soziale Medien die Möglichkeit, Menschen mit Werbung, Information, Falschinformation und Propaganda einzudecken, sogar durch Algorithmen individuell auf die betreffende Person zugeschnitten. Nanobots, also Roboter die so klein sind, dass sie zum Beispiel im menschlichen Blutstrom agieren können, sind wahrscheinlich in ein paar Jahren serienreif. Ein hoch ansteckender Krankheitserreger könnte sich über die stark frequentierten globalen Flugrouten tatsächlich in wenigen Tagen um die ganze Welt verbreiten, so schnell wie noch nie. Was wäre mit einer Krankheit, gegen die es kein Mittel gibt und die Menschen grausam zugrunde richtet, wie zum Beispiel die Tollwut, aber so leicht zu übertragen ist wie ein Brechdurchfall? Egal ob so ein Erreger im Labor entstanden oder in der Natur durch Mutation und Selektion herangereift ist – die Konsequenzen für die Menschheit wären fürchterlich.

Verschwörungstheorien gebieten zu Recht zur Vorsicht und sorgfältigen Prüfung, denn sie können gefährlich sein und zu Ausgrenzung, Verfolgung, Paranoia und Fanatismus führen. Daher ist eine Prüfung und ethische Beurteilung kolportierter Theorien absolut wichtig. Nach unserer Definition gehören zu Verschwörungstheorien allerdings nicht nur abgedrehte Fantasien einiger „Spinner": Es ist eine Erzählstruktur, die mindestens so alt ist wie die menschliche Geschichtsschreibung – mehrere Menschen, die im Geheimen etwas planen. Erst wenn wir die Tradition, Grundlage und Reichhaltigkeit des Themas Verschwörungstheorie anerkennen, können wir eine offene Auseinandersetzung führen. Wir haben das gegenwärtig weit verbreitete Gefühl beschrieben, dass Erklärungsmuster wie die der modernen Aufklärung, Strukturen wie die Demokratie und objektive Fakten an Bedeutung verlieren. Großartige Autoren des 20. Jahrhunderts schildern uns in ihren Werken, in welche Extreme unsere Kultur möglicherweise verfallen kann. Die Mahnung beispielsweise, dass die Regierung eines Landes alle Kommunikation überwacht und über Facebook-Profile von Systemkritikerinnen und -kritikern generiert, um diese dann nach einem gescheiterten Umsturz gezielt zu verhaften, ist keine unbegründete Paranoia, sondern die Vereinigung der Ängste von George Orwell mit den heutigen technischen Möglichkeiten.

Ein leichtfertiges Abtun dieser Hintergründe und der zugrunde liegenden Ängste halten wir für falsch, denn die weitere Entwicklung unserer Gesellschaft birgt immer auch das Risiko, in einem Schreckensszenario – etwa einem Überwachungsstaat, einem Raubtierkapitalismus oder einer Militärdiktatur – zu enden. Selbst ein Untergang der Menschheit nach einer Pandemie oder ein Verlust der Menschlichkeit durch Mensch-Maschine-Mischwesen ist nicht völlig unmöglich. Eine kritische Auseinandersetzung mit diesen Entwicklungen ist also nicht vorschnell als Spinnerei abzutun. Andererseits: Manche Theorien sind so bizarr – ein Beispiel, das immer verfängt, ist die Ansicht von David Icke, dass wir Menschen von reptiloiden Formwandlern aus dem Weltall regiert werden –, dass die Verschwörungstheorie eine Scheinrealität schafft.

Hier ist nun explizit die Philosophie gefragt. Denn, was Realität überhaupt ist und welche Überzeugungen vernünftig sind – über solche Fragen denken Philosophen schon seit einigen tausend Jahren nach. Davon handelt das folgende Kapitel.

Zusammenfassung

- Im 20. Jahrhundert wurden viele düstere Visionen der nahen Zukunft in der Literatur verarbeitet – Szenarien, die theoretisch Wirklichkeit werden könnten.
- Es geht dabei zum Beispiel um die Angst vor einer militaristischen Gesellschaft, vor Totalüberwachung, vor Kontrolle mittels Unterhaltung und psychologischer Techniken, vor einer simulierten Realität, vor der

- Auflösung der Grenze zwischen Mensch und Maschine und vor einer Pandemie.
- Diese Dystopien sind Kultklassiker des Science-Fiction-Genres und, wie im Fall von *Schöne neue Welt* und *1984*, Literatur von Weltrang.
- In diesen Dystopien finden wir viele Inhalte, die auch in Verschwörungstheorien eine wichtige Rolle spielen.
- Solche Zukunftsängste, die viele Menschen beschäftigen, sollten nicht pauschal als unmöglich oder unvernünftig abgetan werden.

4
Philosophie oder: Die Pille der Vernunft

Folgen Sie uns in den philosophischen Kaninchenbau!

Die blaue oder die rote Kapsel? Mit dieser Entscheidung bestimmt Neo, die Hauptfigur im Science-Fiction-Film *Matrix* (1999) der Wachowski-Geschwister, sein weiteres Schicksal. Vor die Wahl stellt ihn Morpheus, eine rätselhafte und charismatische Figur, die Neo aus seinem Alltag reißt und in ein Haus mitten in der Großstadt bringt, das vielleicht um 1900 gebaut wurde. Dort hat seit mehreren Jahrzehnten niemand mehr sauber gemacht. Die Einrichtung des Zimmers: zwei große, mit rotem Leder bezogene Sessel, die genauso gut im Sigmund-Freud-Museum in Wien stehen könnten, dazwischen ein kleiner, hoher Holztisch mit einem Glas Wasser. Im Hintergrund der Szene befindet sich ein aufgelassener Kamin, die Tapeten lösen sich von den Wänden, alles ist voller Staub.

Morpheus und Neo sitzen sich gegenüber, und Morpheus bietet mit ausgestreckten Armen zwei Pillen an – eine ist blau, die andere rot. Wenn Neo versucht, Morpheus in die Augen zu blicken, sieht er nur sich selbst in den verspiegelten Brillengläsern. In diesem Moment entscheidet Neo nicht nur seine eigene Zukunft. Ohne es zu wissen oder auch nur zu ahnen, verändert er den Lauf der Dinge, der ganzen Menschheit. „Bedenke, alles, was ich dir anbiete, ist die Wahrheit; nicht mehr", sagt Morpheus. Hätte Neo die blaue Pille gewählt, wäre er in seinem Bett aufgewacht und hätte weiter an das geglaubt, was er glauben wollte. Neo spürt aber seit Jahren, dass mit der Realität, wie er sie kennt, irgendetwas nicht stimmt. Aber was? Nach kurzem Zögern ergreift er die Chance, die eigentliche Realität kennenzulernen, um hinter die Dinge zu sehen, auch wenn Morpheus' Versprechen in diesem Moment eher einem Rätsel denn einer klaren Ansage gleichkommt: „Schluckst du die rote Kapsel, bleibst du im Wunderland, und ich führe dich in die tiefsten Tiefen des Kaninchenbaus!"

Matrix war ein Welterfolg. Seine Handlung folgt einer der größten anzunehmenden Verschwörungen: Die Menschheit hat intelligente Computer und Roboter gebaut; es kam zum Streit, schließlich zum Krieg. Die Roboter haben gewonnen, jeden Menschen in einen eigenen kleinen Wassertank gesteckt, an Schläuche angeschlossen, und sein Zentralnervensystem mit einem gigantischen Computernetzwerk verkabelt – genannt wird das ganze System schlicht und einfach einschüchternd Matrix. Nichts was die Menschen wahrnehmen ist seitdem real, alle Sinneswahrnehmung wird erzeugt in einer einzigen gigantischen Illusion, wie wir sie schon aus *Simulacron-3* kennen.

Die Roboter benutzen indes die menschlichen Körper als Energiegeneratoren, so wie Ameisen sich um Blattläuse kümmern – sie werden vor Gefahren beschützt und im Gegenzug eben gemolken.

4.1 Eine zynische Scheinwelt

Nichts, aber auch gar nichts ist echt, alles ist nur inszeniert von einer bösen Macht, die ganze Existenz ein einziges Sklavendasein. Und noch schlimmer: Man hat noch nicht einmal eine Ahnung davon. Noch umfassender, noch unmenschlicher und hinterhältiger kann eine Verschwörung nicht sein. Selbst das totale Überwachungsszenario aus *1984* nimmt sich dagegen bescheiden aus. Neo, der sich im Film als messianischer Auserwählter herausstellt und übermenschliche psychische Kräfte hat, spürte vor der Begegnung mit Morpheus in seinem Matrixdasein nur ein leichtes Unbehagen über die Welt um ihn herum. Wie ein Verschwörungstheoretiker hat er nach Hinweisen gesucht, Spuren gesammelt, meistens aber ein zurückgezogenes Leben vor seinem Computer geführt. Seine dominante Charaktereigenschaft war eine Mischung aus Gleichgültigkeit gegenüber dem Leben und einer Verachtung für alle Menschen seiner Umwelt. Morpheus hat Neo den Ausweg aus einer belanglosen, zynischen Existenz ermöglicht.

Matrix verhandelt bis zur letzten Konsequenz die Grundfragen jeder Verschwörungstheorie: Wie viel ist real an der Realität? Was ist nur Scharade, die von mächtigen Kräften in Szene gesetzt wird, um uns in Sicherheit zu wiegen? Und vor allem: Können wir Wahrheit und Verschwörung unterscheiden? Die Frage betrifft sowohl spezifische Fälle als auch die philosophische Frage, ob es eine Wahrheit gibt.

Wenn Sie die bösen, mächtigen Kräfte einmal gedanklich in Klammern setzen, dann bleibt die Frage nach der Realität und der Wirklichkeit unserer Existenz. Was Erkenntnis ist, und wie wir an sie gelangen können, debattieren Philosophinnen und Philosophen seit über 2000 Jahren. In Platons berühmtem Höhlengleichnis haben die Menschen bisher immer nur eine Höhlenwand gesehen – auf ihr quasi projiziert: die Schatten derjenigen Dinge, die vor der Höhle vorbeizogen. Nicht die Dinge, sondern die Schatten waren also die Referenz auf die Realität und wurden als Realitäten wahrgenommen. Für die Erkenntnis der reinen, göttlichen Wahrheit hätten sich die Menschen von ihren Fesseln in der Höhle befreien müssen. Sie hätten sich dann umdrehen müssen, um aus der Höhle hinausschauen zu können oder, noch besser, herauszuklettern, um die Dinge direkt erleben zu können. Das wäre definitiv eine schmerzhafte Erfahrung gewesen. Nicht nur hätte die ungewöhnlich starke Helligkeit der Sonne die Höhlenmenschen geblendet (und ihre Muskeln hätten es vermutlich nicht mehr vermocht, ihre trägen Leiber überhaupt zu bewegen), es hätte sie vor allem vor ganz neue Sehgewohnheiten gestellt.

Zwar wollen wir uns aus ethischen Gründen ein solches Langzeitexperiment nicht wirklich vorstellen, aber Menschen mit angeborener Blindheit, denen der Sehsinn später im Leben wiedergegeben werden konnte, sind in einer Art dunkler Höhle aufgewachsen. Diese Menschen haben große Schwierigkeiten, das, was sie nun sehen können, mit Sinn und Bedeutung zu verknüpfen. Denn Wahrnehmung ist kein passives Registrieren und die Welt nicht an sich „visuell" oder „auditiv". Vor allem in den ersten Lebensjahren erkunden wir unsere Umgebung aktiv. Wir verändern und formen dabei nicht nur unsere Umwelt, sondern auch unser Gehirn massiv, wenn wir Eindrücke miteinander verknüpfen über die verfügbaren Schnittstellen zur Welt wie das Hören, Riechen, Schmecken und Tasten. Blinde prägen ihr Wahrnehmungssystem nach gleichem Prinzip, beziehen aber eben die Schnittstelle des Sehens nicht mit ein. Wahrnehmen ist nicht einfach nur Sehen, sonst wäre es für die Menschen mit angeborener Blindheit einfach so, als hätte jemand das Rollo hochgezogen. Realitäten werden eben nicht einfach wahrgenommen, sondern werden gebildet. Viele Jahre Lernerfahrung sind nötig, verknüpft mit biologischen Reifungsvorgängen, damit wir Menschen dazu überhaupt fähig sind. Das zeigt uns aber: Die „Welt" ist immer eine

Interpretationsleistung. Diese Interpretation ist Folge unserer aktiven Erfahrungen mit und in ihr. Mit diesen Erfahrungen (re)organisiert sich unser kognitives System, und zugleich sind die Erfahrungen selbst wieder abhängig von der Organisation des Systems. Die eine, richtige Wahrheit kann es deshalb nicht geben. Aber die ermutigende Botschaft ist: Unsere biologischen und neurologischen Bedingungen erlauben es uns gar nicht, immer nur stumpf auf die Schatten an der Wand zu starren. Wir müssen Nahrung zu uns nehmen, auf lebensgefährliche Situationen reagieren und wir wären nicht hier, hätten unsere Vorfahren sich nicht darum bemüht, sich fortzupflanzen. „Sinn" ist unter diesen Gesichtspunkten immer verknüpft mit unseren Bedürfnissen und Zielen, und wir sind (glücklicherweise) getrieben davon, Bedeutung und Zusammenhänge zu finden; anders gesagt, wir können gar nicht anders, als nachzuschauen, was da passiert vor der Höhle. Diese Neugierde und das Vergnügen am Entdecken von Bedeutung, das wir in einem späteren Kapitel (Kap. 6) noch näher betrachten, ist wichtig: Ohne Exploration und Anpassung ist kein Überleben möglich.

Bei einer Verschwörungstheorie wird die Suche nach Erkenntnis auf den Kopf gestellt: Es geht nicht nach oben zum Ausgang der Höhle, sondern nach unten. Neo muss in die tiefsten Tiefen des Kaninchenbaus. Man ahnt es: Dort ist keine helle und göttliche Wahrheit zu finden. Schon Orpheus ist in die Tiefe gestiegen, um seine Eurydike wiederzufinden. Aber er scheiterte, seine Geliebte blieb ein Schatten in seiner Erinnerung. Seit Sigmund Freud ist auch für die Psychologinnen und Psychologen das Unten ein metaphorischer Ort voller Lust, Begierde und Tod. Verschwörungstheorien streben also nicht nach oben zur göttlich-reinen Erkenntnis. Die zu finden wäre im Zeitalter der Postmoderne auch eine wohlfeile, plumpe, allzu naive Illusion. Sie begeben sich vielmehr dorthin, wo es wirklich wehtut: in die Welt der Begierden, Machtspiele, Unwahrheiten, Lügen und Gemeinheiten.

Was die Verschwörungstheorien mit der Erkenntnistheorie seit der Antike aber verbindet: Die einzige Fähigkeit, mit dem wir Menschen auf der Suche nach Wahrheit ausgestattet sind, ist unsere Vernunft. Mit ihr haben wir über die Jahrtausende viele Werkzeuge entwickelt, die uns dabei helfen, uns bei dieser Suche voranzutasten. Die Logik, das wissenschaftliche Experiment, die Computersimulation: Sie alle sind uns dabei nützlich, eben weil sie uns vernünftig erscheinen auf der Suche nach Wahrheit.

Eine Verschwörungstheorie vermutet bei dieser Suche niedere menschliche Motive als treibende Kräfte hinter den Kulissen. Den mutmaßlichen Verschwörerinnen und Verschwörern geht es, ihrer Meinung nach, um Macht und um Geld, nicht um eine bessere Welt für alle. Wer hinter allen Geschehnissen auf der Welt eine Verschwörung vermutet, sieht das Vorkommen von geheimen und üblen Machenschaften als Konstanten unserer gesellschaftlichen Realität. Das ist zwar eine pessimistische Sichtweise mit dem Potenzial, Verbitterung und Zynismus zu befördern, aber ist sie unvernünftig im philosophischen Sinne?

Im angloamerikanischen Raum wird diese Debatte seit einigen Jahren geführt. Dabei geht es nicht um die Binsenweisheit, dass einige oder vielleicht sogar viele Verschwörungstheorien unvernünftig sind. Auch einige politische Einstellungen, Lebensplanungen, Autokäufe und Restaurantbesuche sind bei genauer Analyse unvernünftig. Aber politische Einstellungen, Lebensplanungen, Autokäufe und

Restaurantbesuche sind nicht generell unvernünftig, sondern nur unter bestimmten Rahmenbedingungen. In diesem Abschnitt diskutieren wir die Perspektive der Philosophie, vor allem der Erkenntnistheorie, um herauszufinden: Ist der Abstieg in den Kaninchenbau generell unvernünftig? Wenn dem so wäre, dann wäre der Rest dieses Buches ein Heimspiel. Sie ahnen schon: So einfach ist es nicht.

Vernunft ist ein zentraler Begriff der Philosophie. Ganz allgemein bezeichnet er das Aufstellen allgemeingültiger, also universeller Aussagen und Regeln auf der Basis der Erfahrung und der Wahrnehmung. Wie dieser Begriff dann konkreter gefasst wird, unterscheidet sich von Philosoph zu Philosoph. Sobald sich eine Wissenschaft mit der Welt befasst, sind es oft gerade die zentralen Begriffe dieser Wissenschaft, die unscharf definiert sind. Jeder Mensch, also auch jede Wissenschaftlerin und jeder Wissenschaftler, nimmt die Welt ein bisschen anders wahr (Carbon, 2015). Und so wird er oder sie zu etwas anderen Schlussfolgerungen kommen als die Kolleginnen und Kollegen.

Die Mathematik hat es leichter, sie beruft sich auf klare Definitionen und einige wenige unwidersprochene – aber auch nicht durch Erfahrung prüfbare – Grundaussagen (Axiome). Es ist unmöglich, dass eines Tages eine Zahl größer eins um die Ecke kommt und behaupten kann: „Ich bin eine Primzahl", obwohl sie noch durch weitere Zahlen teilbar ist außer eins und sich selbst.

Andere Wissenschaften haben diesen Luxus nicht. Was genau ist Leben? Eine Definition, die Zellen und Gene voraussetzt, wird spätestens von der ersten echten künstlichen Intelligenz infrage gestellt. Vielleicht bringt auch eine

Weltraumsonde eines Tages kristallbasiertes Leben mit auf die Erde. Der Schriftsteller Michael Crichton hat 1969 in seinem Science-Fiction-Buch *The Andromeda Strain* genau dieses Szenario beschrieben. Die ganze Menschheit war in Gefahr, weil die winzigen Kristallwesen, auf die Erde gekommen in einem zurückgekehrten Forschungssatelliten, eine tödliche Seuche auslösen konnten; das Team der besten Wissenschaftlerinnen und Wissenschaftler der Vereinigten Staaten aber lange nur nach Einzellern gesucht hat, wie sie schon vom irdischen Leben bekannt waren. Die Forscherinnen und Forscher waren in dieser Geschichte lange blind für diese neue Art von Leben, und die ausgeklügelten Mechanismen zur Eindämmung einer Pandemie hätten um ein Haar diese Pandemie erst möglich gemacht.

Etwas abstraktere Definitionen von Leben fordern stattdessen ein System von Regelungsmechanismen, das es schafft, sich selbst in einem stabilen Zustand zu halten. Das schließt Kristallwesen und künstliche Intelligenzen mit ein – aber auch Ihren Kühlschrank, der viele Jahre lang in seinem Inneren 7 C aufrechterhält, egal ob Sommer oder Winter. Aber ist er deshalb ein Lebewesen? Nicht, wenn wir annehmen, dass Selbstorganisation ein entscheidendes Kriterium für Leben ist: Im Gegensatz zu Ihrem Kühlschrank sind Sie danach bestrebt, sich selbst zu erhalten, und das was Sie wahrnehmen und tun, hat Bedeutung – gerade eben im Rahmen Ihrer Bedürfnisse, die aus dem Drang zum Selbsterhalt entstehen. Und Selbsterhalt bedeutet mitnichten einen statischen Zustand beizubehalten! Vielmehr könnten wir Leben als eine Form der Autonomie bezeichnen, die auf Systeme zutrifft, die sich selbst und die Umwelt stetig so verändern, dass sie ihre eigene Existenz als System bewahren. Die Biologen und Philosophen Maturana und Varela entwickelten hierfür den Begriff der „Autopoiesis". Schwer vorstellbar, dass ein Kühlschrank in diesem Sinne ein Lebewesen ist und Bedeutungen im Hinblick auf den Selbsterhalt erzeugt. Doch wie ist es mit intelligenten Computersystemen und Robotern: Ist hier eine solche Autonomie und Selbstorganisation denkbar? Eine Unschärfe bleibt.

In Verlegenheit bringen Sie eine Psychologin und einen Psychologen auch, wenn Sie nach einer Definition für Emotion fragen. Oder, noch besser: Intelligenz! Der Verein Mensa nimmt nur Menschen mit einem Intelligenzquotienten (IQ) von 130 und höher auf. Intelligenztests sind so geeicht, dass das rund 2,5 % aller Menschen sind. Ein Club also, zu dem nur die intelligentesten Menschen überhaupt Zutritt haben: Ausgerechnet dieser Verein definiert Intelligenz als „das, was ein Intelligenztest misst". Das klingt etwas ungelenk und zeigt, dass selbst die Klügsten unter den Klugen (gemessen zumindest an den Tests) bis heute den Begriff nicht so recht fassen können.

Leben, Emotion, Intelligenz und eben auch Vernunft: Wir stoßen hier auf ein Problem ohne rechten Ausweg. Bereits unsere Begriffe über die Welt sind unscharf. Wenn wir aber in einer Diskussion oder einem Gedankengang mit derartigen Begriffen hantieren, dann müssen wir sie zuvor definieren. Das klingt selbstverständlich, ist es aber nicht. Menschen benutzen Begriffe und Konzepte, von denen sie manchmal nur ein Gefühl haben, was sie bedeuten könnten. Bei Themen wie Glaube und Liebe kommt praktisch jeder Mensch ins Schwimmen. Innerseelische Zustände, die wir schon bei uns selbst nur schwer beobachten können, sind darüber hinaus sehr schlecht in Worte zu fassen.

Es wäre bequem (und genau genommen ziemlich feige), nicht mehr über Liebe zu reden und nicht mehr über Intelligenz und Vernunft zu diskutieren. Wer die rote Pille schluckt und in den Kaninchenbau hinabsteigt, der sollte mutig genug sein, keine Angst vor der Unschärfe unserer Sprache zu haben. Die größte Gefahr beim Abstieg in den Bau ist hingegen zu vergessen, dass unsere Sprache ein Werkzeug ist, das im Alltag meist ziemlich gut funktioniert, aber praktisch niemals zu 100 % passt. (Die größte Gefahr, wenn man wieder auf die Oberfläche zurückkommt: zu glauben, die einzige und richtige Wahrheit mitzubringen; aber davon handelt das nächste Kapitel).

Bevor Sie weiterlesen, machen Sie bitte ein kleines Gedankenexperiment: Legen Sie kurz das Buch zur Seite und überlegen Sie sich: Was ist Vernunft, und was bedeutet für Sie „vernünftig"?

4.2 Vernunft als evolutionäres Konzept

Für unsere Betrachtung verwenden wir die Vernunft-Definition des Philosophen Christian Illies. Er hat eine philosophische Anthropologie verfasst, also einen Versuch, aus philosophischer Perspektive zu erörtern, was den Menschen zum Menschen macht. Besonderes Gewicht legt er dabei auf das Wesen der Moral. Sein Ansatz zur Vernunft bezieht das Konzept der Evolution ein. Illies stellt die Frage, ob unsere Fähigkeit zu moralischem Handeln damit zusammenhängt, dass wir als Lebewesen in einem Prozess der Anpassung und Auslese entstanden sind. Das betrifft nicht nur unsere biologische Grundausstattung. Kultur lässt sich ebenfalls so betrachten. Wenn Formen menschlichen Zusammenlebens und gemeinsamen Wissens entstanden sind, die der betreffenden Gruppe eine bessere Anpassung an die Gegebenheiten der Umwelt ermöglicht haben, dann hatte diese Gruppe von Menschen und damit ihre Kultur eine bessere Überlebenschance.

Vernunft ist demnach, und da sind wir noch ganz bei einer allgemeinen Definition, ein personenunabhängiger *Grund,* in einer bestimmten *Situation* nach einer bestimmten *Norm* zu handeln. Das Thema Wahrheit spielt vorerst keine Rolle, es geht uns erst einmal darum, ob das Zusammenspiel Grund-Situation-Norm den philosophischen Kriterien der Vernunft genügt.

Uns interessiert jetzt, ob wir eine Regel finden können, nach der die Vernünftigkeit einer Verschwörungstheorie eingeschätzt werden kann, in allen Situationen und für jede Verschwörungstheorie – also immer. Die Situation ist somit jede Situation, also eine Handlungsanweisung, die wir unabhängig von den Umständen anwenden können. Der Grund ist die Konfrontation mit einer Verschwörungstheorie. Wenn Verschwörungstheorien generell unvernünftig sind, können wir das in folgende Regel übersetzen: Immer wenn ein vernünftiger Mensch mit einer Verschwörungstheorie konfrontiert wird, sollte er diese zurückweisen. Diese Regel wäre die einzig vernünftige,

4.2 Vernunft als evolutionäres Konzept

sonst lande ich in einem Widerspruch – ich kann nicht aus Vernunftgründen etwas Unvernünftiges anerkennen. Setzen wir für Verschwörungstheorie noch unsere allgemein gehaltene Definition ein, erhalten wir folgende Anweisung:

> **Satz der globalen Zurückweisung:** Immer wenn ich mit einer Theorie konfrontiert bin, die ein wichtiges Geschehen auf das verborgene und wahrscheinlich bösartige Handeln einer Gruppe von Menschen zurückführt, sollte ich diese Theorie ablehnen.

Das erste Vernunftkriterium: Ist diese Aussage konkret genug, um sie auch befolgen zu können, ohne dabei Widersprüche aufzutun? Die Regel „Verhalte dich immer intelligent!" würde durch dieses Raster fallen, wäre also unvernünftig, denn was Intelligenz ist, das wissen selbst Mensaner nicht ganz genau. Wenn jeder Mensch sie unterschiedlich interpretieren kann, dann ist die Regel nicht konkret genug. Ein Widerspruch wäre beispielsweise in der Regel „Sei spontan!" enthalten. Spontaneität wäre das Handeln ohne direkten Anlass, diese Regel ist aber ein solcher Anlass, die Befolgung damit praktisch unmöglich. Unsere Verschwörungstheorieregel aber hat die erste Hürde genommen, sie ist konkret und widerspruchsfrei.

Das zweite Kriterium ist die Universalisierbarkeit. Würde es unsere Regel auf Dauer einigen Menschen unmöglich machen, eben diese Regel anzuwenden, wäre sie ebenfalls unvernünftig. Diese Forderung ergibt sich aus dem Menschenbild der Aufklärung, in dem jeder Mensch ein Recht auf die Freiheit hat, sich seines Verstandes zu bedienen und vernünftige Regeln zu befolgen. Dies muss er aus eigener Einsicht tun können. Hier gibt es keine Probleme. Unsere Forderung nach einer generellen Zurückweisung von Verschwörungstheorien kann von jedem Menschen befolgt werden, ohne dass andere Menschen an der Ausübung eben jener Regel gehindert werden.

Bis jetzt wäre die Anweisung, alle Verschwörungstheorien zurückzuweisen, also vernünftig. Ob diese Regel so in Kraft treten sollte, wäre demnach eine Frage der Werte, der Umstände, der gesellschaftlichen Diskussion, aber unvernünftig wäre sie nicht. Wäre da nicht das dritte Kriterium: Ist die Regel evolutionär stabil?

In seinem 2015 erschienenen Buch diskutiert Christian Illies unter dem Begriff der Evolution nicht die Frage, ob die Dinosaurier schon Federn hatten, oder warum manchen Menschen Weisheitszähne wachsen. Ihn beschäftigt die Frage, ob Gesellschaften und Kulturen stabil bleiben und sich auch weiterentwickeln können, wenn wir eine spezifische Kombination von Grund, Situation und Norm auf eine bestimmte Art bewerten. Ansonsten könnte es ja eine Regel geben, die vielleicht besser passt und die Menschheit eher voranbringt. Ganz frei formuliert könnte man sagen: „Wenn alle sich so verhalten, kann das auf Dauer gut gehen?" Wenn Sie den kategorischen Imperativ des Philosophen Immanuel Kant kennen: Der wurde zwar formuliert, bevor Charles Darwin die Evolutionstheorie aufstellte, besagt aber praktisch das Gleiche. Kant fordert als Maßstab für Handlungen, dass eine Handlung zugleich auch Prinzip einer allgemeinen Gesetzgebung sein könnte. Da steckt genau diese Frage drin: Wenn alle so handeln

4.2 Vernunft als evolutionäres Konzept

(müssten), kann die Gesellschaft so funktionieren? Bei Darwin ist das Kriterium: Wenn alle Individuen einer Spezies so gebaut sind, können sie in ihrer ökologischen Nische eine stabile Population aufbauen und erhalten?[1]

Es gibt durchaus Verhaltensregeln, die das Kriterium „Wenn alle sich so verhalten, geht das auf Dauer gut" erfüllen. Nicht morden! Nicht foltern! Aber auch weniger offensichtliche wie: Zahle deine Steuern, deine Abgaben! Das heißt nicht, dass eine Gesellschaft zwangsweise ein Steuersystem haben muss; aber eine Gesellschaft verstößt nicht prinzipiell gegen die Gebote der Vernunft, wenn sie Steuern erhebt.

Bei Verschwörungstheorien ist hier der Knackpunkt. Eine generelle Zurückweisung aller Verschwörungstheorien hätte zur Folge, dass sich nur – irgendwo, irgendwann – zwei Menschen zusammentun müssen, die lediglich ihren eigenen Profit im Sinn haben. Unsere Regel besagt ja: Weise jede Vermutung zurück, die beiden könnten heimlich Böses im Schilde führen, denn das wäre (solange keine Fakten vorliegen) eine Verschwörungstheorie. Wenn die beiden Bösewichte geschickt sind und keine offensichtlichen Straftaten begehen, dann dürfte keine Staatsanwältin

---

[1]Bei Kant betrachten wir die bewusste Entscheidung eines vernunftbegabten Individuums. Bei Darwin handelt es sich um ein Prinzip, mit dem wir als Beobachterin und Beobachter die Eigenschaften der Entwicklung des Lebens auf der Erde beschreiben, die keinem Ziel folgen; wir schreiben es von außen zu. Das ist für manche philosophischen Betrachtungen ein sehr wichtiger Unterschied. Aus der Beobachterperspektive, die wir hier mit Christian Illies einnehmen, sehen wir aber, dass Moral und Biologie beide unter dem Prinzip der langfristigen Stabilität einer Population beschrieben werden können.

und kein Staatsanwalt je Ermittlungen beginnen, um Fakten zu sammeln, denn schon die Vermutung ist abzulehnen.

Das wäre so unvernünftig, dass es schon absurd ist. Eine solche Gesellschaft wäre auf allen Ebenen verwundbar, von in Verbrecherduos organisiertem Taschendiebstahl bis zum Staatsstreich. Die Verschwörerinnen und Verschwörer müssen sich nur geschickt anstellen und nicht allzu offensichtlich böse sein. Gesetzt den Fall, dass einige Verschwörerinnen oder Verschwörer so eine Gesellschaft kapern, um ihre eigenen Pläne zu verwirklichen: Dann würden sie den *Satz der globalen Zurückweisung* wahrscheinlich zum Gesetz erklären und jeden Verstoß mit drakonischen Strafen belegen. Orwells *1984* lässt grüßen. Die Befolgung der Regel wäre dann keine freie Entscheidung mehr, und die zweite Forderung der Vernunft – eine Regel aus Einsicht und freien Stücken befolgen zu können – wäre unmöglich. Wir sind angelangt in einer Diktatur, angeführt von einer kleinen Gruppe von Menschen, die nur ihren eigenen Profit maximieren.

Der *Satz der globalen Zurückweisung* ist also nicht vernünftig. Wir sind gut beraten, eine Verschwörungstheorie nicht einfach nur deshalb abzulehnen, weil es um das mutmaßliche und verborgene Handeln einiger Bösewichte geht.

Das Gegenteil davon, nämlich keine Verschwörungstheorie zurückzuweisen, ist andererseits offensichtlicher Quatsch: Alles zu glauben, was man hört – ob Verschwörungstheorie oder nicht –, ist unvernünftig, denn Vernunft heißt ja, sich des eigenen Verstandes zu bedienen. Bedingungsloses Übernehmen jedweder Information ist damit nicht vereinbar. Wir müssen also auch folgende Forderung vernünftigerweise ablehnen:

4.2 Vernunft als evolutionäres Konzept

> Satz der globalen Annahme: Immer wenn ich mit einer Theorie konfrontiert bin, die ein wichtiges Geschehen auf das verborgene und wahrscheinlich bösartige Handeln einer Gruppe von Menschen zurückführt, sollte ich diese Theorie glauben.

Eine freie Gesellschaft, in der sich alle Mitglieder ihres eigenen Verstandes bedienen können, muss also aus Vernunftgründen mit Verschwörungstheorien irgendwie umgehen. Würde sie sie pauschal zurückweisen, würde es sich die Gesellschaft zu einfach machen. Auf lange Sicht würde die freie Gesellschaft sich so sogar ihr eigenes Ende bereiten. Alles zu glauben ist genauso unvernünftig. Die Vernunft, so das Ergebnis unserer Analyse, bewahrt uns vor generellen Urteilen und fordert stattdessen:

> Satz der differenzierten Betrachtung: Immer wenn ich mit einer Theorie konfrontiert bin, die ein wichtiges Geschehen auf das verborgene und wahrscheinlich bösartige Handeln einer Gruppe von Menschen zurückführt, sollte ich diese Theorie als Einzelfall prüfen.

Die Betrachtung von Einzelfällen unter gegebenen Umständen, bei bestimmten Restriktionen, entspricht in der Philosophie der sogenannten Pragmatik. Die Vernunft gebietet mir, genauer hinzusehen. Das ist unbequem und aufwendig. Es ist für Philosophinnen und Philosophen auch ein undankbarer Job. Einzelfallbetrachtungen sind mühsam, denken Sie nur an die angesprochene Unschärfe von Begriffen. Ständig können neue Fakten oder Perspektiven dazukommen.

4.3 (Un-)gerechtfertigte Verschwörungstheorien

Der Philosoph Brian L. Keeley (2006) hat wohl ein solches Unbehagen gespürt, als er den Begriff der *Unwarranted Conspiracy Theories* (UCT) in die Debatte brachte – übersetzt heißt das so viel wie ungerechtfertigte Verschwörungstheorie. Diese UCTs sind es laut Keeley, die wir kategorisch ablehnen sollten. Er definiert sie als a) Erklärungen, die offiziellen Erklärungen zuwiderlaufen, die b) schändliche Absichten annehmen, dabei c) anscheinend nicht zusammenhängende Ereignisse in Verbindung bringen, d) auf dahinterstehende gut bewachte Geheimnisse verweisen und e) dabei ganz oft auf *sündige*[2] *Fakten* zurückgreifen. Solche Fakten sind die, die von einer offiziellen Darstellung nicht erklärt werden oder sogar im Widerspruch dazu stehen. Der Einsturz des Gebäudes WTC 7 („Building Number Seven") ist dafür ein gutes Beispiel. In der offiziellen Version von 9/11 hat der Einsturz dieses Gebäudes wenig Beachtung erfahren, in der alternativen verschwörungstheoretischen Ansicht wird eine mutmaßliche Erklärung (kontrollierte, hochprofessionelle

---

[2]Keeley verwendet den Begriff *errant*, der genauso gut auch mit fehlgeleitet, unverbunden oder frei umherstreifend übersetzt werden kann. In den *errant data* liegt bei Keeley aber der Hauptvorwurf begründet, ihre Verwendung sei mithin die größte Sünde aus der Sicht eines Erkenntnistheoretikers.

4.3 (Un-)gerechtfertigte Verschwörungstheorien

Sprengungen) und Begründung gegeben (Dokumente der Finanzaufsicht, die dort lagerten, die einigen mächtigen Menschen ein Dorn im Auge waren).

Wir sollen also ungerechtfertigte Theorien ablehnen. Gibt es hingegen begründete Annahmen und Beweise, dann ist die Theorie keine Verschwörungstheorie mehr, sondern wird zur Tatsache. Von anderen Philosophinnen und Philosophen hat Keeley dafür viel Kritik einstecken müssen; seine Argumentation mutet auch an wie ein sprachlicher Taschenspielertrick: Nennen wir die unsinnigen, unvernünftigen Theorien doch UCT; diese können wir vernünftigerweise in Bausch und Bogen zurückweisen.

Aus den Texten von Keeley wird eine Motivation deutlich, die mit Taschenspielertricks nichts zu tun hat. Es ist die Irritation über die Tatsache, dass manche Menschen das HI-Virus als einen biologischen Kampfstoff der Sowjetunion betrachten, dass Außerirdische angeblich regelmäßig Kühe verstümmeln und Menschen entführen und dass Freimaurer und jüdische Banker das Weltgeschehen kontrollieren sollen. In einem späteren Artikel weist er darauf hin, dass große Verbrechen der Menschheit hingegen oft keine Verschwörung waren, dass beispielsweise der Mord an Millionen von Menschen im Dritten Reich – weil sie Juden waren, Homosexuelle, oder „Zigeuner[3]" – eben keine

---

[3] ‚Zigeuner' ist ein belasteter Begriff. Abwertend wurde und wird er, zum Beispiel in rassistischen Ideologien, als Sammelbegriff für Menschen verwendet, die nicht in das Schema der Ideologie passen; beispielsweise wegen ihrer Herkunft oder ihres sozialen Status. Unter diesem Begriff wurden im Dritten Reich Roma verfolgt, also Menschen aus Romani-sprachigen Volksgruppen. Heute wird meist von Sinti und Roma gesprochen, um diesen abwertenden Begriff zu vermeiden. In der Gegenwartsliteratur aus diesen Volksgruppen wird Zigeuner heute aber manchmal bewusst selbst verwendet und somit wieder angeeignet.

heimliche Aktion war. UCTs ziehen unsere Aufmerksamkeit ab vom tatsächlichen Weltgeschehen und lenken sie auf unwahre, aber teilweise faszinierende Geschichten von bösen und omnipotenten Strippenzieherinnen und -ziehern. Das zerstört unser Vertrauen in staatliche Institutionen, in die Öffentlichkeit, und je größer und wilder die Verschwörungsvorwürfe werden, desto mehr geht auch unser Vertrauen in die Gesellschaft vor die Hunde. Am Ende bleibt ein nihilistischer Skeptizismus[4].

Im Englischen heißt diese Argumentation das *slippery slope argument:* Um nicht auf die schiefe und rutschige Bahn zu geraten, muss man klare Grenzen setzen, bis zu welchem Grad man sich auf eine Argumentation einlässt. Bei Keeley sind die UCTs wie ein eingeschlagener Pflock mit einem Warnschild vor einer Meeresklippe: bis hier hin und nicht weiter.

Psychologinnen und Psychologen sprechen vom *hindsight bias,* wenn sie die Alltagsweisheit ausdrücken wollen, dass man nachher immer schlauer ist. Keeley hat seine UCTs erstmals 1999 beschrieben. Neben den oben genannten Beispielen wählte er die Theorie, dass die

---

[4]Der Nihilismus verneint, je nach Lesart, allgemein verbindliche Normen oder sogar so etwas wie die Möglichkeit von *Sinn* im Leben oder in der Gesellschaft. Als Psychologinnen und Psychologen wissen wir – vielleicht haben Sie schon einmal von Paul Watzlawick und Viktor E. Frankl gehört oder etwas gelesen –, dass Sinn sowieso nicht da draußen in der Welt herumliegt, sondern immer eine Konstruktion in unserem Kopf ist. Sinn muss ein Mensch finden, ihn sich oft auch erarbeiten. Ein Nihilist ist also jemand, der diese Suche nach Sinn aufgegeben hat. Ein nihilistischer Skeptiker (oder skeptischer Nihilist) ist aber eine ganz besondere Spezies. Sie ist vorwiegend in Internetforen anzutreffen, und scheint zumindest den Sinn gefunden zu haben, an allem zu zweifeln was an Information bei den Online-Medien zu finden ist. Damit setzen wir uns später auseinander, wenn wir uns wieder fokussiert der Psychologie widmen.

gesamte transatlantische Kommunikation angeblich von der NSA überwacht und aufgezeichnet wird. Und jetzt, fast 20 Jahre später, sind wir schlauer: Bei der Überwachung durch die NSA hatten die Verschwörungstheoretikerinnen und -theoretiker recht.

Keeley hat offenbar gute Absichten, doch muss man ihm entgegenhalten: Auch öffentliche Institutionen und Politikerinnen und Politiker müssen sich Vertrauen verdienen. Natürlich wäre eine Gesellschaft die Hölle und vermutlich handlungsunfähig, in der Misstrauen und nihilistischer Skeptizismus alles durchdringen. Das Etikett UCT für die eher abseitigen Theorien ist dabei aber keine Hilfe. Denn blindes Vertrauen in alle gesellschaftlichen Akteure ist ebenso wenig eine Grundlage einer lebendigen Demokratie wie ein generelles Misstrauen. Sein Bis-hierhin-und-nicht-weiter-Pflock ist in der Rückschau sogar schädlich gewesen. Wenn, wie wir jetzt wissen, die NSA wirklich alles und jeden überwacht – vielleicht stammt das HI-Virus ja doch aus Regierungslaboren? Und all die verstümmelten Kühe … Sie sehen: So wünschenswert allgemeingültige vernünftige Regeln auch aus moralischer Perspektive sind – nennen Sie ein Gegenbeispiel wie bei der NSA, so ist aus dem Komfort der schönen Regel eine Hypothek geworden.

Doch stellen wir uns vor, wir würden in der besten aller möglichen Demokratien leben. Alle Politikerinnen und Politiker wollen nur das Beste und stellen eigene Interessen zurück; alle gesellschaftlichen Akteure sind ehrlich und arbeiten transparent; jede Bürgerin und jeder Bürger kann sich darauf verlassen, dass Recht und Gesetz immer zum Wohle aller arbeiten. Angenommen, Sie sind dieser

Ansicht, dann bleibt die Frage: Können Sie mit absoluter Sicherheit garantieren, dass das immer so bleiben wird? Wenn daran auch nur ein kleiner Zweifel besteht – wenn es also nicht ausgeschlossen ist, dass sich unsere Gesellschaft irgendwann einmal in Richtung einer Diktatur entwickeln wird –, dann, so der Philosoph Lee Basham 2006, ist es sogar ausgesprochen sinnvoll, Verschwörungstheorien nicht einfach abzutun. Umstürzlerinnen und Umstürzler könnten sonst, in aller Ruhe und unter dem Radar der Öffentlichkeit, ihre Machenschaften planen. Verschwörungstheoretikerinnen und -theoretiker sind dann wie die Alarmanlagen einer Demokratie: Sie suchen nach finsteren Machenschaften und machen sie dann für den Rest der Gesellschaft sichtbar.

So stehen wir vor dem Wust an Verschwörungstheorien und es fällt uns erst einmal schwer eine allgemeine Regel zu finden, nach der wir sie bewerten. Am Ende dieses Buches werden wir Ihnen allerdings einige Faustregeln vorschlagen, die Ihnen hierbei trotzdem Orientierung bieten können.

4.4 Exkurs: Filmtipp

Leben wir in der Matrix? Der Oxford-Philosoph Nick Bostrom hat in seinem sogenannten *Simulation Argument* mit einer streng logischen Argumentation gezeigt, dass wir das nicht mit Sicherheit ausschließen können. Wie wahrscheinlich ist es, dass wir alle und unsere ganze Welt nur eine Computersimulation sind? Ganz persönlich schätzt er die Wahrscheinlichkeit auf 20 %. Wie Sie jetzt wissen: Elon Musk hält das sogar für sehr wahrscheinlich. Vielleicht sind Sie und wir nur Software, geschrieben aus Neugier und Forschungsinteresse oder vielleicht auch aus reiner Bosheit für einen Supercomputer einer uns übergeordneten Zivilisation?

Im Roman *Simulacron-3* von Daniel F. Galouye aus dem Jahr 1964 wird dieser Gedanke erstmals durchgespielt. Der Protagonist Douglas Hall betreut einen solchen Simulationscomputer, in dem für die Marktforschung eine Zivilisation simuliert wird; aber Hall begreift irgendwann, dass seine Welt ebenfalls nicht echt ist. Eine herausragende filmische Umsetzung ist der zweiteilige deutsche Fernsehfilm *Welt am Draht* (1974). Regisseur Rainer Werner Fassbinder und Kameramann Michael Ballhaus haben die Ästhetik der 1970er-Jahre und die damalige Vorstellung von *Big Business* und *Big Data* so eingefangen, dass sie auch über 40 Jahre später ihre Wucht erhalten hat. Die Frisuren der Hauptdarsteller wirken vielleicht etwas altbacken und so unfreiwillig komisch; die Frage, ob ein richtiges Leben in dieser falschen Welt möglich ist, ist aber so aktuell wie eh und je.

Im Jahr 1999 kam mit *The 13th Floor – Bist du was du denkst?* des Regisseurs Josef Rusnak, produziert von Roland Emmerich, eine neue Adaption heraus. Bei den aufwendigen *special effects* blieb die Handlung etwas auf der Strecke. Trotz der eher negativen Kritiken ein sehenswerter Film – wenn man ihn als Anregung nutzt, über das Wesen der Wirklichkeit nachzudenken. Und unterhaltsam ist er auch.

Den Science-Fiction-Film *Matrix* (1999), erster Film der gleichnamigen Trilogie, haben wir schon vorgestellt.

Viel Action, stilbildende Spezialeffekte – aber auch ein Erlösermythos, der um die Hauptfigur Neo aufgebaut wird. Die existenzielle Leere, die in den anderen Filmen mitschwingt, kommt so gar nicht erst auf.

Mit diesen Verfilmungen richten wir unseren Blick auf eine Facette von Verschwörungstheorien und Scheinrealitäten, die in der öffentlichen Diskussion genauso wie im wissenschaftlichen Diskurs wenig beachtet wird: Verschwörungstheorien und Ästhetik sind verwandte Gebiete. Ähnliche Mechanismen, die uns das Erleben von Filmen, Geschichten und Kunstwerken ermöglichen, spielen eine Rolle bei der Konstruktion und Beurteilung alternativer Erklärungen. Wieso faszinieren uns manche spekulativen Theorien so? Lesen wir tatsächlich lieber historische Romane mit abgeschlossenem Ende, brauchen gute Filme immer ein Happy End und weshalb faszinieren und Kunstwerke, die Wahrnehmungsgewohnheiten widersprechen? Ähnlich können wir danach fragen, ob wir tatsächlich immer nach der einfachsten Erklärung für Ereignisse suchen und weshalb wir uns dann aber immer wieder in den Kaninchenbau begeben und ebensolche einfache Erklärungen anzweifeln. Kap. 5 widmet sich der Psychologie der Wahrnehmung – und damit der menschlichen Faszination für einfache *und* komplexe Muster.

Zusammenfassung

- Was genau die Realität ist, wird in der Philosophie nicht einheitlich gesehen.
- Der *Blick hinter die Dinge* aber gehört schon seit der griechischen Antike zum Wesen der Erkenntnis.

4.4 Exkurs: Filmtipp

- Die Vernunft, aus Sicht der evolutionären Philosophie, rät uns dabei, nicht in Pauschalurteile zu verfallen: Weder eine grundsätzliche Annahme noch eine grundsätzliche Ablehnung von Verschwörungstheorien wäre im Sinne einer stabilen Gesellschaft.
- Dabei hat das Spiel mit verschiedenen Realitäten einen ästhetischen Reiz. Das zeigt sich in den Verfilmungen des Scheinweltmotivs.

5

Die Magie der Komplexität

Die Einsicht, dass der Weihnachtsmann tatsächlich das Resultat einer perfiden Verschwörung der Erwachsenen ist, mag in Ihrer Kindheit ein Schock für Sie gewesen sein. Vielleicht aber haben Sie das Gefühl auch genossen, dahinter gestiegen zu sein. Ihre neue Erklärung für die rätselhaften Vorgänge am Weihnachtsabend mag so einiges auf einfachere Weise erklären, das zuvor Ihre Fantasie stark beanspruchte („Wie kommt der Weihnachtsmann nur an unser Geschenkpapier und woher weiß er, was ich mir gewünscht habe?"). Aber Ihre neue Erklärung reduziert deren Komplexität nur teilweise, denn weshalb sollten die Erwachsenen solch einen großen Aufwand betreiben, Sie in die Irre zu führen? Die Zweifel an scheinbar übersinnlichen Wesen und Kräften, die dem widersprechen, was wir als Kind über die Welt lernen, mögen wir losgeworden sein. Doch nun rüttelt ein Vertrauensbruch am Elternbild und vielleicht ist es in mancher Hinsicht weniger komplex, von einer Parallelwelt mit durch Schornsteine rutschenden Weihnachtsmännern auszugehen als von einem Verrat der eigenen Eltern, von ihren Vorbereitungen der Täuschung im Geheimen. Es entsteht ein neues Rätsel, das Sie bis heute umtreiben sollte: Weshalb fährt eine Kultur solch schwer nachvollziehbare Manöver und gar eine gigantische Konsummaschinerie auf?

Dieses Beispiel für eine (vernünftige) Verschwörungstheorie, die viele von Ihnen wohl selbst kennen, wirft eine wichtige Frage auf: Bilden wir Verschwörungstheorien, weil wir Ordnung lieben und nach einfachen Erklärungen für komplexe Ereignisse in einer unüberschaubaren Welt suchen? Ist das der Antrieb für Kinder, die Existenz des Weihnachtsmanns zu hinterfragen? Aber bedeutet das hier nicht auch große Irritation und ggf. sogar erhöhte Komplexität auf anderer Ebene? Wir vermuten häufig, dass sich Menschen vom einfachen Zweiklang des Schemas „Gut gegen Böse" und eingängigen Erklärungen von Populisten verführen lassen, und es scheint plausibel, dass solch einfache Ordnung uns auch dazu antreibt, Verschwörungen im Verborgenen zu vermuten: Sie bieten vermeintliche Erklärungen für Ereignisse, die uns Rätsel aufgeben. Es ist aber gar nicht so leicht, diese intuitiven Erklärungsansätze wissenschaftlich zu untersuchen. In diesem Kapitel stellen wir grundlegende Mechanismen des menschlichen Wahrnehmens und Denkens dar, die einerseits den Drang nach Ordnung spiegeln, andererseits aber auch die Magie der Komplexität.

5.1 Kühe und Mustererkennung

Betrachten Sie bitte einmal Abb. 5.1 auf dieser Seite und versuchen Sie, darin eine Kuh zu erkennen. Klappt nicht? Betrachten Sie kurz Abb. 5.2 und danach wieder diese. Wenn es Ihnen so erging wie uns, sollten Sie nun auch in dieser schwierigeren Variante des Musters eine Kuh finden, und es dürfte fast unmöglich sein, wieder zum beliebigen Muster zurückzuspringen. Auf ähnliche Weise entdecken wir den Mann im Mond, blicken in freundliche und grimmige Autogesichter und schätzen ab, ob wir dem Lächeln des Verkäufers trauen oder nicht. Im Grunde ist dieser Strukturfanatismus eine sehr nützliche Eigenschaft. Wir treffen möglichst gute Vorhersagen über die Welt, um möglichst gut auf die vielfältigsten Situationen reagieren zu können.

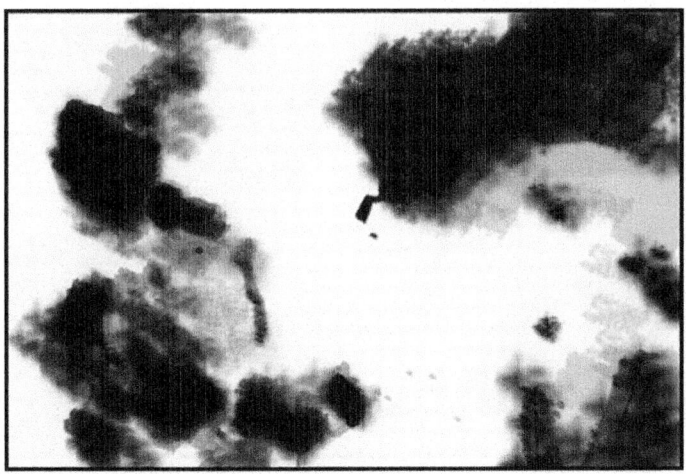

Abb. 5.1 Suchbild. Dem Original von Karl Dallenbach (1951) nachempfunden. Erstmals veröffentlicht in Muth und Carbon (2016)

Hierbei nutzen wir unsere bisherigen Erfahrungen, aus der sich Erwartungen ableiten, analysieren den Kontext der Situation und lenken unsere Aufmerksamkeit auf relevante Aspekte, um die überwältigenden Massen möglicher Reize auf das Wesentliche zu reduzieren. Wenn wir davon ausgehen, dass Verschwörungstheorien ebenso Ausdruck unserer Routine in Mustererkennung sind, so stellt sich die Frage: Handelt es sich hierbei immer um das einfachste Schema, das komplexe Ereignisse erklärbar macht? Und fühlen wir uns tatsächlich am wohlsten, wenn alles in das bekannte Schema passt? Weshalb kommen dann Menschen überhaupt auf die Idee, dieses Schema infrage zu stellen?

Zu Beginn der 1920er-Jahre stellte sich die Gestaltpsychologie die Frage, wie wir in der Wahrnehmung Elemente zu einem zusammengehörigen Ganzen – einer

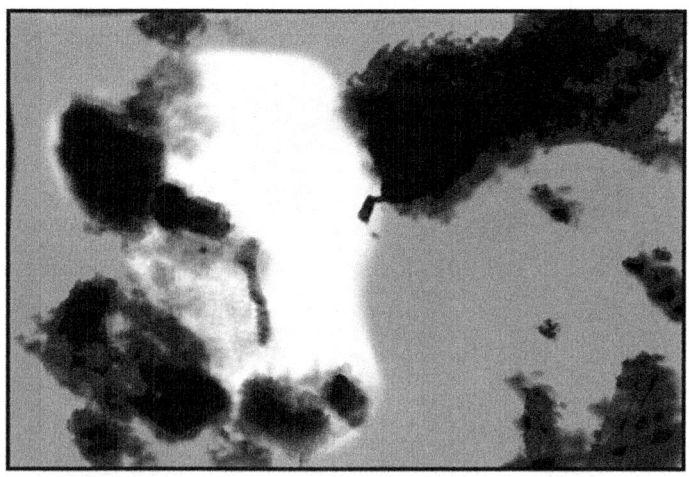

Abb. 5.2 Suchbild. Dem Original von Karl Dallenbach (1951) nachempfunden. Erstmals veröffentlicht in Muth und Carbon (2016)

5.1 Kühe und Mustererkennung

Gestalt – vereinen und welchen Prinzipien wir hierbei folgen. Dass diese Gestaltbildung dynamisch sein kann, zeigt sich, wenn ein Bild verschiedene Möglichkeiten der Gruppierung zulässt. So ist es beim Kippbild in Abb. 5.3, in dem Sie entweder zwei der drei Autorinnen und Autoren dieses Buchs im Profil oder – alternativ – eine Vase erkennen können. Eine der Gestalten bildet jeweils den Vordergrund, die andere den Hintergrund und umgekehrt.

Abb. 5.3 Sogenannte Rubinvase. Sie sehen hier entweder eine Vase oder die Profile zweier der drei Autoren dieses Buches. Erstmals veröffentlicht in Muth und Carbon (2016)

Ein bekannter Vertreter der Gestaltpsychologie, Max Wertheimer, beschreibt im Jahr 1923, wie fundamental die Frage ist, wie wir Elemente auf eine bestimmte Art miteinander kombinieren:

> Ich stehe am Fenster und sehe ein Haus, Bäume, Himmel. Und könnte nun, aus theoretischen Gründen, abzuzählen versuchen und sagen: da sind 327 Helligkeiten (und Farbtöne) […]. Und seien in dieser sonderbaren Rechnung etwa Haus 120 und Bäume 90 und Himmel 117, so habe ich jedenfalls dieses Zusammen, dieses Getrenntsein, und nicht etwa 127 und 100 und 100; oder 150 und 177. […] Oder: Ich höre eine Melodie (17 Töne!) mit ihrer Begleitung (32 Töne!). Ich höre Melodie und Begleitung, nicht einfach ‚49' oder wenigstens gewiß nicht normaliter oder ganz nach Belieben 20 plus 29 (Wertheimer 1923, S. 301).

Wir addieren also nicht einfach Helligkeitswerte oder einzelne Tönen, um das sinnvolle „Ganze" wahrzunehmen. Vielmehr nehmen wir direkt ganzheitlich einen Baum wahr oder hören eine Melodie. Diese Gestalt verbindet Elemente auf eine ganz spezifische Art miteinander. Gestaltpsychologinnen und -psychologen untersuchen nun Prinzipien, die den Zusammenschluss von Elementen zu einer Gestalt ausmachen. Hierunter fällt das Prinzip der Nähe, der guten Fortsetzung oder der Ähnlichkeit, aber auch das Prinzip der Prägnanz. Letzteres besagt, dass wir diejenige Gruppierung von Elementen bevorzugen, die am prägnantesten – am einprägsamsten – ist. Diese sogenannte gute Gestalt ist auch die einfachste. Im Gegensatz zu prägnanten Formen werden leichte Abweichungen von ihr als schlechte Gestalt gewertet: „der Winkel von 93° ist nicht zunächst diese individuale Form [...], sondern ist psychologisch der ‚schlechte' Rechte", wusste schon Wertheimer (1923, S. 318). Stehen verschiedene Varianten der Konfiguration zur Verfügung, so wählen wir die gute Gestalt: Abb. 5.4 beispielsweise wird eher als Überlappung

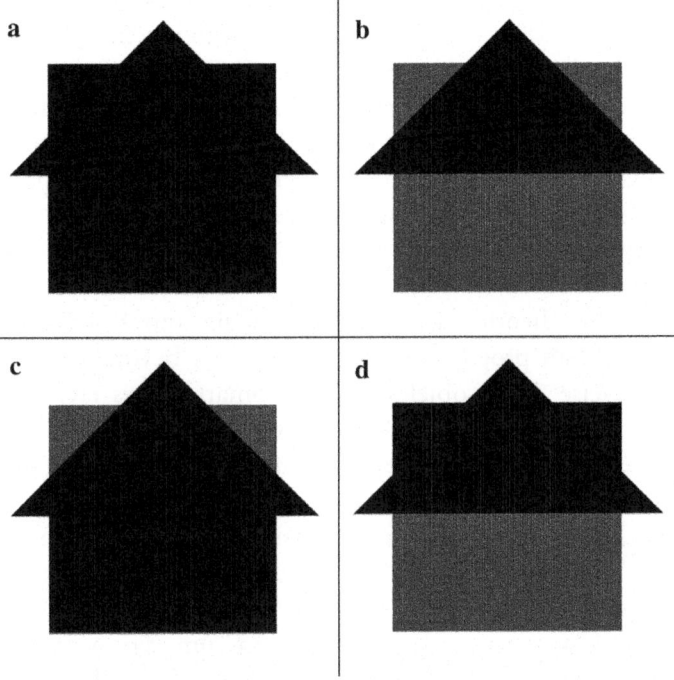

Abb. 5.4 Visualisierung zur „guten Gestalt". Betrachten Sie Form a, werden Sie wahrscheinlich entweder ein Dreieck vor dem Quadrat (wie in b dargestellt) oder ein Haus mit dahinterliegenden Ecken (wie in c) dargestellt erkennen, Interpretation d ist eher unwahrscheinlich, so wie all die vielen anderen Gruppierungen, die möglich sind

zweier einfacher Formen wahrgenommen, obwohl wir in ihr komplexere Formen kombinieren könnten. Für die Frage danach, was uns zum Bilden einer Verschwörungstheorie motiviert, ist nun interessant, dass wir solch eine Prägnanztendenz auch auf anderen Ebenen der Kognition finden: das einfache Schwarz-Weiß-Schema, in dem wir manches Mal denken, oder die Tendenz, die eigene Biografie als Verlauf mit einer klaren Linie zu beschreiben und die Details auszulassen, die in der Geschichte vom roten Faden abweichen. Suchen wir in diesem Sinne generell nach dem, was Gestaltpsychologinnen und -psychologen als gute Gestalt bezeichnet haben? Und sind Verschwörungstheorien somit einfach gute Geschichten, die prägnantere, einfachere Deutungen komplexer Ereignisse bieten?

Einige Theorien aus der Psychologie und Kognitionswissenschaft propagieren genau dies. Wir bevorzugen beispielsweise Alltagsobjekte (Autos, Smartphones etc.), die wir einfach verarbeiten können (weil wir sie beispielsweise schnell erkennen oder einordnen können, weil sie sehr typische Merkmale haben, symmetrisch sind oder sehr vertraut, s. beispielsweise eine Übersicht von Reber, Schwarz und Winkielman 2004). Und wir mögen es, bestätigt zu werden – mehr noch, wir passen unsere Modelle der Welt unentwegt an neue Erfahrungen an, um die Welt vorhersagbarer bzw. erklärbarer zu machen wie es beispielsweise der Neurowissenschaftler Karl John Friston 2005 beschreibt. So organisieren wir uns selbst auf eine Art, die erfolgreiches Handeln ermöglicht, und das auf verschiedenen Ebenen: Aus Erfahrung wissen Sie, was passiert, wenn Sie das scharfe Messer an der Klinge anpacken; Sie wissen, wie viel Druck Ihre Hand aufwenden muss, um ein Glas anzuheben, und Sie sagen vorher, wie sich das Bild auf Ihrer Netzhaut verändert, wenn Sie von dem Buch aufschauen, um zu prüfen, wie viel Uhr es ist. Wenn unsere aktuelle Erfahrung von der Erwartung abweicht, meldet Ihnen ihr kognitives System, dass eine fehlerhafte Vorhersage getroffen wurde. Nehmen wir an, Sie ziehen um und packen Ihre Habseligkeiten in Kisten, tragen eine nach der anderen nach unten und heben nun eine weitere Kiste an, die Sie jedoch zuvor noch nicht gefüllt hatten. Ihre Bewegung wird sicherlich eher unelegant wirken, denn sie geht von einer falschen Vorhersage aus; nämlich von der Vorhersage, dass das, was Sie sehen, eine volle Umzugskiste ist, die Ihnen einiges an Körperkraft abverlangen wird (vielleicht kennen Sie auch den Überraschungseffekt, wenn Sie die Milchtüte aus dem Kühlschrank holen und beim Anheben merken, dass sie fast leer ist). Unsere Wahrnehmung sowie unsere Handlungen finden immer im Kontext solcher Vorhersagen statt und sind so untrennbar mit unseren bisherigen Erfahrungen verknüpft. Hätten wir keinen Anreiz, mit unseren Vorhersagen künftig weniger zu scheitern, würden wir uns nicht anpassen und nicht so handeln können, dass wir größeren Gefahren entgehen.

Der hier skizzierte Ansatz basiert auf Theorien, die Wahrnehmungsprozesse als Hypothesenbildung ansehen und bereits 1980 vom Psychologen und Neurowissenschaftler Richard L. Gregory entwickelt wurden. Diese Idee wird aktuell in dem Ansatz des *Predictive Processing* weitergeführt, der besagt, dass Wahrnehmung tatsächlich immer ein Abgleich zwischen Reiz und Vorhersage ist (einen guten Überblick gibt der Philosoph Andy Clark

2013). In dem Beispiel der leeren Umzugskiste ist unsere überraschende Gewichtswahrnehmung „leicht" eine Folge des Widerspruchs zwischen der Gewichtswahrnehmung als relativ leicht und der Einordnung als „schwere" Kiste auf der Basis einer erfahrungsbasierten Vorhersage („Das ist eine gefüllte Umzugskiste, und die sind schwer"). Gibt es nun verschiedene Möglichkeiten der Passung zwischen Reiz und Vorhersage, so wird die beste Vorhersage gewählt; sei es die Kuh in Abb. 5.2, die beiden sich überlappenden Formen in Abb. 5.4 oder aber einerseits Vase andererseits Profile im Kippbild (Abb. 5.3). Letzteres veranschaulicht also deutlich, wie unser System nach stabilen guten Passungen mit unseren erfahrungsbasierten Vorhersagen sucht: Gibt es mehrere „gute" Gestalten, dann wechseln wir unentwegt in einem nicht abschließbaren Drang danach, den Reiz bestmöglich aufzuklären.

5.2 Vorhersagen und Sinnfindung

Nehmen wir nun an, dass Ereignisse unseren Vorhersagen widersprechen, so müssen wir neue Modelle über die Welt bemühen und andere Vorhersagen auf ihre Übereinstimmung mit dem Reiz hin testen. Das passiert beispielsweise, wenn wir jemanden mit jemand anderem verwechseln. Müssen wir aber ein völlig neues Modell aufbauen, so haben wir entweder die Möglichkeit, weiter zu explorieren (Sie suchen nach der Kuh, indem Sie das Bild mit verschiedenen Kuhstrukturen abgleichen und Ihre Augen auf verschiedene Punkte lenken), oder wir lernen, passen also unser Modell an. Sind Verschwörungstheorien eben solche

5.2 Vorhersagen und Sinnfindung

gute Geschichten, die komplexe Zusammenhänge auf eine prägnante Art erklären und Widersprüche auflösen – Theorien also, die gute Vorhersagen machen? Und streben wir überhaupt immer nach einfachen Mustern? Wir wagen hier einen Sprung von der Wahrnehmung zum Denken und Schlussfolgern beim Bilden von Verschwörungstheorien. Einerseits gibt es hier ganz konkrete Verbindungen: Viele Verschwörungstheorien setzen auf Fotobeweise, sei es die Mondlandung oder 9/11. Die neue Einsicht soll direkt über die eigene Wahrnehmung evident werden, indem wir den Fehler im Bild finden oder auch den Sinn erfahren, der sich aus der Sichtweise der Verschwörungstheorie ergibt. Andererseits besteht die Verbindung zwischen Wahrnehmung und Kognition[1] schlichtweg dadurch, dass wir von einem generellen Mechanismus ausgehen: Unser kognitives System strebt nach guten Vorhersagen, sei es die eindeutige Interpretation einer ungewöhnlichen Form wie in Abb. 5.4 oder die (neue) Deutung von Zusammenhängen im Verborgenen, die Ereignisse auf neue Weise einprägsam erklären: Meine Geschenke waren nicht im Geschenkpapier meiner Eltern verpackt, weil der Weihnachtsmann bei uns eingebrochen ist, sondern weil meine Eltern hinter der Geschichte stecken!

Präferieren wir nun also Verschwörungstheorien immer dann, wenn sie die einfachere Deutung darstellen oder genießen wir es nicht auch, uns komplexere

---

[1]Beachten Sie bitte, dass Wahrnehmung und Kognition nicht so einfach und klar zu trennen sind; wir haben Ihnen bereits einige Beispiele gezeigt, die veranschaulichen, wie stark unser Wissen die Wahrnehmung prägt und wie aber auch unser Wissen von der Wahrnehmung abhängt.

Zusammenhänge hinter Ereignissen auszuspinnen? Und was ist „einfach" hier? Eine „einfache" Erklärungs-Variante ist nach der *Predictive Processing*-Theorie abhängig von der Erfahrung der denkenden und wahrnehmenden Person: Es ist die beste Vorhersage und die basiert auf unserem Vorwissen. Können nicht auch komplexe Erklärungen die besten Vorhersagen sein? Diese Fragen sind tatsächlich selbst große Rätsel, und dafür gibt es mindestens vier Gründe:

1. Würden wir immer nach Bestätigung von Vorhersagen streben, würden wir uns in möglichst reizarme Situationen begeben, denn jeder neue Reiz ist erst einmal ein Vorhersagefehler – so wie jedes neue Wort, das sie lesen zwar durch „Kntoxet udn Erafhunrg zu Tieeln vrohregasget wderen knan", Sie aber noch nicht *genau* wissen, wie es im Text weitergeht. Für unser Überleben ist es gelinde gesagt wenig förderlich, sich in dunklen geräusch-, geruchs-, oberflächen-, widerstands- und -geschmackslosen Kontexten aufzuhalten. Nicht zuletzt, da unsere Bedürfnisse (nach Nahrung, Nähe, etc.) uns antreiben und wir Neuem begegnen müssen, um uns über Anpassungsmechanismen auf verschiedenste Gelegenheiten und Gefahren vorbereiten zu können: Wir brauchen Instabilitäten, um zu überleben! Die Kognitionswissenschaftler Friston, Thornton und Clark weisen in einem 2012 erschienenen Fachartikel darüber hinaus darauf hin, dass wir natürlich auch Vorhersagen über die Dynamik unserer Umgebung selbst machen: Für Menschen ist ein reizarmer Kontext ein sehr großer Vorhersagefehler, denn wir sind in dynamischen,

stimulierenden Umgebungen sozialisiert, und entsprechend ist unser Modell der Welt geartet. Vorhersagefehler sind also nicht gleichzusetzen mit Komplexität oder dem Neuen; denn wir können beides vorhersagen. Beispielsweise könnten Sie überrascht sein, in einer Kunstausstellung Alltagsobjekte vorzufinden (wie es Ihnen aber seit Marcel Duchamps ersten Readymades zu Beginn des 20. Jahrhunderts passieren kann).
2. Menschen bilden manchmal Theorien, die Komplexität überschätzen. Hier wird also die komplexe Gestalt der guten, einfachen Gestalt vorgezogen. So entwarf Valentino Braitenberg in den 1960er-Jahren sehr einfache Roboter, die – mit wenigen Sensoren und Motoren ausgestattet – in der Interaktion mit ihren Artgenossen doch recht menschlich anmutendes komplexes Verhalten zu zeigen schienen, sie flüchteten, verfolgten einander „verliebt" oder zeigten schwer vorherzusagende Handlungsweisen (Braitenberg 1984). Hinter solchem Verhalten erwarten wir sehr komplexe Mechanismen. Im Gegensatz hierzu unterschätzen wir häufig die Komplexität interner Prozesse aufgrund recht statischen Verhaltens, etwa wenn ein Patient mit Depressionen über Stunden hinweg auf einen Punkt im Raum starrt oder eine Patientin mit Locked-in-Syndrom ihren Körper nur sehr minimal bewegen kann: Beide können selbstverständlich hochkomplexe Gedankengänge haben. Diesen Problemen steht jede Wissenschaftlerin und jeder Wissenschaftler gegenüber, wenn er versucht, aus Beobachtungen Prozesse und Mechanismen abzuleiten, die nicht direkt einsehbar sind. Liegen den beobachteten Ereignissen nun also komplexe Prozesse zugrunde oder ergeben sie sich aus der Kombination einfacher Regeln?

3. Nicht zuletzt treibt uns Langeweile an. Empirische Studien zeigen immer wieder, dass Interesse mit erhöhter Komplexität einhergeht: Gibt es nichts Neues mehr zu entdecken, sind also alle Rätsel gelöst, so gibt es auch keinen Grund mehr, neue Vorhersagen zu treffen und sich mit etwas zu beschäftigen – wie es der Psychologe Andrey Chetverikov 2013 beschrieb. Kunstwerke beispielsweise lassen sich nicht auf einen Punkt bringen, mit einer einzigen Interpretation begreifen; dennoch beschäftigen sich viele Menschen mit ihnen und genießen es.[2] Denken Sie an das ungelöst rätselhafte Lächeln der Mona Lisa oder die Herausforderung, Objekte in Picassos oder Braques kubistischen Werken zu identifizieren (was durchaus Freude bereiten kann; siehe Muth, Pepperell und Carbon, 2013).
4. Menschen unterscheiden sich in ihrem Bedürfnis nach Vertrautheit oder Komplexität. So unterscheiden sich Personen in ihrer Toleranz gegenüber Mehrdeutigkeit, der sogenannten *Ambiguitäts(in)toleranz,* einem Konzept, an dem u. a. Frenkel-Brunswik (1949) und Reis (1996) gearbeitet haben. Es beeinflusst beispielsweise, wie Sie Mehrdeutigkeit in Kunstwerken einschätzen. Eine Person kann darüber hinaus einfach nicht in der Stimmung sein für Komplexität. Die Psychologen Thomas Armstrong und Brian Detweiler-Bedell unterscheiden hierbei in ihrem 2008 erschienenen Artikel zwischen Promotionszielen *(promotion goals)* und Präventionszielen *(prevention goals).* Vereinfacht gesagt:

---

[2]Das haben beispielsweise Studien von Jakesch, Leder und Forster (2013) sowie von Muth, Hesslinger und Carbon (2015) gezeigt.

Das Bedürfnis nach Herausforderung und mentalem Wachstum steht einem Bedürfnis nach Sicherheit und Vertrautheit gegenüber. Hiermit verwandt ist die Vorstellung, dass wir in unterschiedlichem Maße auf der Suche nach Stimulation sein können. Dass wir einerseits gefährliche Gipfelpfade erklimmen, heißt nicht, dass wir am nächsten Tag nicht das regungslose Couchdasein genießen können, das besagt die *Reversal Theory* des Psychologen Michael Apter. Diese Zustände und Eigenschaften beeinflussen dann natürlich, welche Theorie oder welche Art von Bildern wir bevorzugen: So zeigten Carbon und Kollegen 2013, dass das Gefallen an innovativem Design maßgeblich vom Sicherheitsgefühl der Probandinnen und Probanden abhing – einfach zusammengefasst: Wir benötigen offensichtlich eine gesunde Portion Sicherheit, um uns innovativem Design auszusetzen, sonst überfordert es uns schnell. Oder anders betrachtet: In unsicheren Zeiten gibt es für uns andere Prioritäten.

Die Wahrnehmungs- und Kognitionspsychologie lehrt uns also, dass wir zwar zu prägnanten Deutungen tendieren, aber sowohl Einfachheit als auch Komplexität können Vergnügen bereiten. Doch wie lässt sich nun erklären, dass wir Verschwörungstheorien anhängen, wenn nicht über die Prägnanz, mit der sie komplexe Zusammenhänge deuten? Mit dieser Frage setzen wir uns im folgenden Kapitel auseinander.

Zusammenfassung

- Unser kognitives System strebt nach guten Vorhersagen, die Ereignisse einprägsam erklären.
- Obwohl wir zu prägnanten Deutungen tendieren, kann aber auch Komplexität Vergnügen bereiten. Menschen ziehen sogar manchmal komplexe Gestalt der guten, einfachen Gestalt vor und überschätzen die Komplexität von Ereignissen und Mechanismen. Auch Verschwörungstheorien sind nicht immer die einfachsten Varianten der Verknüpfung von Ereignissen.
- Wir unterscheiden uns in unserem Bedürfnis nach Vertrautheit oder Komplexität, und das darüber hinaus abhängig von unserem aktuellen Sicherheitsempfinden.
- Wir würden (auch vor Langeweile) sterben, würden wir uns nur in einfachen, vorhersagbaren Kontexten aufhalten: Ohne Neugierde ist keine Weiterentwicklung und auch keine Anpassung möglich.

6

Vom Rätsel zur Ordnung: Über das Vergnügen an (un-)sinnigen Zusammenhängen

Einen Sinn in der Unordnung finden: Auch Ratten und Tauben neigen dazu, Ereignisse in der Umwelt mit eigenen Handlungsmustern in Verbindung zu bringen. Das haben die berühmten Versuche von Burrhus Frederic Skinner gezeigt.

Nicht immer muss es also die einfache Erklärung komplexer Ereignisse sein, die wir annehmen. Aber wieso spielen so manche Autoren und Kunstschaffende geradezu mit der Verwirrung unserer Gewohnheiten und was macht Wahrnehmungstäuschungen, Gedankenspiele, Rätsel und Verschwörungstheorien eigentlich so faszinierend? Denn eigentlich bilden sie doch Widersprüche zu Vorhersagen und Gewohnheiten. Wir fragen uns in diesem Kapitel also, weshalb wir nach Zusammenhängen suchen, auch wenn sie die Komplexität von Ereignissen nicht in allen Fällen mindern.

Meistens ergeht es uns wohl wie den abergläubischen Tauben in einem Experiment des Psychologen Burrhus Frederic Skinner von 1948: Den ausgehungerten (auf 75 % ihres Ausgangsgewichts reduzierten) Tieren wurde Futter in unregelmäßigen Abständen und völlig unabhängig von ihren Bewegungen ausgegeben. Die Tauben aber assoziierten diese scheinbare Belohnung fälschlicherweise mit bestimmten Handlungsmustern, die sie zufällig vor der Ausgabe des Futters ausführten. Sie drehten sich also beispielsweise im Kreis, weil sie die Vorhersage machten, dass diese Bewegung zur Ausgabe des Futters führen würde. Was wir von außen als abergläubisch belächeln, scheint doch sehr nah an den Prozessen zu sein, die wir nutzen, um Theorien über Zusammenhänge herzustellen: Wie viele Daumen haben Sie schon gedrückt oder sich gedacht „Immer öffnet die neue Kasse, gerade wenn ich mich ganz hinten anstelle"? Paul Watzlawick spielt in *Anleitung zum Unglücklichsein* von 1998 mit dieser Art der Täuschung: Ein Mann meint, er verscheuche Elefanten, indem er alle zehn Sekunden in die Hände klatscht.

Als jemand ihm sagt, es gebe gar keine Elefanten hier, antwortet er „Na also! Sehen Sie?". In all diesen Beispielen, von der abergläubischen Taube bis zum klatschenden Elefantenschreck, geht es zwar um Theoriebildung, allerdings nicht unbedingt im wissenschaftlichen Sinne (dazu mehr in Kap. 8) und ohne systematische Überprüfung derselben durch gezielte Manipulation oder Beobachtung. Wir fragen uns in diesem Kapitel aber nicht, was diese Vorstellungen zu (un-)sinnigen Theorien macht, sondern was uns antreibt, sie spontan zu bilden.

Im vorangehenden Kapitel haben wir bereits beschrieben, dass die Prägnanz, Einfachheit oder auch Flüssigkeit der Verarbeitung ein Faktor zu sein scheint, der zu Wertschätzung führen kann. Zudem bilden wir unwillkürlich Zusammenhänge zwischen Elementen, die eine einprägsame Gestalt bilden. Wir haben aber auch beschrieben, dass einige Fälle eher dafür sprechen, dass auch Komplexität und das Neue unser Interesse finden können, und dieser Aspekt scheint gar lebensnotwendig zu sein, denn ohne Neugierde keine Weiterentwicklung und also auch keine Anpassung.

6.1 Das Ästhetische Aha!

Verschwörungstheorien verknüpfen Ereignisse auf eine neue Art, die einem etablierten Muster widerspricht. Eine Möglichkeit, das Vergnügen an solchen neuen Zusammenhängen zu erklären, ist folgende:

> Wir mögen es, Sinn zu stiften; mehr noch als Lösungen vorgekaut zu bekommen! Wir suchen nach dem Heureka, nach Erkenntnis, nach der besseren Geschichte, die Zusammenhänge aufdeckt, welche zuvor im Verborgenen lagen.

Wir möchten Ihnen im Folgenden einige Ideen und wissenschaftliche Erkenntnisse dazu darlegen, wie und warum uns dieses Erzeugen von Bedeutung und das Erleben neuer Erkenntnis antreibt und belohnt. Hierbei werden wir zwei Thesen aufstellen:

> These 1   Das Ästhetische Aha! Das Erschaffen neuer Bedeutung bereitet Vergnügen.
> These 2   Das Potenzial zum Aha! Bereits der Anstieg von Komplexität erzeugt Interesse, solange neue Erkenntnis in Sicht ist – auch wenn wir noch keine eindeutige Interpretation haben.

Die plötzliche Erkenntnis, dass der Weihnachtsmann eine Verschwörung der Erwachsenen ist, das Suchbild mit Kuh (Abb. 5.1), das Kippbild, in dem wir entweder eine Vase oder zwei Profile identifizieren (Abb. 5.3), die Choreografie der Taube, die scheinbar zu Belohnung führt, das kubistische Kunstwerk, in dem wir ganz langsam fragmentierte Objekte erkennen – all diese Beispiele eint, dass sie demjenigen, der sie erlebt, eine neue Erkenntnis bieten. Einerseits kann diese Einsicht Vorhersagefehler reduzieren: Die Taube wählt die aktuell am besten erscheinende Vorhersage, dass sie bei zweifacher Drehung mit Ausfallschritt belohnt wird, und wir wechseln von der Komposition aus

6.1 Das Ästhetische Aha!

beliebig wirkenden Formen zur klaren Gestalt der Kuh – und bleiben bei dieser Vorhersage. Andererseits können wir mehrfach Erkenntnisse generieren, indem wir zwischen zutreffenden Vorhersagen changieren (von der Vase zu den Profilen und zurück und vom Lächeln der Mona Lisa zu einem neutralen Gesichtsausdruck). Und darüber hinaus gibt es Fälle, in denen wir zwar Vorhersagefehler reduzieren („Der Weihnachtsmann ist mein Vater, und deshalb sieht er ihm ähnlich und wusste, was ich mir wünsche"), während wir aber zugleich neue auftun („Es kann nicht sein, dass mich meine Eltern belügen!"). Das Besondere an all diesen Situationen ist, dass unsere Rolle als aktive Sinnstifter zu der Erkenntnis führt; wir erleben sozusagen hohe Selbstwirksamkeit. Das könnte eines der zentralen Anreize sein, Verschwörungstheorien überhaupt erst zu bilden.

In empirischen Wahrnehmungsstudien untersuchten nun Muth und Carbon, inwiefern solche selbst generierten Einsichten Vergnügen bereiten. Als *Ästhetisches Aha!* (Muth und Carbon 2013) bezeichnet man den entsprechenden Effekt, dass das Erschaffen von Bedeutung selbst Vergnügen bereitet (These 1). Hierbei geht es nicht darum, dass diese Bedeutung tatsächlich zutrifft (s. die abergläubischen Tauben). Sie muss nicht einmal Komplexität reduzieren und Vorhersagefehler gänzlich auflösen, um belohnend zu sein. Beispielsweise bat man Probandinnen und Probanden, ein Schwarz-Weiß-Muster mehrmals zu bewerten. Entdeckten sie das darin versteckte Gesicht (s. Abb. 6.1), stieg das Gefallen an dem Bild signifikant an. Später bestärkten Chetverikov und Filippova 2014 dieses Ergebnis und übertrugen es auf andere

Abb. 6.1 Das „ästhetische Aha!" (Muth und Carbon, 2013) Probanden mussten versteckte Gesichter in Schwarz-Weiß-Mustern entdecken. Zur Veranschaulichung wurde das Gesicht hier grau markiert

Objektklassen und Figuren, die zum Teil auch negativ auf die Probandinnen und Probanden wirkten (beispielsweise ein Totenkopf). Wichtig scheint hierbei eine anfängliche Herausforderung beim Finden der Gestalt zu sein; wir lösen Unsicherheit, und dafür braucht es eben ein gewisses Maß an initialer Unsicherheit. Beispielsweise fanden die Psychologen Dörner und Vehrs 1975, dass wir Muster ästhetisch finden, die Ordnung enthalten; und zwar eine Ordnung, die eher schwer zu finden ist. Und Sander van de Cruys und Johan Wagemans 2011 vermuten, dass viele Kunstwerke über leichte Widersprüche zu Wahrnehmungsgewohnheiten und der Auflösung dieser Widersprüche Vergnügen bereiten. Die Flüssigkeit oder

6.1 Das Ästhetische Aha!

Einfachheit der Verarbeitung wäre hierbei ein Resultat der aktiven und intensiven Beschäftigung mit dem Stimulus, nicht an sich die Voraussetzung für Gefallen. Während des Aha!-Moments wäre die Verarbeitungsflüssigkeit kurzzeitig erhöht und könnte so zu Vergnügen führen, wie Topolinski und Reber 2010 meinen. Auch in Forschungen von Carbon und Leder aus dem Jahr 2005 fand man, dass Wertschätzung nach intensiver Beschäftigung mit innovativem Design ansteigt, obwohl wir vertrautere Gestaltung auf den ersten Blick bevorzugen.

Auf der Basis neurowissenschaftlicher Modelle und Hypothesen lässt sich hinzufügen, dass bereits die Andeutung neuer Wahrnehmungseinsichten das limbische (Belohnungs-)system aktivieren könnte; nach dem Motto „Schau, hier gibt es etwas zu entdecken!" (Ramachandran und Hirstein 1999). Und Biederman und Vessel stellten 2006 die These auf, dass das entsprechende Aktivieren multipler Assoziationsareale unsere Endorphine sowie die sogenannten μ-Opioidrezeptoren anregen, die eine wichtige Rolle bei Glücksgefühlen spielen. Das passt zu dem wahrnehmungspsychologischen Befund, dass Gefallen beim Erleben und Interesse sogar bereits bei der Erwartung von Einsichten ansteigen (Muth et al. 2015, 2016). Hier wurden Filme gezeigt, die aus diffusen Liniengeflechten plötzlich deutliche Gestalt hervorbringen, metamorphosenartig in neue Gestalt wandeln oder Gestalt auflösen. Über dynamische Messungen wurde die Erkennbarkeit von Gestalt, Komplexität, Überraschungspotenzial, Gefallen und Interesse für jedes Einzelbild des Filmes erhoben. Einsichtsmomente wurden als Phasen des Films definiert, in denen Erkennbarkeit und Überraschungspotenzial plötzlich ansteigen. Die Ergebnisse zeigen, dass

- der Film während der Einsichtsmomente hoch komplexe Bilder beinhaltete,
- Gefallen mit dem Einsichtsmoment ansteigt und
- bereits 1,5 s vor der Gestalterkennung das Interesse der Probandinnen und Probanden ansteigt.

Diese Ergebnisse stützen die zweite These: Die Vorhersage von Bedeutung erzeugt bereits Interesse, auch wenn wir noch keine eindeutige Interpretation haben. Erwähnenswert ist zudem, dass Interesse allerdings sinkt, wenn wir nichts mehr entdecken können, beispielsweise wenn Mehrdeutigkeiten in Kunstwerken sich leicht auflösen (Muth et al. 2015). Das könnte daran liegen, dass uns die Situation nicht zu neuen Vorhersagen anregt (s. beispielsweise Chetverikov 2013); wir also kein Potenzial zu neuer Einsicht mehr wahrnehmen (These 2). Diese Ergebnisse lassen sich auf zwei Arten mit dem Vergnügen an Verschwörungstheorien verknüpfen: Erstens bewirkt die Einsicht in verborgene Machenschaften eine Neuinterpretation der gesamten Situation, und das Erzeugen der Erkenntnis ist belohnend. Zudem arbeiten viele Verschwörungstheorien mit „Beweisen" durch Bildmaterial, das wie Bilderrätsel mit Unschärfe und Deutungsvarianten spielt. Sagt einem die Bildunterschrift, was man darin sehen *sollte*, generiert das Bild potenzielle Aha-Momente.

Haben Sie beispielsweise noch einen alten Personalausweis – also den Vorgänger des Ausweises in EC-Kartengröße? Dreht man den Ausweis so, dass die Schrift auf dem Kopf steht, sieht man im Muster auf der Rückseite die Kontur eines gehörnten Tierkopfes. Der Umriss ähnelt frappierend der Baphomet-Zeichnung von Éliphas Lévi aus dem Jahr 1854. Baphomet ist die mystische Gestalt eines Dämons mit menschlichem Körper und Frauenbrüsten, Flügeln und einem Ziegenkopf mit beachtlichen Hörnern. Er spielt im Okkultismus und in Satanskulten eine wichtige Rolle und soll im Mittelalter von den Templern verehrt worden sein. Das Erkennen dieses Musters auf dem Personalausweis motivierte einige Verschwörungstheoretiker zu Spekulationen.

Ein aktuelleres Beispiel im Verschwörungskontext sind die Bilder des Pentagon nach dem 9/11-Attentat. Während auf den Aufnahmen der Twin Towers in New York zu sehen ist, wie das gesamte Flugzeug – mit Flügeln – beim Auftreffen ein entsprechend geformtes Loch in die Fassade schlägt, konzentriert sich der Gebäudeschaden beim Pentagon angeblich auf einen kleinen Bereich. Dort wo die Flügel auf die Fassade hätten treffen müssen, ist auf einigen Aufnahmen kein dazu passender Schaden zu sehen. In den Verschwörungstheorien wird deshalb eine Rakete (eine aus der Nähe abgeschossene Boden-Boden-Rakete oder ein aus der Ferne abgefeuerter Marschflugkörper) als wahrscheinliche Ursache angenommen. Damit wird der Widerspruch zwischen tatsächlich sichtbaren Schaden und der nach einem Flugzeugeinschlag erwarteten Zerstörung aufgelöst.

Das Vertrauen in die eigene Wahrnehmung („Ich hab's doch mit eigenen Augen gesehen!") macht solche Fotografien zu gefühlten „Beweisen" für Theorien, die zum Erkannten passen. Und das Ästhetische Aha könnte erklären, weshalb das Suchen und Finden solcher Muster uns in den Bann zieht.

6.2 „Da steckt doch mehr dahinter"

Insgesamt finden sich einige Befunde und Hypothesen aus den Bereichen der Wahrnehmungs-, Kognitions- und Neuroforschung, die auf die Rolle des aktiven Generierens von Einsichten für das Empfinden von Vergnügen eingehen. Hierbei könnte von zentraler Bedeutung sein, dass uns diese Muster nicht vorgegeben sind, sondern wir sie aktiv erzeugen. Die dargestellte Forschung suggeriert, dass Bedeutungserzeugung Vergnügen bereitet und Bedeutungsvorhersage bei hoher Komplexität Interesse auslöst. Diese beiden Erkenntnisse können uns nun auch im Hinblick auf die Frage nach dem Vergnügen an und der Motivation für das Bilden von Verschwörungstheorien weiterhelfen. Ob eine Verschwörungstheorie Ereignisse auf prägnantere oder komplexere Art deutet, scheint nicht zentral. Wichtig sind aber Unsicherheitsdynamik und Selbstwirksamkeit: Anstelle der vorgegebenen Muster erzeuge ich selbst oder entscheide ich mich selbst für einen alternativen Zusammenhang. Hier spielt nun einerseits das Vergnügen beim Zusammenfügen der einzelnen Elemente in ein kohärentes Gesamtmuster der Einsicht eine Rolle (das Aha!), andererseits könnte die Vorhersage „Da steckt doch mehr dahinter" und die damit verbundene Erwartung neuer Einsicht zuallererst die Motivation erzeugen, die unser Interesse an dem Verborgenen stimuliert: Hätten wir diese Neugierde nicht, würden wir noch immer an den Weihnachtsmann (oder das Christkind) glauben.

Unsere Motivation dafür, Verschwörungstheorien zu entwickeln, könnte sich also zumindest in Teilen aus einem generellen Vergnügen an dem Erzeugen neuer

6.2 „Da steckt doch mehr dahinter" 117

Sinnzusammenhänge speisen: Geben uns Ereignisse Rätsel auf und deutet sich ein Muster an, das sie sinnvoll verknüpft, so ist unser Interesse geweckt. Und dafür müssen wir noch nicht einmal die einfachste aller Deutungen finden. Dass wir selbst hinter die Intrige gestiegen sind und ein neues Muster bilden, ist bereits belohnend. Wie diese Muster im Falle von Verschwörungstheorien gebildet werden, liegt zum Teil an unserer Neigung dazu, bestimmte kausale Verknüpfungen zwischen Ereignissen zu bilden. Wir gehen im folgenden Kapitel entsprechend auf das Wesen der *guten (Verschwörungs-) Geschichte* ein: Welche Rolle spielen Erzählungen eigentlich für unser Leben und unser Verständnis der Welt und wann und wie funktioniert eine Geschichte?

Zusammenfassung

- Mehr noch als Lösungen vorgekaut zu bekommen, mögen wir es, sie selbst zu generieren und in einem Moment des Heureka verborgene Zusammenhänge aufzudecken. Verschwörungstheorien liefern potenziell belohnende neue Erkenntnisse und nutzen häufig passende visuelle Einsichten, z. B. in Form von Bildnachweisen.
- Das Potenzial für Erkenntnisgewinn erzeugt Interesse und Motivation, auch wenn wir noch keine eindeutige Interpretation haben.

7

Die Kraft der Erzählung: Warum wir (Verschwörungs-)Geschichten lieben

„Ich glaube nicht mehr an das Narrative [...]. Ich glaube nicht wirklich, dass das Leben so ist" antwortet der Singer-Songwriter Nick Cave in der Dokumentation *One more time with feeling* auf die Frage des Interviewers, weshalb seine Lieder immer weniger stringente Geschichten aufwiesen. Seine früheren Songtexte mit eher klassischer Erzählstruktur hätten sein Leben in gewisser Weise zusammengehalten, so Cave. Die Abwendung von der klassischen Struktur mag mit einer traumatischen Erfahrung des Sängers verknüpft sein, trifft aber einen entscheidenden Punkt: Das Leben besteht nicht aus definitiven Anfängen und Enden und deren eindimensionaler Verknüpfung. Fragen Sie sich selbst: Hat Ihre Biografie – im Rückblick – einen roten Faden? Wie linear entwickelt sich ein Mensch überhaupt? Eine Geschichte, in ihrer einfachsten Form, das sind miteinander verbundene Ereignisse. Diese Verbindung ist gerichtet in der Zeit, in Richtung Zukunft.

Gleichzeitig wissen wir, dass die Welt keine einfache lineare Erzählung ist, und alles mit allem letztendlich zusammenhängt: Subatomare Partikel verändern ihre Quantenzustände so schnell, dass es für den menschlichen Geist unvorstellbar ist; ebenso unvorstellbar wie das Alter des Universums mit fast 14 Mrd. Jahren. Irgendwo dazwischen: unsere eigene Existenz. Jeder Blick auf unser eigenes Leben ist ein klitzekleiner Ausschnitt der Dinge, aber: Dieser Ausschnitt ist eine Geschichte – unsere Geschichte.

Es fällt uns schwer, die Multidimensionalität und vielschichtige Verknüpfung von Ereignissen als solche wahrzunehmen. Wir verstehen die Geschehnisse auf der Welt besser als zielgerichteten, stringenten Prozess. Deshalb hält sich etwa die Geschichte von der untergehenden Sonne in unserem alltäglichen Sprachgebrauch, obwohl wir doch wissen, dass wir uns bewegen, nicht sie. Der Literaturwissenschaftler Michael Neumann versteht die Kraft der Erzählstruktur folgendermaßen:

> Alles Einzelne, bis hin zu Geburt und Tod, ist eingeflochten in ein unübersehbares Netz von Ursachen, Wechselwirkungen und Folgen. Dieser bedrängenden Endlosigkeit setzt das Narrative etwas Endliches entgegen: Etwas, das Anfang und Ende hat, tritt anschaulich vor die Augen; es kann überschaut und verstanden werden. Welch eine Erleichterung, ja Erlösung für den Menschen, der durch

seinen kognitiven Apparat auf das ständige Begreifen seiner Umwelt angewiesen ist! (Neumann 2013, S. 51).

In erster Linie ist das Leben also keine Geschichte, aber dadurch, dass wir es als bewusste und vernunftbegabte Wesen wahrnehmen und interpretieren, wird es zwangsläufig zu einer. Wir denken in Zeit, Ursache und Wirkung, das eine folgt aus dem anderen.

Der US-amerikanische Psychologe Theodore Roy Sarbin (1986) weist darauf hin, dass wir uns in Geschichten erinnern, in Geschichten planen, träumen, lieben und hassen. Die Verknüpfung von Absichten, Kontext und Kausalität ist so zentral für unser Denken, Fühlen und Handeln, dass wir die Fähigkeit, Geschichten zu entwickeln praktisch nicht abschalten können.

Die Psychologen Kenneth und Mary Gergen (1986) verweisen auf eine weitere Funktion: Geschichten wecken Interesse; laden andere dazu ein, zuzuhören. Dramatische Geschichten eignen sich dafür am besten, und die Wissenschaft selbst kann sich dem nicht entziehen. Die Geistesentwicklung des Kindes nach Jean Piaget; seine psychosexuelle Entwicklung von der oralen bis zur genitalen Phase nach Sigmund Freud; die Moralentwicklung nach Kohlberg – diese Theorien entsprechen nicht dem aktuellen Forschungsstand der Psychologie, aber es sind die bekanntesten dieser Disziplin. Es sind Geschichten über Moral und Sexualität: dramatische Geschichten.

7.1 Was Sie schon immer über Dreiecke wissen wollten

Ist es eine Funktion von Verschwörungstheorien, spontan Geschichten zu entwickeln, um die Komplexität der Welt in (eine) Ordnung zu bringen? Wir haben im letzten Kapitel zwei Mechanismen vorgestellt, die solche Prozesse mit Vergnügen verknüpfen. Wir möchten Ihnen im nächsten Abschnitt zeigen, dass Menschen tatsächlich einen Drang zu haben scheinen, Zusammenhänge zu entdecken, und unwillkürlich Kausalitäten und Intentionen wahrnehmen. Als Mensch können wir gar nicht anders, es ist sozusagen unser Standardmodus. Betrachten Sie Abb. 7.1, so denken Sie wahrscheinlich kaum an einen Beziehungsstreit oder einen brutalen Kampf zwischen Rivalen. Aber glauben Sie uns: Diese Szene hat durchaus dramatisches Potenzial! 1944 präsentierten Fritz Heider und Marianne Simmel ihren

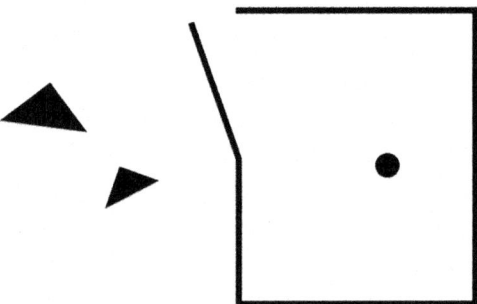

Abb. 7.1 Nachbildung eines Standbilds aus dem von Heider und Simmel im Jahr 1944 präsentierten Kurzfilm

Versuchspersonen einen kurzen Film. Einfache geometrische Figuren wie diese bewegen sich; ein großes und ein kleines Dreieck, eine Scheibe und ein Quadrat, das sich an einer Stelle öffnen und schließen konnte (auf Youtube finden Sie den Film sofort mit den Suchbegriffen *Heider Simmel 1944*). Als sie eine Gruppe von 34 Frauen baten zu berichten, was in dem Film passiert, beschrieben alle bis auf eine die Bewegungen der Formen als Interaktionen belebter Figuren. Entweder handele es sich um Personen, oder (in zwei Fällen) um Vögel. 19 von ihnen konstruierten zusammenhängende Geschichten – von der Liebe in einer zweidimensionalen Welt bis zum Eifersuchtsdrama – und beschrieben dabei sehr menschliche emotionale Zustände und Intentionen der interagierenden Figuren. Ein als Mann identifiziertes Objekt beispielsweise „versucht die Tür zu öffnen, aber er ist so blind vor Wut und Frustration, dass er sie nicht öffnen kann"[1]. Eine weitere Gruppe an Versuchspersonen beantwortete u. a. Fragen zum Charakter der darin vorkommenden Personen und den Ursachen für Ereignisse (beispielsweise für einen Streit zwischen den Dreiecken über ein Mädchen oder einem Ehestreit über die Erziehung des gemeinsamen Kindes).

Diese Studie liefert weitere Indizien dafür, dass wir in manchen Situationen nicht die physikalisch einfachste Interpretation bevorzugen (geometrische Formen bewegen sich), sondern dazu neigen, Komplexität zu erhöhen (s. Kap. 5). Die Annahme von Absichten und gar Emotionen für die geometrischen Formen ist zwar

---

[1]Übersetzung aus dem Englischen.

komplexer, auf einer anderen Ebene aber dann doch natürlicher und plausibler für uns. Diese Mechanismen sind die Bausteine der ersten Verdachtsmomente von Verschwörungen: Aufeinanderfolgenden Ereignissen wird Kausalität zugesprochen, und hinter den Ereignissen werden Intentionen vermutet. Die vorgestellte Studie zeigt, wie verlockend diese Zuschreibungen sind und wie leicht sie uns bereits in der Wahrnehmung fallen. Deshalb spielt das Phänomen auch bei Messungen des Verschwörungsglaubens eine Rolle. Beispielsweise zeigten Douglas et al. (2016), dass Menschen, die eher an Verschwörungstheorien glauben, auch eher unbelebten Objekten absichtsvolles Handeln unterstellen.

Die Art und Weise dieser Konstruktion ist allerdings nicht beliebig: Nicht nur wurden im Falle der erfundenen Geschichten zum Film einige der Figuren recht konsistent in ihrem Charakter bewertet; es ist bemerkenswert, dass viele der angeblichen Handlungen, Intentionen, Bedürfnisse und scheinbar kausalen Zusammenhänge von den Versuchspersonen auf ähnliche Weise wahrgenommen wurden. Menschen scheinen basale Kausalitätsbeziehungen zwischen einfachen Elementen auf ähnliche Weise kulturübergreifend und bereits früh in ihrer Entwicklung (bereits mit 6 Monaten) wahrzunehmen. Das gilt beispielsweise für den sogenannten *Launching-Effekt,* von dem der französische Wissenschaftler Albert Michotte erstmals 1946 berichtete und der seither vielfach repliziert wurde (s. eine Übersicht zum Thema von Scholl und Tremoulet 2000): Bewegt sich ein Objekt auf ein anderes zu bis beide aneinander liegen, und bewegt sich im Anschluss das zweite Objekt, so wirkt

7.1 Was Sie schon immer über Dreiecke wissen wollten

es, als würde es durch das erste angestoßen (s. Abb. 7.2). Und auch die Zuschreibung von Wünschen, Emotionen und Persönlichkeitseigenschaften sind überraschend konsistent zwischen verschiedenen kulturellen Kontexten und werden bereits von Drei- und Vierjährigen solch geometrischen Figuren wie in Heider und Simmels Film zugeordnet. Für die Wahrnehmung als lebendige Figur scheint dabei eher das Bewegungsmuster als die tatsächliche Eigenschaft der Form verantwortlich zu sein.

Wir interpretieren also einfachste Bewegungen geometrischer Elemente als komplexere Handlungsmuster, oftmals gestehen wir sogar den Figuren den Status selbstständig handelnder Wesen zu, inklusive Intentionen und menschlicher Züge samt komplexer Charaktereigenschaften. Eine spannende (und genuin psychologische!) Frage ist hierbei natürlich, wie diese Interpretationen zusammenhängen: Konstruieren wir die komplexen Persönlichkeiten („randalierender Eifersüchtiger") aus dem Bewegungsmuster der abstrakten Formen heraus (Dreieck, das ein anderes Dreieck wiederholt anstößt)? Oder interpretieren wir umgekehrt die Bewegungsmuster auf

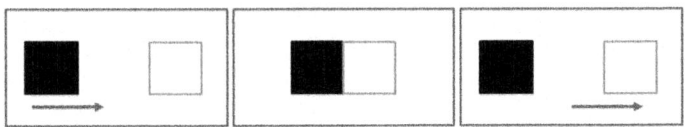

Abb. 7.2 Launching Effekt nach Albert Michotte: Bewegt sich Objekt A auf Objekt B zu, bis sie Kontakt haben und bewegt sich Objekt B im Anschluss in die gleiche Richtung weiter, so wird eine kausale Beziehung zwischen den beiden Bewegungen angenommen

der Basis der identifizierten Personen? Das ist eine Frage, die auf verwandte Art bereits die oben besprochenen Phänomene aus Abb. 5.1 und Abb. 5.2 aufwerfen: Bilden die Flecken gemeinsam die Gestalt der Kuh, oder ändert die Gestalt der Kuh die Gruppierung der Flecken und so unsere Wahrnehmung der Flecken selbst? Heider und Simmel betonen, dass in den erfassten Geschichten ihrer Versuchspersonen kausale Interpretationen den Grundstein bilden dafür, welche Bedeutung Ereignisse und Personen haben.[2] Zusammenhänge erschaffen unsere Wahrnehmungswelt! Heider und Simmel veranschaulichen dies an einem Beispiel:

> So wie die Abfolge von Perspektiven auf eine Landschaft, aus dem Fenster eines sich bewegenden Zuges gesehen, nur dann ‚aufgelöst' werden können bzw. eine sinnvolle Einheit dadurch ergeben, dass wir sie als entfernte Objekte im Raum verorten, so müssen Handlungen von Personen im Rahmen von Motiven gesehen werden, um aus der Abfolge von Veränderungen eine zusammenhängende Sequenz zu machen.[3]

Umstritten ist, ob es sich bei den Intentionszuschreibungen und zugeschriebenen Kausalitätsbeziehungen bereits um (traditionell als höher eingestufte) kognitive Prozesse

---

[2] „A few events stand out and are seen by all Ss [subjects] in the same way; these events are organized into a meaningful whole which contains causal centers (persons). Events and persons gain their significance by the way they are causally connected" (S. 251 f.).
[3] Übersetzung aus dem Englischen; S. 258.

handelt oder um reine Wahrnehmungsphänomene. Anders formuliert: Setzt der Effekt aktive Schlussfolgerungen voraus, oder sehen wir direkt und automatisch,[4] dass ein Quadrat das nächste anstößt bzw. dass ein Dreieck aggressiv agiert?[5]

Dieser Ausflug in die Wahrnehmungspsychologie lehrt uns, dass wir in Geschichten denken: Wir erleben die Welt als kausale Verknüpfung von Ereignissen und mehr noch: Intentionen prägen diese Ereignisfolgen. Nicht schwer, sich vorzustellen, wie leicht es uns fallen dürfte, an einen Komplott zu glauben, gibt man uns nur die richtigen Marker, zwischen denen wir unwillkürlich Verbindungen ziehen.

7.2 Heuristiken – Abkürzungen des Denkens

Bei den genannten Beispielen der Kausalitäts- und Intentionswahrnehmung treffen wir auf einen besonders spannenden Schnittpunkt. Er zeigt, dass wir Faustregeln (sogenannte Heuristiken) verwenden, um Ereignisse zu interpretieren, sei es im Rahmen eines Wahrnehmungseindrucks oder bei Denkurteilen. Im Gegensatz zu einer sicheren, auf im klassischen Sinne

---

[4] ... wie es auch Bruner (1986) konstatiert, wenn er schreibt „we see causality"; (S. 17).
[5] Die Frage einer Trennbarkeit von Wahrnehmung und Kognition stellt sich natürlich auch allgemein angesichts der massiven Einflüsse von (Vor-)Wissen auf und Erwartung an die Wahrnehmung.

rationalen Schlüssen basierenden Vorgehensweise, wie wir sie aus der Mathematik kennen, sind bei komplexen Situationen im Alltag Zustände und Zusammenhänge oft unklar. Zudem fehlen uns Ressourcen, um alle Möglichkeiten abzuwägen (Zeit, Energie, Informationsquellen), und viele Entscheidungen und Urteile müssen schnell getroffen werden, um ein Handeln zu ermöglichen.

Hier benötigen wir das, was der Nobelpreisträger Daniel Kahneman als schnelles Denken bezeichnet hat. Wir sind auf Heuristiken angewiesen. Wesentliche Parameter werden geschätzt, und wir greifen auf Erfahrungen zurück, um Urteile zu fällen. Solche Vorhersagen sind natürlich auch für die Wahrnehmung essenziell. Erinnern Sie sich an das Beispiel der leeren Umzugskiste: Ihre Bewegungen sind deshalb unbeholfen, weil Sie sich auf eine Heuristik verlassen haben, die in den meisten Fällen zutrifft. Auch das Einschätzen von Gefahrensituationen, das Bauchgefühl, dass der Verkäufer des Gebrauchtwagens vielleicht doch nicht vertrauenswürdig alle Details und Schäden preisgibt, die Orientierung in einer fremden Stadt anhand markanter Punkte („Das Zentrum wird wohl dort sein, wo ich den Kirchturm sehe") oder die Kompromisse, die wir bei der Ersthilfe anwenden müssen, wenn wir uns nicht um alle Verletzten kümmern können,[6] – in all diesen Situationen prüfen Sie nicht alle Details und treffen Ihre

---

[6] Zum Beispiel beim Konzept der „Triage": keine Behandlung, wenn keine Lebenszeichen erkennbar oder nur leicht verletzt, Konzentration auf Schwerverletzte mit guten Überlebenschancen.

Schlussfolgerung nicht mit hundertprozentiger Sicherheit. Zum einen sind Sie also gezwungen, über Mustererkennung und die Anwendung einfacher Faustregeln zu Urteilen zu gelangen. Das scheint in vielen Fällen ja auch gut zu funktionieren: Sie finden zwar nicht die optimale, aber eine befriedigende Lösung. Die Anwendung von Heuristiken kann daher als eine Art der Rationalität verstanden werden, wenn auch eine begrenzte, wie es der Sozialwissenschaftler Herbert A. Simon bezeichnete.

Zum anderen birgt diese Art der Urteilsbildung natürlich ein hohes Risiko, denn sie ist sehr unsicher. Denken Sie an Vorurteile oder nachträgliche Rechtfertigungen für eigenes Fehlverhalten, Generalisierungen etc. So gibt es klassische Fehlurteile, die wir konsistent begehen. Beispielsweise schätzen Menschen Wahrscheinlichkeiten oft falsch ein oder erinnern sich an Dinge, die nie passiert, sondern einfach nur im Gedächtnis leicht verfügbar sind. Es kommt vor, dass Zeuginnen und Zeugen von Verbrechen fälschlicherweise Täterinnen bzw. Täter identifizieren, nicht, weil sie an Tatort waren, sondern weil sie die Gesichter zuvor in einer polizeilichen Datenbank gesehen haben. Sie verknüpfen das Gesicht mit Bekanntem und interpretieren das vertraute Gefühl als Wiedererkennen, verbinden die Vertrautheit also fälschlicherweise mit Erinnerungen an den Tatort.

Wie ist das bei Verschwörungstheorien? Nutzen wir auch hier solche Heuristiken? Wirft man einen Blick auf die Verbreitung spezifischer Erzählungen, so wird schnell deutlich, dass sich auch hier, wie in den konsistenten

Persönlichkeitszuweisungen in der Studie von Heider und Simmel, wiederkehrende Muster finden. Das sind sogenannte narrative Universalien. Michael Neumann nennt als wiederkehrende Motive beispielsweise „das Monstrum und die Schöne, der jugendliche Tod des Helden, die Entführung einer Königin als Ursprung eines weltumfassenden Krieges, die Wiedererweckung eines Toten aus seinen Knochen" (Neumann, 2013 S. 44). Eine sich wiederholende Art und Weise, sozusagen die Grammatik des Erzählens, ist dagegen schwieriger zu klassifizieren. Doch wie wir es bereits in Kap. 1 beschrieben haben und in Kap. 13 noch weiter beschreiben werden, sind Elemente von Verschwörungen über verschiedene Zeiten und Kulturen hinweg zu finden. Beispielsweise scheint die Erklärung von Wetterphänomenen durch das verborgene Wirken von Naturgöttern eine typische Struktur zu sein. Wie bei der Deutung des Kurzfilmes so werden auch in Verschwörungstheorien und bei der Interpretation eines Blitzschlags als Strafe Gottes Kausalitäten durch Personifizierung und Intentionszuweisung erzeugt.

Neumann sieht hier ein wesentliches Merkmal von Erzählungen. Denn Ereignisse werden als Resultat von Handlungen anderer gesehen. Sie haben damit Urheber und werden somit in einen Kausalzusammenhang gebracht, also verständlicher. Genau hier sieht er eine Erklärung für die Überzeugungskraft von Geschichten: Durch das (Er-)Finden von Kausalität und Urheberschaft von Handlungen, die zu ihnen führten, werden Ereignisse erst begreifbar – und das in besonderem Maße, da wir die Verknüpfung von Intention, Handlung und Ereignis aus eigener Erfahrung kennen. Deutlich wird dieser Zusammenhang auch gerade dann, wenn Geschichten diese Kausalitäten nicht durchschaubar machen und so zu Irritation führen. Beispielsweise, wenn Michael Hanekes Film *71 Fragmente einer Chronologie des Zufalls* Ereignisse vor und während eines Amoklaufs darstellt, ohne die Intentionen und Ursachen aufzuzeigen und nachvollziehbar zu machen. Das Lexikon des internationalen Films spricht hier über einen Film, „der keine psychologische Erklärung liefert und durch seine distanzierte Betrachtungsweise für nachhaltige Verunsicherung sorgt". Auf eine andere Art verstörend ist der Welterfolg *Lola rennt* von Tom Tykwer. Darin wird ein und dieselbe Geschichte mehrmals hintereinander erzählt, aber minimale, zufällige Unterschiede führen zu ganz unterschiedlichen Ausgängen. Der kleine Zufall ist mächtiger als das große Planen der Hauptfiguren.

Während Geschichten Kausalitäten erschaffen und so logische Konsistenz benötigen, können sie doch zugleich auch Konsistenz verletzen, seien es absurde Handlungsverläufe, das Integrieren alltäglicher Zufälle oder das Vermengen verschiedener Perspektiven. Der Psychologe Jérôme Seymour Bruner nennt hier als Beispiele die Autoren Kafka und Beckett. Wie auch viele Beispiele aus der bildenden Kunst (denken Sie an Picassos kubistische Werke) können Geschichten Wahrnehmungs- und Denkgewohnheiten brechen, um allerdings wiederum andere Kriterien zu erfüllen und Erkenntnisse zu generieren.

7.3 Denken ist inneres Probehandeln

Neben der Erzeugung von Kausalität liegt die Kraft der Erzählung aber auch darin, dass sie uns Probehandeln (Denken als inneres Probehandeln, das hat schon Sigmund Freud so genannt) ermöglicht: Erzählungen sind Simulationen möglicher Handlungen. Wir können darin also eigene Handlungsmöglichkeiten in einem sicheren, weil fiktiven, Kontext durchspielen. Wir lassen uns von der imaginären Welt für Alternativen in der realen inspirieren – und das auch noch in einer sozialen Dimension, wenn wir Geschichten miteinander teilen (s. Neumann 2013). Mar und Oatley (2008) sehen darin die Stärke von Erzählungen. Nur mit ihrer Hilfe können wir zum Beispiel die Absichten anderer Menschen verstehen, die soziale Wirklichkeit erkennen und Betrug antizipieren. Dabei brechen Mar und Oatley eine Lanze für Geschichten – ihrer Meinung nach sind sie allen nicht narrativen Repräsentationen der sozialen Realität überlegen.

Das klingt nach Vergnügen, und genau dieses spielerische Element scheint einer der Reize von Erzählungen und Geschichten zu sein. Vor allem der soziale Aspekt scheint auch für Verschwörungstheorien eine Rolle zu spielen: Oft widersprechen sie Mainstreamüberzeugungen, werden aber innerhalb von Gruppen geteilt.

Allerdings entwickeln Menschen Verschwörungstheorien nicht nur als vergnügliche Erzählungen. Sie können drastische Folgen für das eigene Handeln haben und werden mitnichten immer als fiktiv verstanden. In Kap. 8 thematisieren wir deshalb, warum und wie wissenschaftliche Theorien von Geschichten zu

7.3 Denken ist inneres Probehandeln

differenzieren sind, beispielsweise durch die Kriterien der Überprüfbarkeit und Widerspruchsfreiheit.

Bruner unterscheidet zwei Modi des Denkens: Der paradigmatische Modus entspricht hierbei eher den wissenschaftlichen Theorien über Kausalitätsbeziehungen, die überprüfbar sind und darauf abzielen, etwas zu beweisen.[7] Der narrative Modus erzeugt zwar auch Kausalität zwischen Ereignissen, zielt aber eher auf Plausibilität denn auf das Aufdecken universell gültiger Bedingungen. Wir legen hierbei unterschiedliche Kriterien zur Bewertung an, beispielsweise bezüglich der Wirkung des Endes der Gedankengänge: Paradigmatisches Denken zielt auf eine Lösung, eine Erkenntnis, eine Problemlösung ab. Bei Filmen und Geschichten befindet sich das Ende nie in einem Vakuum, es kann sogar ohne Auflösung (im klassischen Fall ein Happy End oder das Finden des Mörders) interessant und bereichernd sein – weshalb? Michael Neumann betont, dass das Ende einer Geschichte durch den Verlauf der Geschichte selbst bedeutsam wird. Und:

> Wohl entscheidet das Ende über Sinn und Wert des Vorhergegangenen, aber es ist weniger das Ende, sondern das Ganze beziehungsweise eine Reihe von über das Ganze verstreuten Szenen und Bildern, woran wir im Nachhinein zurückdenken und weswegen wir eine Geschichte lieben oder auch ablehnen. In diesem Ganzen jedoch bleibt auch der Konflikt aufbewahrt, mitsamt dem Widerstrebenden,

---

[7] ... wenn auch, wie wir es in Kap. 8 diskutieren werden, Wahrheit nie erreicht werden kann.

dem Unterlegenen, dem nicht Aufgehobenen (Neumann 2013, S. 57).

Unterscheiden sich Geschichten tatsächlich so stark von wissenschaftlichem Denken, geht es bei Letzterem nur um das Ergebnis? Tatsächlich gibt es einige Schnittpunkte: Jedes Ergebnis wissenschaftlichen Denkens und Forschens bezieht sehr wohl den Verlauf und die Geschichte der Argumentation oder der Studie mit ein. Es wirkt auf die zugrunde gelegte Theorie zurück und kann sozusagen auch nie für sich stehen. Aber die Ästhetik der Geschichte sowie ihrer Wechselwirkung mit dem Ende steht nicht auf vergleichbare Art und Weise im Fokus wie bei der Narration. Das geschieht nur, wenn wir den Verlauf einer Forschung bewusst als spannende Geschichte erzählen, indem wir beispielsweise darüber lesen, wie der Zufall den späteren Nobelpreisträgern für Medizin und Physiologie Hubel und Wiesel zu einem Jahrhundertbefund verhalf. Zudem haben Veröffentlichungen wissenschaftlicher Erkenntnisse narrative Strukturen und erzählen Befunde oft innerhalb einer „guten Geschichte". Während diese Form Voraussetzung für die Kommunikation der Ergebnisse ist, birgt sie Risiken bezüglich der Fehlerfreiheit, aber auch der Verführung durch Plausibilität, scheinbare Lückenfreiheit und Vereinfachung komplexer Sachbestände. Während sich also die Beurteilung paradigmatischer Gedanken grundlegend von der Beurteilung von Geschichten unterscheidet, weil Geschichten nicht falsifizierbar sind und das Narrative sich immer mit Intentionen beschäftigt wie Bruner betont,

7.3 Denken ist inneres Probehandeln

können wir Schnittpunkte zwischen den beiden Bereichen menschlichen Denkens feststellen.

Nach unserer Definition können Verschwörungstheorien sowohl überprüfbare Theorien im wissenschaftlichen Sinne sein als auch in einem Zwischenbereich zwischen paradigmatischem und narrativem Modus angesiedelt werden. Sie reflektieren die Tendenz, die beiden Modi eigen zu sein scheint: Das Hineindeuten von Intention, um Verknüpfungen zwischen Ereignissen zu erschaffen, kann als basaler Mechanismus unserer Kognition angesehen werden. Wir können sie allerdings im paradigmatischen Modus entweder nach wissenschaftlichen Kriterien beurteilen oder auf ihr Potenzial als gute Geschichte im narrativen Modus wahrnehmen. Wie oben beschrieben, nehmen wir einfachste physikalische Ereignisse als Folgen intendierter Handlung wahr und diese Interpretation als Intention scheint ein kulturübergreifender und früh entwickelter, basaler Mechanismus zu sein, der sich in Erzählungen spiegelt bzw. darin kultiviert wird. Wir haben auch gesehen, dass wir für Alltagsentscheidungen auf Heuristiken angewiesen sind, da wir nie den Ausgangszustand perfekt kennen, alle Kriterien abwägen können, und weil wir auf Schnelligkeit und Effizienz angewiesen sind. In einer Art Alltagspsychologie finden sich sowohl Heuristiken als auch die direkte Wahrnehmung von Intention als Kausalitätskonstrukt wieder, um das Verhalten anderer zu verstehen und vorhersagen zu können („Weshalb weint mein Kind?", „Wird mein Partner wütend reagieren?").

Daraus kleine Geschichten zu machen ist nicht die einzige Art, wie wir uns der Wirklichkeit nähern können. Wir könnten auch einfach alle Ereignisse in ihrer zeitlichen Reihenfolge betrachten, wie ein Stadtschreiber alles notieren, was uns so passiert. Kausale und intentionale Verknüpfungen nicht zu bilden, unterschlägt jedoch wichtige Information, zum Beispiel: „Freitag 14:17 Uhr, Ende eines schrecklichen Arbeitstages. 15 Uhr zum Fußballspiel gefahren. Dort 9 Bier getrunken. 23:18 heimgekommen. 23:20 Frau weint. 23:40 Frau fährt zu ihrer Mutter." Finden Sie auch, dass diesem chronologischen Ablauf etwas Verknüpfung guttun würde? Eine andere Möglichkeit: die wissenschaftliche Methode. Wir betrachten 52 Freitage und zählen aus, wie oft die Frau geweint hat; um dann zu dem Schluss zu kommen, dass diese Frau eine Wahrscheinlichkeit von 38 % hat, am Freitag zu weinen. In der Wissenschaft ist es legitim oder sogar gefordert, Kontextinformation außen vor zu lassen. Allgemeine Prinzipien sind das Ziel, nicht individuelle Kontexteinbettungen. Wenn das aber die Geschichte Ihrer Freitage wäre, dann wäre es töricht, nur Chronist zu sein und die kausale Verknüpfung zwischen Ihren Trinkexzessen und der Belastung für Ihre Frau nicht zu betrachten. Es wäre ebenso falsch, wie eine Wissenschaftlerin oder ein Wissenschaftler den Kontext auszublenden. Für den Alltag ist das Geschichtenentwickeln also überaus sinnvoll. Der Psychologe Dan McAdams (1993) erforscht ausgiebig, wie wir so über die Zeit erkennen, wer wir eigentlich sind: nämlich wenn wir unsere Lebens*geschichte* entwickeln und betrachten.

Die Tendenz, aus einfachen, komplexen oder unvollständigen Ereignissen und Reizen komplexe Geschichten zu entwickeln, ist nicht nur ein generelles kognitives Phänomen. Es spielt auch für das Bilden von Verschwörungstheorien eine entscheidende Rolle. Es drängen sich gleich mehrere Fragen auf: Was treibt uns dazu an, Zusammenhänge auf diese oder jene Art und Weise zu deuten? Wie müssen Geschichten geartet sein, um uns zu packen, zu unterhalten, zu überzeugen? Was macht die universellen Motive und Strukturen der Narration aus? Weshalb verbreiten sich nur manche Geschichten innerhalb kürzester Zeit über ganze Städte und halten sich hartnäckig als *urban legends*? Eine Sammlung solcher Großstadtmythen von Bernd Harder (2005) reicht von der nächtlichen Entführung durch Aliens bis zu Alligatoren in der Kanalisation. Wir werden sicher nicht all diese Fragen klären können, möchten Ihnen aber Aspekte näherbringen, die für die Kraft der Erzählung eine wichtige Rolle spielen könnten.

7.4 Lücken als Potenzial

Wenn Sie einmal an den letzten Film denken, den Sie gesehen haben, werden Sie wahrscheinlich feststellen, dass Sie immer nur Ausschnitte und Sequenzen aus einer Geschichte darin zu sehen und hören bekamen. Filme reduzieren Geschichten nicht nur auf zwei Dimensionen, den Ausschnitt und die Perspektive der Kamera. Das Bild bewegt sich nicht, wenn Sie sich bewegen (es sei denn, Sie betrachten den Film über eine Brille in der virtuellen

Realität), und die Geschichte ist in von Schnitten getrennte Blickwinkel segmentiert. Szenen springen von Ort zu Ort und von Zeit zu Zeit. Sie entsprechen nicht der natürlichen, in der Realität potenziell erlebbaren Abfolge und Entwicklung von Bildern (nur sehr wenige experimentelle Filme bilden hier eine Ausnahme und zeigen Szenen in Echtzeit ohne Schnitte). Dennoch folgen wir der Geschichte ohne Probleme, wir würden uns im Gegenteil sogar langweilen, würde eine Geschichte vollständig erzählt, ohne auf die Eigenleistung unserer Mustervervollständigung zurückzugreifen. Eine Lücke in einer Geschichte kann mindestens zwei positive Effekte auf uns haben: Wir dürfen sie selbst schließen (und ggf. ein *Ästhetisches Aha!* Erleben, Muth und Carbon, 2013), und – ist sie groß genug, aber nicht zu groß und an der richtigen Stelle – so sind wir aufs Äußerste gespannt: Interesse lebt von einem Aufschub dessen, was wir erwarten, sozusagen einem Versprechen auf mehr.

Der Cliffhanger am Ende einer Serie, also das abrupte Ende am Höhepunkt der Episode mit offenem Ende, verspricht, dass wir in der Fortsetzung mehr erfahren über eine Krise, weitere Indizien in einem Mordfall aufgedeckt werden oder des Rätsels Lösung offenbar wird. Müssen demnach Ereignisse gewisse Lücken in der Kausalkette aufweisen, damit sie uns zu Verschwörungstheorien anregen oder geht es eher darum, dass sie ein Potenzial für kausale Neustrukturierungen haben? Die Frage kann analog mithilfe der Wahrnehmungsphänomene aus Kap. 5 gestellt werden. Ihr kognitives System strebt nach hoher Vorhersagbarkeit und findet die Kuh als

7.4 Lücken als Potenzial

beste Vorhersage für die Stimulation im Falle des Suchbildes in Abb. 5.1. Vergnügen speist sich hierbei aus Herausforderung und Selbstwirksamkeit – dem Gefühl, die kniffelige Situation gemeistert zu haben. Die Lücke bzw. die initiale visuelle Unbestimmtheit des Musters werden selbstständig geschlossen, Unsicherheit wird reduziert und eine Erkenntnis eigenständig gewonnen (Aha!).

Ähnlich könnte der Effekt sein, wenn wir eine Theorie über dubiose Machenschaften im Verborgenen erzeugen und mit ihrer Hilfe Ereignisse verknüpfen, die zuvor Rätsel aufgaben. In Abb. 5.3 gaben wir Ihnen allerdings ein anderes Beispiel, denn in Kippbildern reduzieren wir Unsicherheit nicht, sondern wechseln zwischen mehreren Sicherheiten, wie es der Neurowissenschaftler Semir Zeki 2004 schrieb. Hier ist essenziell, dass es alternative Muster gibt, die die Stimulation ähnlich gut vorhersagen. Analog zu diesen beiden Beispielen könnten uns Ereignisse zum Bilden alternativer (Verschwörungs-)Geschichten anregen, wenn sie einerseits Lücken aufweisen und Unsicherheit erzeugen. Zugleich zeigt sich, dass wir einen Drang zur Mustererkennung besitzen, der anspringt, sobald es Potenzial zur Passung zwischen Muster und Reiz gibt. Denken Sie an den klassischen Krimi, der uns zur Auflösung treibt, oder den vielschichtigen Roman, in dem wir von der ambivalenten Beziehung der Protagonisten fasziniert sind. Bleibt die Frage: Wie viel Lücke im Sinne von Offenheit, Vielschichtigkeit und Ambivalenz verträgt eine (Verschwörungs-) Geschichte, um schon oder noch unsere Faszination zu wecken?

7.5 Aus der Versenkung in den Flow

Aus der Perspektive einer Videospielerin, eines Videospielers betrachtet kann diese Frage folgendermaßen beantwortet werden: So wie das Spiel muss uns die Geschichte beides ermöglichen, Versenkung einerseits und den Anreiz zur aktiven Beschäftigung andererseits – Douglas und Hargadon 2000 nennen das Immersion und Engagement. Und sie schlagen vor, dass es bei der richtigen Mischung zu einer Art *Flow* kommen kann. Passt eine Geschichte oder ein Film sehr gut zu unseren Erwartungen (beispielsweise identifizieren wir sie als Liebesgeschichte und warten auf die Beziehungskrise und ihre Auflösung im Laufe der Handlung), so können wir uns darin verlieren, sozusagen in die Geschichte eintauchen, ein Teil davon werden und sie genießen! Das bezeichnet Immersion.

Engagement hingegen unterbricht diese Versenkung durch eine Verletzung von Konventionen oder Gewohnheiten. Es kann uns sozusagen aus dem Text herausholen in eine extratextuelle Perspektive auf den Text selbst und die darin präsenten Muster, wie die Autoren schreiben. Solch ein Bruch kann frustrieren und das Vergnügen des entspannten Genusses der Immersion zunichtemachen. Stimuliert aber eine Geschichte zugleich aktive Beschäftigung und Versenkung, könnte sich ergeben, was Mihaly Csikszentmihalyi in anderen Kontexten *Flow* taufte. Dies ist ein Modus, in dem wir die Zeit vergessen, hoch konzentriert an einer Aufgabe arbeiten und vollkommen von ihr eingenommen werden. Voraussetzung ist ein bestimmtes Verhältnis zwischen unseren Fähigkeiten und den

Anforderungen der Situation. Passen sie gut zusammen, ergibt sich eine fließende, scheinbar mühelose Interaktion. Sie kennen diese Zustände vielleicht von automatisierten sportlichen Tätigkeiten oder während des Musizierens. Auch Videospiele ziehen viele Menschen viele Stunden in ihren Bann, ohne dass sie merken, wie die Zeit vergeht. Douglas und Hargadon übersetzen diese Zustände in ein „Kontinuum zwischen Immersion und Engagement, das die Charakteristiken beider simultan nutzt" – Flow eben. Als Beispiele führen sie an, dass Filmkritikerinnen und -kritiker in den Plot und die Entwicklung der Charaktere versinken können, zugleich aber auf die Art des Filmens selbst achten, die Perspektiven und den Fokus der Kamera beispielsweise.

Gute Geschichten sind daher nicht immer solche, die uns nicht herausfordern oder keine Überraschungen erzeugen. Fehlt allerdings das Potenzial zu Immersion, zum Anknüpfen an Bekanntes, ermöglichen sie uns auch meist kein intensives Vergnügen.

> **Zusammenfassung**
> - Geschichten sind allgegenwärtig und strukturieren für uns die Welt: Wir erinnern uns, denken und träumen in Geschichten.
> - Wir haben den Drang, Zusammenhänge zu entdecken und unwillkürlich Kausalitäten und Intentionen wahrzunehmen.
> - Diese Mechanismen sind die Bausteine der ersten Verdachtsmomente von Verschwörungen.
> - *Narrative Universalien* sind wiederkehrende Erzählelemente über verschiedene Zeiten und Kulturen hinweg,

hierzu scheint auch das „verborgene Wirken von Kräften" zu gehören.
- Erzählungen ermöglichen „Probehandeln", und das auch im sozialen Austausch.
- Der *paradigmatische Modus* des wissenschaftlichen Denkens setzt Überprüfbarkeit von Aussagen voraus, während der *narrative Modus* Kausalität zwischen Ereignissen erzeugt, aber auf Plausibilität setzt.
- Gute Geschichten weisen oft Lücken auf; fordern heraus oder überraschen und bieten unvollständige Kausalstränge, die die Betrachterin und der Betrachter schließen kann – und das auf vergnügliche Weise (Aha!). Das könnte auch ein Anreiz für das Aufdecken von Verschwörungen sein.

8

Eine Dosis Wahrheits-Globuli, bitte: Möglichkeiten und Grenzen der wissenschaftlichen Methode

In den bisherigen Kapiteln haben wir uns damit beschäftigt, was die Faszination von Verschwörungstheorien ausmacht und warum sie grundlegende menschliche Bedürfnisse nach historischen Zusammenhängen, Unterhaltung, Ästhetik und Wahrnehmung bedienen. Aber unsere Betrachtung wäre nicht vollständig, wenn wir uns nicht auch kritisch mit dem Begriff „Theorie" auseinandersetzen würden – immerhin gibt eine Verschwörungstheorie ja vor, eine Theorie zu sein. Vielleicht kann uns die Wissenschaft nützlich sein, wenn es darum geht, unsinnige und falsche Geschichten von echten Verschwörungstheorien zu unterscheiden?

Um zu verstehen, was alltagssprachlich aber auch wissenschaftlich unter Theorie verstanden wird, müssen wir etwas ausholen. Dieser Exkurs lohnt sich aber, denn er zeigt auf, dass die Unterscheid- und Abgrenzbarkeit zwischen

Verschwörungstheorie und wissenschaftlicher Theorie durchaus schwierig sein kann. Wir machen aber auch klar, dass rigoros angewandte wissenschaftliche Methoden oftmals Licht in Verschwörungstheorien bringen.

Im wahrsten Sinne des Wortes stellen Verschwörungstheorien Theorien auf, Theorien über Verschwörungen, über komplexe Sachverhalte, über wichtige Ereignisse. Wissenschaft stellt ebenfalls Theorien auf. Wissenschaft will erklären und stellt letztendlich mindestens ebenso viele Fragen, wie sie Antworten gibt. Macht es sich die Wissenschaft also zu einfach, ist sie beliebig und vermag sie, unseren Planeten und die Ereignisse auf ihm überhaupt zu verstehen?

Verschwörungstheorien geben manchmal eindeutige und einfache, manchmal aber auch komplexe Antworten auf ein Konvolut von Fragen. Das vorige Kapitel legte bereits nahe, dass ihr Reiz nicht einfach nur darin zu bestehen scheint, Lösungen zu bieten. Er könnte sich auch zumindest zum Teil aus der Neugierde an verborgenen und komplexen Zusammenhängen speisen. Verschwörungstheorien liegen hierbei im Zwischenbereich zwischen narrativem und paradigmatischem Modus, können also nicht nur nach Kriterien der guten Geschichte, sondern auch auf ihre Wissenschaftlichkeit hin betrachtet werden. Die Trennlinie zwischen wissenschaftlichen Theorien und Verschwörungstheorien ist also auf den ersten Blick gar nicht so klar herzustellen. Umso mehr müssen wir uns die Frage stellen: Können wir wissenschaftliches Vorgehen sauber von den Verschwörungstheorien trennen, die unwissenschaftlich sind, und wenn ja, worin besteht der essenzielle Unterschied?

Dazu müssen wir sehr weit ausholen. Bevor wir damit beginnen, soll eines bereits klar und deutlich gesagt werden: Wissenschaft hilft in der Tat, die Welt besser zu verstehen, die Liste der Evidenzen dafür ist beeindruckend – aber die Ziele, Resultate und Schlussfolgerungen von Wissenschaft sind eben ganz anders als die meisten denken. Auch dazu dient dieses Kapitel: zu klären und zu werben für die wissenschaftliche Methode, die sich bereits Jahrtausende lang bewährt hat. Und das ohne auszublenden, wo ihre Grenzen liegen. Ein Spagat, der nicht immer ganz einfach ist.

8.1 Wissen und Wahrheit

Schafft Wissenschaft Wissen? Das Wort Wissenschaft kommt aus dem Mittelhochdeutschen und bildet das lateinische Wort *scientia* (engl.: *science*) ab. Interessanterweise bezeichnet das mittelhochdeutsche „Wissenschaft" nicht nur den Zustand des Wissens und das Ergebnis des Bemühens um Erkenntnis, sondern bezieht sich auch auf das Vor-Wissen, also das noch vorläufige, nicht gesetzte Wissen. Im Sinne einer modernen Sichtweise auf Wissenschaft kennzeichnet das genau jenes Vorgehen der wissenschaftlichen Praxis: Sie schafft Vor-Wissen, denn jede Art des Ringens um Wissen bringt maximal eine Vorstufe des Wissens hervor. Eine einzig wahre, eindeutige und vollständig gerechtfertigte Erkenntnis – solch eine abgeschlossene Form des Wissens kann Wissenschaft nicht bereitstellen. Das ist die Domäne von Religionen und Ideologien, die für sich in Anspruch nehmen Wahrheiten zu bieten, die absolut und für alle Zeit gelten. Wissenschaft ist hingegen immer ein Tasten, um es mit dem Erkenntnistheoretiker Karl Raimund Popper zu sagen.

In dem für das moderne Wissenschaftsverständnis so prägende Buch *Logik der Forschung* (Untertitel: *Zur Erkenntnistheorie der modernen Naturwissenschaft*), von Popper im Jahre 1934 veröffentlicht, wird die Abgrenzung der empirischen Wissenschaft gegen die Mathematik und die Logik beschrieben, aber auch gegen die Metaphysik, also dem Teil der Philosophie, der Aussagen über den Sinn und Zweck von Realität und dem Sein an sich trifft. Empirisch sind all die Wissenschaften, die Beobachtungen und Messungen nutzen können, um ihre Aussagen zu überprüfen. Physik und Chemie sind zum allergrößten Teil empirisch – lediglich bei einigen ausgefallenen Theorien wie der sogenannten Stringtheorie, nach der das Universum nicht drei oder vier, sondern zehn Dimensionen hat, ist noch nicht klar, welche Messungen diese Theorie prüfen können. Die moderne Psychologie ist eine empirische Wissenschaft, ebenso wie die Biologie und große Bereiche der Sozialwissenschaften.

Popper schlägt vor, dass die empirische Wissenschaft sich auf das Prinzip der *Falsifikation* stützen muss. Es sollen bewusst Studien geplant und durchgeführt werden, die zu einer Ablehnung (= Falsifizierung) von aus Theorien abgeleiteten Annahmen (sogenannten Hypothesen) führen können. Solange keine ihrer Hypothese falsifiziert worden ist, kann die Theorie als vorläufig bewährt gelten. Als endgültig bewährt, sprich gültig oder wahr, kann sie aber niemals gelten! Das heißt, wir können innerhalb von empirischen Wissenschaften niemals von wahrem Wissen oder bewiesenen Theorien sprechen. Wird dagegen eine Hypothese falsifiziert, und das, so muss man noch hinzufügen, auch in wiederholter oder unterschiedlicher Weise, müssen wichtige Schlussfolgerungen gezogen werden: Betrifft die Falsifikation weniger zentrale Annahmen der Theorie, so kann sie unter Umständen durch *Ad-hoc*-Anpassungen gerettet werden (die sich dann direkt an den Ergebnissen der Falsifikation orientieren). Sollten die Falsifikationen aber grundlegende Annahmen der Theorie betreffen, muss über eine fundamentale Neuauflage oder sogar eine Aufgabe der Theorie nachgedacht werden – zumindest muss deren Einsatzgebiet oder Wirkungsbereich kritisch hinterfragt werden.

Ein kleines Beispiel soll das illustrieren: Nehmen wir an, Sie würden die Theorie vertreten, dass die Blätter eines Ahornbaums grüne Farbe haben sowie eine handförmige Ausprägung der Blattadern und auch in etwa handgroß sind. Diese Theorie lässt sich vermeintlich leicht in den heimischen Gefilden überprüfen: All das, was wir als Ahornbaum kennen, hat solcherlei Blätter. Ein Besuch einer anderen Gegend oder eines botanischen Gartens zeigt aber, dass Ahornblattformen sehr stark variieren. Sie müssen Ihre Theorie entsprechend anpassen: Die Größe der Blätter scheint beispielsweise nicht entscheidend, zumal man zusätzlich zu den unterschiedlichen Arten wie Bergahorn, Spitzahorn usw. auch Wachstumsfaktoren einbeziehen muss. Sie können nun jedoch Ihre Theorie der handförmigen Blattadern durchaus verteidigen, müssen sich aber nach und nach auch von der Kernidee verabschieden, dass die Blätter grün sein müssen, denn das Laub vieler Arten besitzt eine ausgeprägte Herbstfärbung, die wir als angenehme ästhetische Erscheinung im sogenannten Indian Summer wahrnehmen.

Eine gute Theorie ist somit in ihren zentralen Annahmen nicht widerlegt. Die aus den Annahmen abgeleiteten Aussagen sind im Einklang mit vielen Beobachtungen. Wissenschaftlerinnen und Wissenschaftler rund um den Erdball arbeiten kritisch damit. Eine Theorie ist also das Stärkste und Mächtigste, was die Wissenschaft zu bieten hat. Hier unterscheidet sich der landläufige Sprachgebrauch vom akademischen erheblich. Im Alltag meinen wir mit Theorie oft unbegründete Spekulation über einen Zusammenhang; etwa wenn wir sagen: „Ich habe die Theorie, dass Minister XY von der Industrie bestochen wird, sonst würde er in letzter Zeit nicht dauernd so positiv über sie sprechen – früher hat er das ja nicht gemacht!" Die Theorie hingegen, dass sich die Erde um die Sonne dreht, ist in ihren Kernannahmen nie widerlegt worden und gleichzeitig mit so vielen Forschungsergebnissen im Einklang, dass sie Stand der Forschung ist. Theorie bedeutet in der Wissenschaft: Die derzeit beste und vielfach abgesicherte Erklärung – und trotzdem eine Erklärung, die wir immer wieder aufs Neue herausfordern müssen.

Nehmen wir zur Veranschaulichung des Falsifikationsprinzips das oft zitierte, aber eben auch sehr gut verständliche Beispiel von Karl Popper, angepasst an unseren typischen Erfahrungshorizont: Angenommen wir sind in Mitteleuropa aufgewachsen und haben bisher nur heimische Schwäne in Parkanlagen kennengelernt. Die Schwäne, die wir tagtäglich sehen können, sind weiß. Für Menschen mit diesem Erfahrungshorizont ist erst einmal recht klar: Das Tier namens Schwan ist weiß, denn wir kennen es ja offensichtlich nur in dieser Farbe. Befragt man aber ein Tierlexikon, wird schnell klar, dass die

Definition von Schwänen *(Cygnini)* nichts Primäres über deren Farbe enthält, sie referiert vielmehr darauf, dass der *Tribus* (in der Biologie die Rangstufe der klassischen Systematik zwischen *Gattung* und *Unterfamilie* gelegen) der Schwäne eine Unterfamilie der Gänse ist, welche wiederum ein Teil der Familie der Entenvögel darstellt, die zur Ordnung der Gänsevögel gehören.

8.2 Von der Erfahrung zur Theorie

Wie können wir nun unsere auf Gewohnheitserfahrungen basierende Theorie sinnvoll überprüfen, dass Schwäne immer weiß sind? Die meisten Menschen werden antworten: Wir müssen das überhaupt nicht überprüfen, denn es ist bereits an diesem Punkt klar, dass Schwäne immer weiß sind! Wir haben ja nie einen schwarzen Schwan gesehen, also existieren auch keine solchen fremdartigen Wesen. Man würde dann einen typischen Fehlschluss begehen, denn man würde von einer Einzelbeobachtung, die von Popper als *besonderer Satz* bezeichnet wird, auf eine allgemeine Aussage schließen *(allgemeiner Satz)*. Auch eine ganze Reihe von immer wieder gleichen Einzelbeobachtungen kann diesen sogenannten induktiven Fehlschluss nicht beheben. Auch wenn Sie nun als Forschungsprogramm vorschlagen, sich für die nächsten Jahre an den heimischen Ententeich zu setzen, um die Farbe der vorbeikommenden Schwäne zu erfassen, würde das kaum einen Erkenntnisgewinn bringen. Wir könnten lediglich aussagen, dass unsere Theorie der weißen Schwäne, wenigstens für jenen Teich, als vorläufig bewährt gelten kann.

Mit solch eingeschränkten Aussagen des vorläufig Bewährten begnügen sich Menschen meistens nicht. Im Alltag tendieren wir dazu, aus lokalen Beobachtungen irgendwann einfach allgemeine Sätze zu schließen, die dann aber eben nicht zwingend gültig sind. Wie könnte man das Schwäneforschungsprogramm verbessern? Klar ist, die Gesamtheit der Schwäne werden wir nicht überprüfen können. Solch ein Unterfangen wäre maximal in einem sehr beschränkten Raum für einen kurzen Zeitraum realisierbar – wenn überhaupt! Warum? Schwäne reisen über große Strecken und gleichzeitig haben sie die Angewohnheit, mit hoher Wahrscheinlichkeit an denselben Orten wieder aufzutauchen, denn sie fliegen immer wieder ähnliche Routen. Gleichzeitig werden wir kaum alle Schwäne erfassen können, da sich manche verstecken, andere wiederum an Stellen sind, wo wir sie von unserer Vogelwarte aus nicht erfassen können. Selbst ein weltweites Forschungsprogramm, bei dem sich der Weltbestand von Tierforscherinnen und Tierforschern einbringen würde, um Schwäne zu registrieren, würde nicht annähernd die Chance haben, eine lückenlose Beobachtung zu erreichen. Unter Umständen leben nichtweiße Schwäne lediglich auf einer kleinen, unbewohnten und noch unbekannten Insel in Mikronesien oder einem Vorort, in dem gerade keine Vogelforscherinnen und -forscher aktiv oder keine Vogelwarten installiert sind. Wir entgehen also dem Problem nicht und tappen in die Falle des induktiven Fehlschlusses, wenn wir die Millionen an Einzelfällen von positiver Evidenz für weiße Schwäne falsch interpretieren, nämlich in der Art, dass alle Schwäne weiß sein müssen. Egal, wie wir uns abstrampeln: Es ist unmöglich, alle Schwäne, die es auf der Erde (und sonst wo) gibt, zu erfassen.

Ein kurzer Abstecher nach Leeds Castle in der englischen Grafschaft Kent hätte dagegen bereits die Theorie ins Wanken bringen können: Dort schwimmen tatsächlich deutlich erkennbar schwarze Schwäne im Schlossweiher. Wir müssen also, wenn wir eine ernsthafte Theorienüberprüfung anstreben, unbedingt auf Gegenevidenzen fokussieren. Ein ganzes Leben lang Kronkorken gesammelt zu haben, berechtigt eben noch nicht zum Schluss, dass Kronkorken immer mit einem Flaschenöffner zu öffnen sind – andere Kulturen, andere Sitten: In Amerika sehen sie zwar fast genauso aus wie in Deutschland, dennoch lassen sich dort die Verschlüsse mit der bloßen Hand ohne große Probleme öffnen. Auch die Kronkorkentheorie ist damit dahin!

Im gegebenen Fall der Schwäne müsste man sich also ganz explizit in bisher nicht dokumentierte Gefilde machen, unter Umständen jene Habitate zu unterschiedlichen Jahres- und Tageszeiten aufsuchen und in unterschiedlichen Höhen und Arten von Gewässern suchen; dies wird zumindest die Auftretenswahrscheinlichkeit eines nichtweißen Schwans erhöhen. Eine Gewissheit, einen solchen zu finden, ist es dennoch nicht. Aber die Möglichkeit zum Auffinden ist wenigstens gegeben!

8.3 Wissen und Wahrscheinlichkeit

In der Wissenschaft geht es aber meist nicht um das Auffinden von konkreten Dingen, also Schwänen, sondern es geht um Aussagen, die auf Wahrscheinlichkeiten beruhen. Es sind also weniger So-ist-es-Aussagen zu finden als vielmehr Aussagen nach dem generellen Muster von „Die Wahrscheinlichkeit für A unter der Bedingung X ist größer als unter der Bedingung Y". Abgesehen von wenigen Ausnahmen für diese Regel, wie beispielsweise beim Nachweis von konkreten Partikeln, chemischen Elementen oder physikalischen Teilchen, werden Hypothesen vor allem auf Basis von Wahrscheinlichkeiten überprüft. Wenn wir das populäre Beispiel der Kontroverse um den Klimawandel betrachten, so wird diese Herangehensweise schnell klar.

Zu allererst muss klar und deutlich gesagt werden, dass ein allgemeiner Satz wie „Es gibt einen Klimawandel" in vielerlei Hinsicht problematisch ist. Zum einen ist hier nicht definiert, was der Wandel eines Klimas bedeutet, zum anderen ist nicht festgelegt, in welchem Zeitraum sich dieser Wandel zeigen soll. Präzisieren wir jedoch die Aussage und definieren Klimawandel als außergewöhnliche Veränderung des Klimas innerhalb der letzten 2000 Jahre oder vergleichen wir etwaige außergewöhnliche Veränderungen mit anderen Veränderungen innerhalb dieses Zeitabschnitts, so lassen sich durchaus sinnvolle Hypothesen bilden, die empirisch überprüfbar sind. Dann kann man damit beginnen, konkrete Messdaten, simulierte Daten und indirekte Informationen zum Klima weltweit zu sammeln und auszuwerten – man könnte also langfristige Temperaturaufzeichnungen zurate ziehen und weiter extrapolieren, indem man das Vorkommen typischer Pflanzenarten in bestimmten Regionen mit historischen Berichten oder Fundresten von Pflanzenarten vergleicht. Diese Einzeldaten, wenn sie breit und mannigfaltig vorliegen, können wichtige Anhaltspunkte geben, ob ein Klimawandel vorliegt.

Wenig hilfreich sind dagegen Einzelaussagen, die man wieder und wieder in kritischen Äußerungen zum Klimawandel findet („Früher gab es auch heiße Sommer", „Ich habe einmal schon einen extrem warmen/kalten Winter erlebt", „Auch heute gibt es noch richtig kalte Winter", „Schnee haben wir auch heute noch oft genug"). Sie sind deswegen so wenig hilfreich, da sie lediglich Ausnahmen aufzeigen. Meist bestehen sie weder einer Überprüfung, noch sind sie in ein Gesamtbild eingebettet oder in Bezug auf andere Sätze gesetzt. Da Tageszeiten und Jahreszeiten einen erheblichen Einfluss auf das Wetter haben, würde eine kurzfristige Betrachtung des Wetters keinen Sinn für die Bewertung des Klimas haben – genau auf solche lokalen Wetterphänomene wird aber oft verwiesen, wenn Skeptikerinnen und Skeptiker des Klimawandels angesprochen werden. Eine lokale Argumentation gegen globale Phänomene greift aber zu kurz – das wäre gerade so, als würde man die Existenz von Hungerkatastrophen in Afrika leugnen, weil man sich selbst im hiesigen Wirtshaus gerade satt gegessen hat.

Betrachtet man in wissenschaftlicher Weise die globalen Temperaturverhältnisse und dies am besten über längere Zeiträume an verschiedenen Orten, so wird sehr schnell klar, dass vor allem in den letzten 30 Jahren ein Temperaturanstieg zu verbuchen ist, der sich von den Temperaturschwankungen der vorherigen Jahrzehnte und Jahrhunderte deutlich unterscheidet. Vergleicht man den Temperaturverlauf über den eingangs definierten Zeitraum von 2000 Jahren, so zeigt sich, dass wir derzeit den größten längerfristigen Anstieg zu verzeichnen haben. Dies ist erst einmal reine Statistik, die an sich schon wichtige Aussagen liefert, da man sie mit Wahrscheinlichkeiten absichern kann, mithilfe der sogenannten statistischen *Signifikanz*. Besonders eklatant erscheint aber vor allem der in den letzten Jahren extrem steil ansteigende Zuwachs an Temperaturen, der ohne historisches Vorbild steht. Vergleicht man nun diesen statistisch signifikanten Anstieg der letzten Jahre mit der bis dato stärksten Temperaturschwankung, die sich innerhalb von 400 Jahren ab dem 15. Jahrhundert ereignete, wird zudem deutlich, dass er sich nicht nur signifikant unterscheidet, sondern auch einen substanziellen Effekt aufweist. So zeigte sich in globaler Perspektive während dieser *Kleinen Eiszeit* eine mittlere Temperaturabsenkung von gerade einmal 0,8 °C, welche jedoch zu einer solch erheblichen Erdabkühlung führte, dass ganze Landstriche wesentlich länger im Winter vereist waren, so die Großen Seen in Nordamerika bis in den Juni hinein, dass das Packeis auf der nördlichen Halbkugel derart zunahm, dass die Besiedlungspolitik der Wikinger in Grönland aufgegeben werden musste und Hungerwinter und Missernten weltweit als Folge zu verzeichnen waren. Wenn wir die damals erreichten knapp ein Grad globaler Abkühlung mit dem kurzfristigen Erfahrungs- und Messhorizont eines Menschen in Bezug setzen, wird zudem schnell klar, dass hier der Erfahrungsschatz eines Menschen nicht das adäquate Messinstrument ist. Persönliche Statements über Temperaturen und Wetterphänomene in bestimmten Jahren sind also wenig hilfreich, um einen solchen Effekt abzuschätzen. Es ist daher äußerst wichtig, sich historische Ereignisse vor Augen zu führen und diese entsprechend zu vergleichen.

8.3 Wissen und Wahrscheinlichkeit

Das oft beschworene *Zwei-Grad-Ziel* der internationalen Klimapolitik adressiert folglich keine Kleinigkeit (so wie das beispielsweise der Fall wäre, wenn die morgige Mittagstemperatur 2 °C über der von heute liegt) – mit einem Wort: Selbst, wenn die Begrenzung der globalen Erwärmung auf weniger als 2 °C gegenüber dem Niveau vor Beginn der Industrialisierung gelänge, so hätte dies vermutlich dennoch extreme Auswirkungen. Wichtig ist an dieser Stelle aber auch: Selbst der klare statistische Befund einer sehr starken Temperaturerwärmung in den letzten Jahren kann natürlich keine direkte Erklärung liefern, wie dieser Anstieg zustande kommt. Es existieren aber glücklicherweise zusätzlich auch hierzu vielfältige Theorien, die empirische Hypothesen generieren können. Werden diese wahrscheinlichkeitstheoretisch geprüft und interpretiert, können sie zu entsprechenden Schlussfolgerungen und dann auch Handlungsempfehlungen führen.

Empirische Wissenschaften kommen also stets zu Wahrscheinlichkeitsaussagen wie: „Wir konnten einen Effekt zeigen, der mit einer Irrtumswahrscheinlichkeit von einem Prozent abgesichert werden konnte" – also in einem von 100 Fällen ist der hier aufgedeckte Effekt durch alternative Ursachen zustande gekommen. Wird solch eine im Vorhinein gesetzte Grenzwahrscheinlichkeit eingehalten, sprechen Wissenschaftler von einem *signifikanten Effekt*. Das bedeutet also, dass ein Ergebnis sehr wahrscheinlich kein Zufall war. Wie stark der Effekt selbst war, ist damit noch nicht gesagt. Zudem können wissenschaftliche Studien meist nicht zeigen, dass ein Effekt für jedermann in jeder Situation auftritt, sondern nur, dass er mit einer bestimmten Wahrscheinlichkeit auftreten wird. Wissenschaft trifft, wie eingangs erwähnt, daher keine absoluten Aussagen über Wahrheiten (dass etwas so ist). Auch normative Aussagen (dass etwas so sein sollte) sind nicht die Domäne der Wissenschaft.

8.4 Jenseits der Empirie

Es gibt Theorien und sogar ganze Wissenschaftsdisziplinen, die nicht mit empirischem Arbeiten vereinbar sind oder bei denen wir mit praktischen Durchführungsproblemen konfrontiert werden. Für die wenigsten Medikamente existieren beispielsweise Daten für ihre Wirkung bei Kleinkindern und Schwangeren. Man müsste einigen hundert Schwangeren ein Schnupfenmedikament geben, und etwa genauso vielen ein Placebo, ein Scheinmedikament. Idealerweise sollten weder die Frauen noch die beteiligten Ärztinnen und Ärzte wissen, welche Frauen in der Experimentalgruppe (echtes Medikament) und welche in der Kontrollgruppe (Scheinmedikament) sind. Das wäre eine sogenannte Doppelblindstudie. Dann könnte man in den folgenden Jahren vergleichen, ob Kinder der Experimentalgruppe häufiger Beeinträchtigungen zeigen als Kinder der Kontrollgruppe – ethisch ist dies schwer zu vertreten.

Die sogenannten Diskurswissenschaften haben ebenfalls mit einigen Problemen zu kämpfen: Geschichte, Literaturwissenschaft, in Teilen auch Philosophie, Wirtschafts- und Sozialwissenschaften. Fällt Ihnen eine empirische Studie ein, um zu klären, welche Rolle die Wirtschaftskrise beim Aufstieg des Nationalsozialismus gespielt hat? Wir können uns parallel erscheinende Entwicklungen in anderen Ländern ansehen, wir können unterschiedliche

Zeiten vergleichen, wir können in der Gegenwart Länder mit hoher und niedriger Arbeitslosigkeit betrachten, in Quellen graben, Zeitzeugen suchen und unsere Ergebnisse immer wieder verteidigen und verfeinern. Aber die spezifische Konstellation von Bedingungen, in Deutschland und weltweit, können wir genau so klarerweise nicht wiederherstellen. Akribisches Quellenstudium, logisch korrekte und transparente Schlussfolgerungen und immer wieder die Verteidigung der Position: Statt empirischer Falsifikation ist nun der beste Weg, nach alternativen Erklärungsmustern Ausschau zu halten, ihre Vorhersagekraft zu vergleichen und in einem breiten Diskurs immer wieder die Argumente zu analysieren, zu prüfen und zu bewerten. Und: Theorien entsprechend anzupassen.

8.5 Was macht eine wissenschaftliche (Verschwörungs-)Theorie aus?

Was macht aber nun eine wissenschaftliche Theorie aus und wie können wir feststellen, ob sich der genauere Blick auf eine Verschwörungstheorie lohnt? Zuallererst muss man voraussetzen, dass empirische Wissenschaften nur Theorien als wissenschaftlich brauchbare Theorien zulassen, die überhaupt überprüfbar sind. Bezogen auf das obige Beispiel: Wenn man von Anfang an die Farbe von Schwänen festgelegt hätte („Ein Schwan ist weiß", ähnlich wie „Ein Schimmel ist ein weißes Pferd"), so würde eine weitere empirische Überprüfung keinen Sinn ergeben. „Ein Schwan ist weiß" wäre dann ein rein logischer Satz; sollten wir wirklich Bekanntschaft mit einem schwarzen

Entenvogel des Ausmaßes und der Morphologie eines Schwans machen, so wäre es dann eben beispielsweise eine andere Gattung. Punkt aus, Überprüfung nicht mehr weiter nötig. Man muss also, bevor man sich überhaupt auf ein empirisches Forschungsprojekt einlässt, überprüfen, ob die aufgestellte Theorie wirklich eine genuin empirische ist. Das ist nur dann der Fall, wenn zentrale Aussagen der Theorie durch systematische Beobachtung und Messung gestützt oder widerlegt werden können. Hypothesen werden erst durch das Aufstellen von Basissätzen (sogenannte Es-gibt-Sätze) untersuchbar. Problematisch sind Phänomene, zu denen keine Basissätze erstellt werden können, also deren Variablen beispielsweise gar nicht messbar sind. In der Antike ging man beispielsweise davon aus: „Die Seele steigt in den Äther auf." Wie soll man das messen, wenn Seele und Äther per Definition unserer Beobachtung völlig entzogen sind?

Zweitens: Eine wissenschaftliche Theorie muss stets die generelle Falsifizierungsmöglichkeit vorsehen: Sie muss widerlegbar sein. Logische Tautologien (Aussagen, die aus logischen Gründen immer wahr sind) oder Unbestimmtheiten (ungenaue Definitionen, unklare Aussagen) erfüllen nicht die Anforderungen wissenschaftlicher Theorien. Wenn also behauptet wird, dass ein Himmelskörper ein Planet oder kein Planet ist, dann ist dieser Sachverhalt empirisch nicht überprüfbar, da die Aussage rein logisch als Tautologie bezeichnet werden muss. Der Satz ist in jenem Fall immer richtig, denn es gibt keinen möglichen Gegenbefund, der die Aussage tatsächlich falsifizieren könnte. Solche tautologischen Aussagen treffen wir immer wieder im Alltag an. Gerade eben habe ich eine

Rosinenpackung geöffnet, Herkunft: „EU oder Nicht-EU" – ich muss diese Aussage nicht prüfen, sie ist definitiv wahr: Das Produkt ist hergestellt, und das irgendwo. Aber weiter sagt sie uns, leider, nichts.

Allerdings ist die mögliche Widerlegbarkeit für empirische Wissenschaften zentral, für sich genommen aber nicht ausreichend. Ich kann mich auf den Marktplatz stellen und behaupten: „Der Mond besteht im Kern aus grünem Käse! Der Mond ist hart wie Granit! … Ostern geht die Welt unter!" Das sind widerlegbare Aussagen, aber ist meine Marktplatzrede deswegen wissenschaftlich? Habe ich da eine Theorie im wissenschaftlichen Sinne in die Welt getragen?

Die Aussagen einer wissenschaftlichen Theorie sind in besonderem Maße aufeinander bezogen. Eine Theorie ist ein System, in dem ich nichts einfach hinzufügen oder wegnehmen kann, ohne dass sich die Bedeutung des Ganzen verändert. In einer Mondtheorie können Käse und Granit eine Rolle spielen – der Weltuntergang an Ostern hat damit nichts zu tun.

Eine Theorie darf nicht in sich widersprüchlich sein. Diese Anforderung ist eng verwandt mit der Forderung nach Widerlegbarkeit: Was in sich nicht stimmig ist, stimmt immer irgendwie. Der Mond kann nicht gleichzeitig aus Granit und Käse sein. Wenn ich beispielsweise die Apollo-Astronauten sehe, wie sie Fußspuren auf der Mondoberfläche hinterlassen, kann ich das als Beleg für eine weiche, käseartige Struktur des Mondes werten. Dass die Apollo-Kapsel aber so schön fest landen und wieder starten konnte, ist doch ein Hinweis auf etwas sehr Granitartiges, etwas Hartes?

Ein aufeinander bezogenes, widerspruchsfreies System von Aussagen – das ist die Minimalanforderung an Wissenschaft. Es gibt weitere Erwartungen, zum Beispiel die Bedeutsamkeit – eigentlich kann es uns ja egal sein, ob der Mond aus Käse ist, unser Leben wäre kein anderes. Bedeutsamkeit ist aber subjektiv und oft nicht abzuschätzen: Es war nicht abzusehen, was an Fluch und Segen mit der Atomspaltung über die Menschheit kommen würde. Grundlagenforschung will nicht für eine unmittelbare Anwendung bedeutsam sein, sie will Dingen auf den Grund gehen ohne weitere Begründung. Auch das ist legitim und wichtig.

Einfach soll eine Theorie sein, ist manchmal zu hören. Nach dem mittelalterlichen Scholastiker Wilhelm von Ockham ist diese Anforderung als *Ockhams Rasiermesser* bekannt. Gibt es mehrere konkurrierende Erklärungen, dann soll man die einfachste bevorzugen. Dieses Argument ist im Kern ein Wahrscheinlichkeitsargument, ganz salopp ausgedrückt besagt es: Je weniger Annahmen eine Theorie macht, desto weniger kann daran falsch sein. Im Großen und Ganzen stimmt das schon, aber eben nicht immer. Es kommt ja auch auf die Umstände an, was einfach ist. Vor der Entdeckung der Lichtwellen und elektromagnetischen Teilchen war die einfachste Annahme, wie sich Licht durch den Raum bewegen kann: Der Raum, das ganze Weltall, ist mit Äther gefüllt. Falsch ist das im Rückblick trotzdem. Was einfach und komplex ist, entscheidet sich manchmal erst im Nachhinein, prinzipiell ist es auf jeden Fall eine gute Praxis, sich auf das Wesentliche in einer Theorie zu beschränken, auch um sie möglichst verständlich zu halten.

8.6 Gibt es Alternativen zur wissenschaftlichen Methode?

Wie eingangs erwähnt, beschränkt sich das Programm der empirischen Wissenschaften auf eine Annäherung an die Wahrheit und nicht das Erreichen derselben. Aber ist das genug? Die Frage ist vermutlich eher: Welche Alternativen gibt es? Gute Wissenschaft beschränkt sich auf Aussagen, die auf Basis der gegebenen Theorien ausdrückbar sind und sich auf konkrete Daten berufen. Als Mindestanforderung für die Datenqualität sollten die Daten replizierbar sein; bei gleichen Ausgangsbedingungen sollte sich also das gleiche Ergebnis zeigen. Zusätzlich wird gefordert, dass die Daten wiederholter Testung durch Heranziehung unterschiedlicher Stichproben, der Messung mit alternativen Messinstrumenten oder der Herstellung unterschiedlicher Testbedingungen oder Kontexte standhalten. Wichtig ist, dass die von der Wissenschaft aufgestellten Theorien einer ständigen Überprüfung ausgesetzt sind. Egal wie etabliert eine Theorie ist, es muss der kontinuierliche Versuch unternommen werden, von ihr abgeleitete Hypothesen zu Fall zu bringen. Dabei kommen neue Versuchsaufbauten, neue Messtechniken und stark unterschiedliche Messsubjekte und Messobjekte zum Einsatz.

Parallel existierende alternative Theorien erzeugen nicht nur bei Studierenden eines wissenschaftlichen Fachs zumindest am Anfang ihres Studiums Unbehagen, sie verunsichern auch oft den Menschen, der nach einfacher Orientierung in der Welt sucht. Hier wird ein eklatantes

Missverständnis des Wesens und der Möglichkeiten von Wissenschaft deutlich. Im Alltag suchen Menschen meist klare Antworten, und das mit Recht. Wenn ein notdürftiger Mensch am Ende eines Korridors den Weg zur nächsten Toilette sucht, will er keine alternativen Vorschläge (hier oder da, links oder rechts), sondern eindeutige Aussagen (links in 50 m Entfernung). Er will auch keine Wahrscheinlichkeitsaussagen hören (links könnte eine Toilette in einiger Entfernung sein, aber rechts unter Umständen auch), sondern determinierte Aussagen (es gibt hier genau eine Toilette: Du kannst sie benutzen, sie ist gerade sauber und frei!).

In einer typischen Alltagssituation schafft Mehrdeutigkeit meist Unbehagen und Verunsicherung, da klare Handlungsplanungen unmöglich sind. Nicht umsonst hat sich die Politik, die Warnhinweise für den Konsum von Zigaretten auf Zigarettenschachteln vorschreibt, von wissenschaftlichen Aussagen verabschiedet. Mittlerweile findet man keine Aussagen wie „Rauchen *kann* Krebs verursachen", sondern eher Sätze wie „Rauchen *verursacht* Krebs". Für die pragmatische Kommunikation und vermutlich auch Überzeugung sind eben wahrscheinlichkeitstheoretische Aussagen (kann verursachen, also nicht in jedem Fall, unter bestimmten Bedingungen oder bei gegebenen Vorerkrankungen) deutlich ungeeigneter als deterministische (verursacht, und zwar sicher). In der Wissenschaft selbst, unabhängig von solchen Kampagnen, ist die Wahrscheinlichkeitsaussage und vor allem auch die Effektstärke, also wie viel oder stark eine bestimmte Ursache etwas bewirkt, von entscheidender Bedeutung.

8.6 Gibt es Alternativen zur wissenschaftlichen ...

So kann man konkurrierende Erklärungsansätze besser gegeneinander abwägen und ihnen unter Umständen auch unterschiedliche Ebenen der Erklärung zuweisen. Wissenschaft versucht, auch komplexe Zusammenhänge einfach zu beschreiben, aber eben nicht so einfach, dass am Ende nur eine einzige Erklärung angeboten wird, die alternativen Betrachtungsweisen nicht standhalten kann. Wissenschaft mahnt zur differenzierten Betrachtung und Genauigkeit von Aussagen, beispielsweise sollte bei einer Wahrscheinlichkeitsaussage nicht von Sicherheiten gesprochen werden; zudem sollten immer die Rahmenbedingungen einer Studie miteinbezogen werden. Mit einem Wort: Streng wissenschaftliche Aussagen sind oft keine wirklich einfache Kost. Sie werden aber oft als solche verkauft!

Nehmen Sie das Beispiel des menschengemachten Klimawandels, das wir diskutiert haben. Es wird nicht schlagartig etwas Schlimmes passieren, wenn die globale Durchschnittstemperatur die Zwei-Grad-Marke überschreitet. Irgendwo um diese Marke herum besteht wahrscheinlich (aber nicht sicher) die Gefahr, dass Methanvorkommen aus der Tiefsee aufsteigen und ein Teufelskreis aus Erwärmung und Methanfreisetzung beginnt. Meeresströmungen könnten ihren Kurs ändern. Aber gewiss ist das nicht. Andererseits könnte schon bei 1,6 °C Erwärmung der Golfstrom versiegen, und Mitteleuropa könnte so in Sommer-Winter-Klimaextreme stürzen. Oder erst bei 3 °C, oder bei 4 °C. Anderes Szenario: Der Yellowstone-Vulkan in Wyoming bricht überraschend aus, und die menschliche Zivilisation, wie wir sie kennen, bricht im folgenden globalen, Jahrhunderte dauernden Winter zusammen – egal wie viel CO_2 wir vorher in die Luft geblasen haben. Die Aussage „In einem Korridor von 1,5 bis 2,5 °C Erwärmung über dem globalen Mittel erwarten wir (95 % Konfidenzintervall) signifikante Auswirkungen auf das maritime Methanhydratequilibrium mit der möglichen Folge einer exazerbierenden positiven Rückkoppelung von Methaneintrag in die Atmosphäre und einer weiteren Erwärmung" lässt sich aber schlecht diskutieren. Zugegeben, ein Zwei-Grad-Ziel ist ein grober Klotz. Jede Klimawissenschaftlerin und jeder Klimawissenschaftler wird Ihnen das bestätigen. Aber psychologisch ist es das einzig Sinnvolle: Wir brauchen klare, griffige Ziele, um die Regierungschefs möglichst vieler Länder ins Gespräch zu bringen.

Im Kampf um die Aufmerksamkeit von Fachwelt und Publikum lassen sich aber auch seriöse Wissenschaftlerinnen und Wissenschaftler dazu hinreißen, ihre Veröffentlichungen mit vielleicht zu griffigen Überschriften zu versehen. Ein Journalist liest das dann, greift den Befund auf – und macht die Überschrift noch etwas reißerischer. Und so geht es weiter: Reddit, Facebook, Buzzfeed und zurück auf die Internetseiten der Nachrichtenmagazine. Aus einem vielversprechenden Enzym, das in den Energiestoffwechsel von Lebertumorzellen in einer Petrischale eingreift, kann so das Wundermittel gegen Krebs werden; aus einer seltenen Impfnebenwirkung ein Beleg dafür, dass Impfen Autismus hervorruft. Und so weiter. Das sind dann in der Praxis Verfehlungen, Irrwege und gefährliche Sackgassen.

Zusätzlich gibt es auch in den Wissenschaften echte „schwarze Schafe". Wissenschaftliche Fachgesellschaften haben sich zum Schutz vor wissenschaftlichem

Fehlverhalten selbst strenge Regeln auferlegt. Forscherinnen und Forscher, die beispielsweise Forschungsgelder von der Deutschen Forschungsgemeinschaft (DFG) erhalten, werden dazu angehalten, alle Daten und Materialien mindestens 10 Jahre aufzubewahren. Im steten Wettbewerb mit anderen Forschungsabteilungen und bei der großen Mobilität von Forschenden, die oft die Abteilungen und Labore im Lauf ihrer Karriere wechseln, ist echter Betrug schwierig, da zu viele Kontrollmöglichkeiten bestehen. Aber manchmal lassen sich einige doch dazu hinreißen, wie der Fall Diederik Stapel zeigt. Mindestens ab 2004 – und über viele Jahre – hat der niederländische Psychologieprofessor Daten manipuliert und teilweise sogar dreist erfunden.

In jedem Bastelgeschäft bekommen Sie für einen guten Euro einen Aufkleberbogen mit goldfarbenen Etiketten mit dem Aufdruck „echte Handarbeit". Sie können diese Aufkleber auf Holzfiguren kleben, die Sie in langer Handarbeit selbst geschnitzt haben; oder auf industriell gefertigte Figuren, die Sie in Tausendergebinden im Großhandel kaufen. Ähnlich ist es mit der Wissenschaft. Das Etikett alleine sollte Ihnen nicht ausreichen. Schauen Sie genau hin und versuchen Sie zu verstehen, was genau getan wurde, was ausgesagt wird und wie die Schlussfolgerungen im Verhältnis zu anderen Ergebnissen stehen! Das ist aufwendig, aber im Informationszeitalter und mit Mitteln frei verfügbarer Quellen oft spannend und leerreich.

8.7 Von der Theorie zur Praxis

Sollten wir also die Wissenschaft über gesellschaftsrelevante Fragen entscheiden lassen? Da keine wissenschaftliche Theorie im engeren Sinne wahr ist und konkurrierende Theorien existieren, sind öffentlicher Diskurs und Politik gefragt. Ob zum Beispiel die Antriebstechnologie der Zukunft Verbrennungskraft, Elektromobilität, Hybridtechnologie oder Brennstoffzelle heißen wird, entscheidet nicht die Wissenschaft. Dazu muss zuerst definiert werden, was Zukunft bedeutet. Sind damit eher die nächsten Jahre, ein Zeitpunkt in zehn Jahren oder doch eher der Rest der Menschheitsgeschichte gemeint? Darüber hinaus muss klargemacht werden, welche Kriterien man an die Zukunftsfähigkeit anlegt. So kann und muss man durchaus berücksichtigen, welche regionalen Energieträger vorhanden sind, wie Infrastrukturen aussehen, welche Nebeneffekte entstehen und wie hoch das Budget jetzt und in Zukunft ist. Selbst wenn man alle Effizienzdaten und Nebeneffekte kennen würde, hätte man immer noch nicht die Wertehierarchie berücksichtigt, die von öffentlicher Seite gesetzt wird: Ist es primär wichtig, Mobilität zu gewährleisten, Ressourcen zu schonen oder nachhaltige Umweltpolitik zu betreiben? Wissenschaft kann dazu die Entscheidungsbasis liefern, letztendlich ist es aber die Rolle der Politik und der Öffentlichkeit gesellschaftlich wichtige Entscheidungen zu treffen und sie konsequent dann auch zu tragen.

Die Wissenschaft kann – mit empirischen Methoden und im Diskurs – versuchen, die Ökobilanz von

Verbrennungsmotoren zu ergründen. Sie kann die Neben- und Fernwirkungen von Kohleverfeuerung und von Atomkraft ausloten und die Veränderungen in den regionalen Biotopen, die dadurch entstehen. Sie kann Medikamenteneffekte messen, die Auswirkungen von Leistungsdruck erfassen, politische Szenarien diskutieren. Bessere Resultate als wissenschaftliche Ergebnisse, gespeist von Wissenschaftlerinnen und Wissenschaftlern, die möglichst frei forschen können, gibt es letztendlich nicht, da die aufgefundenen Effekte nachvollziehbar und transparent dargestellt, Alternativen entwickelt und einbezogen und Limitationen von Aussagen aufgezeigt werden. Was ist uns dann wichtiger: Arbeitsplätze oder Naherholungsgebiete? Wäre ein im Durchschnitt leichter Anstieg der Krebsrate bei einem neuen Medikament vertretbar, wenn die Lebensqualität vieler Menschen dadurch steigt? Ist ein achtstufiges Gymnasium besser oder ein neunstufiges? Soll die Bundeswehr im Ausland aktiv werden? Sie sehen, Argumente liefern kann die Wissenschaft, entscheiden kann und soll sie nicht. Solche Entscheidungen müssen den demokratisch gewählten Volksvertretern vorbehalten bleiben, am besten unter Rückgriff auf wissenschaftliche Studien.

Wurden manche der herangezogenen Studien von Interessengruppen (etwa einer bestimmten Industrie) bezahlt oder sogar beeinflusst? Mit Sicherheit! Sind auch schlechte Studien dabei? Ganz bestimmt! Hier kommen Medien und kritische Bürgerinnen und Bürger ins Spiel. Wenn Sie im Urlaub eine geschnitzte Holzstatue kaufen, dann verlassen Sie sich ja auch nicht auf den Handarbeitsaufkleber. Sie schauen ganz genau hin, vergleichen Ihre Statue mit anderen und kaufen erst dann. Mit Wissenschaft sollte es genauso sein. Hüten Sie sich aber auch davor, ins andere Extrem zu verfallen. Nur weil Sie gerade eine gefälschte Holzfigur in der Hand halten, sind nicht automatisch alle Händler unseriös.

Angesichts aller Euphorie und positiver Aspekte für wissenschaftliches Vorgehen und trotz der Beispiele für in der Praxis schlecht umgesetzte Wissenschaft: Wie können Sie gute und schlechte Forschung unterscheiden, wie können Sie wissenschaftliche Studien einsehen, wie finden Sie sie überhaupt? Tatsächlich ist das praktisch gesehen oft gar nicht so einfach. Wissenschaftlerinnen und Wissenschaftler verfügen über große Datenbanken mit allen relevanten wissenschaftlichen Quellen, darunter vor allem auch bereits teilgeprüfte Untersuchungen in Form sogenannter Peer-Review-Publikationen, die von Expertinnen und Experten des jeweiligen Fachgebiets gegengelesen und kritisiert worden sind. Eine immer größere Anzahl dieser Artikel wird im Rahmen von Open-Access-Bestrebungen öffentlich zugänglich gemacht; solche Artikel kann jedermann kostenlos lesen. Viele andere Artikel sind über Bibliotheken einsehbar, aber nicht jeder weiß, wo man sie finden kann. Dazu ist oft Expertise gefragt, wie in jedem fortgeschrittenen Bereich, denn die einfache Eingabe von Stichwörtern in einer Internetsuchmaschine führt einen oft auf Abwege, ungefiltert und nicht moderiert kann man seltene Schätze, aber auch jede Menge problematische Informationen auffinden – machen Sie einmal die Probe aufs Exempel: Finden Sie heraus, was man tun muss, wenn ein Kind Fieber hat; es ist ein Graus, wie viele Menschen vollkommen unseriös und die Folgen nicht abschätzend darüber diskutieren oder monologisieren! Auf dem Weg zum wirklichen Erkenntnisfortschritt vollführt man stets einen schwierigen Balanceakt zwischen gesichertem Wissen – unter Umständen in zu engen wissenschaftlichen Zirkeln verbreitet und mit zu einseitigen Paradigmen geprüft – und innovativen Ideen, die aber oftmals keine wirklich abgesicherten Ergebnisse beinhalten.

Ein Mangel entsteht dann, wenn sich Theorien gegen die Falsifizierbarkeit immunisieren, also nicht mehr falsifizierbar sind – für Popper waren das zum Beispiel die Psychoanalyse und der Marxismus. Immunisierung ist immer dann der Fall, wenn Kritik *an* einer Theorie mit Argumenten *aus der Theorie heraus* abgebügelt wird. Wenn einer Kritikerin oder einem Kritiker der Psychoanalyse beispielsweise Narzissmus vorgeworfen wird, dann ist kein Durchkommen mehr. In der heutigen Zeit sind solche dogmatischen Verschanzungen in Internetforen anzutreffen. Kritik an Russland? Ein Systemtroll! Kritik an den USA? Ein Putin-Troll!

Wenn referierte Daten nicht klar sind, Methoden nicht transparent dargestellt und vorhandene Erkenntnisse und Alternativerklärungen nicht berücksichtigt werden, dann ist eine Immunisierung umso leichter. Ebenso problematisch sind Befunde, die sich vor allem darauf berufen, von Autoritäten publiziert worden zu sein, Formulierungen, die bewusst verletzend und hetzerisch sind, Quellen, die nicht einsehbar sind, auf die aber insistierend verwiesen wird. Immer dann sollten Alarmglocken läuten, und man sollte nach Alternativen Ausschau halten. Befunde, die immer wieder in nachvollziehbarer Weise und in unterschiedlicher Art gezeigt werden können, sollte auf jeden

Fall Vorrang eingeräumt werden, vor allem dann, wenn sie aus unterschiedlichen Blickwinkeln, von unabhängigen Forschungsgruppen und ohne Interessenvertreter öffentlich zugänglich gemacht worden sind. Wenigstens in dieser Hinsicht kann man also durchaus ein paar grundsätzliche Qualitätsregeln ableiten, die uns vor grobem Unsinn bewahren helfen.

Apropos grober Unsinn: Meistens ergeht es uns wohl wie der abergläubischen Taube von Skinner. Wir erkennen Muster und sind uns nicht darüber bewusst, dass wir einer Täuschung erliegen. Sie erinnern sich: In diesem Fall assoziierte das Tier eigene Handlungsmuster mit Belohnungen, die allerdings unabhängig von ihren Bewegungen ausgegeben wurden. So lächerlich das von außen wirkt, so vertraut sollte uns der Mechanismus sein: Wie die Taube in der Skinnerbox, so sitzen wir alle mehr oder weniger in einer Art Box und interpretieren das, was wir von der Welt erfahren, anhand unserer Fähigkeit zur Mustererkennung, ohne zur Wirklichkeit vordringen zu können. Dass wir keine wahren, sicheren Erkenntnisse der Realität bilden können, sondern je nach Wissensstand, Bedürfnissen und Lebenswelt Modelle der Welt produzieren und Muster in ihr erkennen, ermöglicht uns aber auch effiziente und schnelle Handlungen und ist letztendlich dem Überleben dienlich. Täuschungen können verheerende Folgen haben, sind zugleich aber Folgen dieses Zusammenspiels und so paradoxerweise auf eine gewisse Weise sinnvoll (ausführlicher bei Carbon 2014). Wir können also zwar weder aus unserer Haut noch aus unserer Box und sind auf Mustererkennung angewiesen, aber wir müssen entscheiden, in welchen Fällen wir auf sie vertrauen und in

8.7 Von der Theorie zur Praxis

welchen ein zweiter, abgesicherter Blick uns vor folgenschweren Urteilen bewahrt. In diesem Kapitel haben wir Ihnen Methoden nähergebracht, die zwar auch nicht zu wahrer Erkenntnis führen, die aber zumindest die Wahrscheinlichkeit erhöhen können, dass Sie keiner Täuschung unterliegen.

Gestatten Sie es uns nun, Sie noch einmal für einen Moment in die Rolle der Taube zu versetzen und ein wenig zu verwirren. Betrachten Sie die sogenannten Shepard-Tische in Abb. 8.1.

Schätzen Sie ein, welche der beiden Tischplatten wohl breiter ist, oder sind sie deckungsgleich (stimmen die Formen überein)? Würden wir Ihnen nun diese Frage als Ein-Millionen-Euro-Frage stellen; wie würden Sie zu einer verlässlichen Antwort gelangen? Wenn Sie hier an systematische Vergleiche mittels verschiedener Messinstrumente

Abb. 8.1. Shepard-Tische: Welche der beiden Tischplatten ist breiter, oder sind sie deckungsgleich?

gedacht haben, liegen Sie richtig, denn in diesem Fall und bei dieser Fragestellung scheint die wissenschaftliche Herangehensweise am zielführendsten. Oder hätten Sie gedacht, dass die beiden Platten exakt die gleiche Form haben? Dieser Effekt kommt durch eine räumliche Interpretation der Szene zustande, denn aus Erfahrung wissen Sie, dass Formen, die weit nach hinten ragen wie der rechte Tisch, eigentlich länger sind, als sie wirken. Deshalb gehen Sie davon aus, dass die Form länglicher ist als die linke. Falls Sie es nicht glauben, basteln Sie sich eine Schablone und legen Sie sie auf beide Tische. So nutzen Sie ein Messinstrument, um Ihre – im Alltag sinnvolle, aber in diesem Kontext irreführende – Mustererkennung zu umgehen (wenngleich Sie aber feststellen werden, dass Sie auch nach der wissenschaftlichen Prüfung noch immer von Ihrer Wahrnehmung in die Irre geführt werden).

Obwohl wir also nie die Wahrheit erkennen, können wir uns ihr annähern, durch Methoden der kritischen Prüfung und Verwendung unterschiedlicher Methoden! Hätte die Taube also konkrete Vorhersagen über die Zusammenhänge zwischen ihren Handlungen und der Ausgabe von Belohnungen systematisch geprüft, hätte sie ihre Theorie sicher zu Fall gebracht. Wir haben in diesem Kapitel erläutert, inwiefern solch ein Herangehen (Vor-)Wissen hervorbringt und Täuschungen minimiert. Zudem haben wir Ihnen nähergebracht, wie Wissenschaft selbst versucht, eigene Fehlschlüsse zu minimieren, beispielsweise anhand von Qualitätskriterien, die Theorien und Experimente erfüllen sollten, und speziellen Verfahren zur Kontrolle dieser Kriterien. Neben der Vorsicht und kritischen Distanz zu spontan gefällten Urteilen gilt es natürlich, sich zu entscheiden, in welchen Situationen wir unseren spontanen Heuristiken trauen oder aber zu kritischem Prüfen übergehen.

> **Zusammenfassung**
>
> - Wissenschaft kann keine Wahrheiten verkaufen, nähert sich eher langfristig der Wahrheit an.
> - Wissenschaft versucht nicht, etwas immerwährend zu bestätigen wie ein Glaubenssatz, sondern alternative Erklärungen zu entwickeln und aufzuzeigen.
> - Wissenschaftliche Theorien haben die Eigenschaft, empirisch überprüfbar zu sein.
> - Wissenschaftliche Theorien immunisieren sich nicht gegen Falsifikation.
> - Wissenschaftliche Theorienentwicklung wird primär durch Falsifikation vorangetrieben.
> - Die Schlussfolgerungen darüber, welche Auswirkungen und welche Relevanz wissenschaftliche Befunde für die Gesellschaft haben, werden von der Politik und der Gesellschaft gezogen.
> - Wissenschaft vertritt keine Dogmen, sondern nur vorläufig bewährte Theorien.
> - Die Vielfalt von parallelen Theorien schafft eine komplexe Abbildung der Umwelt, die nicht in einer einzigen, gesetzten und unveränderbaren Wahrheit mündet.

9

Ein rutschiger Abhang: die Abgründe des Verschwörungsglaubens

Auf der Suche nach Erkenntnis können wir auf einen rutschigen Abhang geraten.

Die Suche nach der Wahrheit ist also, wie in den vorigen Kapiteln dargestellt, eine beschwerliche. Wir können uns auf den Weg machen, aber am Ziel – bei der endgültigen Wahrheit – können wir niemals ankommen. Es gibt keine absolute Gewissheit.

Manche Verschwörungstheorien versprechen mehr. Sie geben vor, die Wahrheit zu sein, die absolute Wahrheit. Wer diesen Pfad beschreitet, der begibt sich auf einen rutschigen Abhang, auf eine *slippery slope*. Wer da nicht aufpasst, der schlittert womöglich in eine Grube und versinkt dort in Vorurteilen, Hetze und Gewaltfantasien. Von dieser Gefahr handelt dieses Kapitel.

9.1 Der lange Atem des Judenhasses

„[Z]wischen allem aber als ewiger Spaltpilz der Menschheit – Juden und wieder Juden": Dieses Zitat aus Hitlers *Mein Kampf* vereint mehrere Aspekte des Hasses und der Menschenverachtung, die im deutschsprachigen Raum seit Jahrhunderten kultiviert wurden (siehe Wippermann 2007) und die in der systematischen Verfolgung und Vernichtung von Juden im Dritten Reich gipfelten.

Ein „Spaltpilz", der „zwischen allem" wächst, tut das sehr lange unbemerkt. Er zersetzt die Substanz, durchdringt sie und pulverisiert sie. Wenn man etwas davon sieht, ist es schon zu spät. Die Gleichsetzung „der Juden" mit einem Pilz suggeriert, die Mitglieder dieser Religion würden (gleichsam wie Sporen) überall eindringen und die Substanz (hier: die Menschheit – aus der Sicht Hitlers ist damit vor allem das „deutsche Volk" gemeint) zerstören. Eine Verschwörung „der Juden" soll also im Gange sein.

Die Gleichsetzung mit einem Pilz ist ein Akt der Dehumanisierung: Die Gegner – „die Juden" –, das seien keine Menschen, und mit einer niederen Lebensform, einem Pilz, mit dem muss man kein Mitleid haben. Vielmehr suggeriert der Pilzvergleich, dass nur eine vollständige Ausrottung vernünftig sei.[1]

Das Wörtchen „ewig" hat hier eine wichtige Funktion: Es gibt der Aussage einen mythischen Beigeschmack. Es ist nicht nur ein Kampf, es ist ein „ewiger" Kampf, so wie auch der Kampf der Menschen gegen die Naturgewalten ein ewiger Kampf ist.

Dieser eine Satz schon macht uns klar, warum der Begriff Verschwörungstheorie einen negativen Beigeschmack hat. Der eben skizzierte Dreiklang aus Verschwörungsvorwurf, Dehumanisierung und mythischer Überhöhung war das Programm eines Vernichtungsfeldzuges mit deutlich über 6 Mio. jüdischen Opfern.

Die lange kultivierte Tradition des Antisemitismus, genauer gesagt, des Antijudaismus, die der Historiker Wolfgang Wippermann diagnostiziert, fand einen ersten neuzeitlichen Höhepunkt im 16. Jahrhundert. Gerüchte über und Hassbotschaften gegen Juden gab es schon seit dem frühen Mittelalter. Sie äußerten sich in Aussagen wie „Die Juden haben unseren Herrgott ans Kreuz geschlagen". Pogrome gegen Juden, zum Beispiel während der

---

[1]Hier dient der Pilzvergleich der Dehumanisierung. Die antijüdische Verschwörungstheorie des Dritten Reiches arbeitet an anderen Stellen mit dem entgegengesetzten Mechanismus: Abstrakte politische und wirtschaftliche Verhältnisse werden im „Juden" personalisiert. Unzufriedenheit und Wut werden so kanalisiert und auf Menschen gelenkt, die an den Verhältnissen gar keine Schuld tragen.

Pest, waren die Konsequenz. Diese waren aber nicht zentral gesteuert und auch nicht auf Grundlage einer systematischen Ideologie. Mit der Erfindung des Buchdrucks war es dann aber möglich, Propaganda in Masse herzustellen. Die Hassbotschaften wurden verschriftlicht. Damit wuchs ein Kanon an Vorwürfen und Stereotypen, der sich im ganzen deutschsprachigen Raum verbreiten konnte. Martin Luthers Schrift *Von den Juden und ihren Lügen* aus dem Jahr 1543 ist eine der bekanntesten gegen die Juden gerichteten Schriften aus dieser Zeit. Die Vorwürfe Luthers (und einigen seiner Zeitgenossen) ähneln stark den heutigen Hass-Stereotypen über Muslime: arbeitsscheue Ungläubige, die in ihren Gotteshäusern Gewalt predigen, das Christentum verspotten, vor Mord nicht zurückschrecken und die Weltherrschaft an sich reißen wollen.

Wenn wir jetzt, und wohl nicht zu Unrecht, mit dem Finger auf Luther zeigen, zeigen – zu Recht – drei Finger auf uns zurück. Im Alltag arbeiten wir ständig mit Stereotypen. Einem Investmentbanker unterstellen wir vielleicht bestimmte Werthaltungen und Charaktereigenschaften, ohne das im Einzelfall zu überprüfen. Untersucht wurden solche Fehlschlüsse beispielsweise von Kahneman, Slovic und Tversky (1982).

Unsere ersten Gedanken und Assoziationen, wenn wir den Begriff Investmentbanker hören: oftmals Vorurteile und Stereotype. Dabei überstrahlt dann eine besonders hervorstechende, unterstellte Eigenschaft alle anderen Eigenschaften (beim Investmentbanker ist das wahrscheinlich die Gier). Dieser *Haloeffekt* – im Deutschen auch Heiligenschein- oder Teufelshörnereffekt – wurde in den 20er

Jahren vom Psychologen Edward Lee Thorndike erstmals in der wissenschaftlichen Literatur beschrieben. Es müssen dabei keineswegs nur negative Zuschreibungen sein. Ein Schauspieler? Feinsinnig, emotional und exzentrisch. Eine Ordensschwester? Pflichtbewusst, verlässlich, nach innen gekehrt.

9.2 Auf dem Weg in den Abgrund?

Das Slippery-Slope-Argument gegen Verschwörungstheorien besagt: Jeder Schritt, der Verschwörungstheorien ernst nimmt, ist ein Schritt in Richtung dieses Abgrunds. Wehret den Anfängen! Der Politikwissenschaftler Nebojša Blanuša wirbt dennoch für einen differenzierten Blick. Theorien wie den Antijudaismus nennt er zynisch – menschenverachtende Gebilde, die von einer Ideologie bewusst aufgebaut und verbreitet werden. Solche Gedankensysteme haben den Sinn, ein gemeinsames Feindbild zu schaffen. Sie erzeugen so ein Gefühl der Einheit in Abgrenzung gegenüber den Anderen, den Bösen. Im Dritten Reich wurden als solche hauptsächlich Juden, aber auch Homosexuelle, Menschen mit Behinderung, Sinti und Roma, Zeugen Jehovas und andere gesellschaftliche, ethnische und religiöse Gruppen diffamiert. Sie wurden als anders gebrandmarkt, ihnen wurde „Volksschädigung" unterstellt, und sie wurden entmenschlicht und umgebracht. Die Verfolgung der Juden geschah dabei explizit unter dem Vorwurf einer sogenannten „jüdischen Weltverschwörung" gegen das deutsche Volk.

Im Stalinismus waren es Trotzkisten, vermeintliche Oppositionelle und vermeintliche Großbauern. Wer im Einzelfall ein solcher „Abweichler" war, bestimmten aber die Gefolgsleute Stalins. Damit konnte es jeden treffen. Ideologien konstruieren Gegnerinnen und Gegner, die angeblich im Verborgenen agieren und entdeckt und ausgelöscht werden müssen.

Neben der Einheit stiftenden Funktion des gemeinsamen Feindbildes bieten diese Verschwörungstheorien eine Erklärung dafür, warum die eigene Ideologie nicht perfekt ist. Wenn das Dritte Reich die perfekte Gesellschaft war, warum gab es dann noch Knappheit und Ungerechtigkeit? Natürlich kann nur ein bösartiger und heimlich operierender Feind dahinterstecken – an der Ideologie selbst darf es nicht liegen. Das Erschaffen von Einheit und einer Erklärung für Missstände: Dafür benötigen totalitäre Systeme den verborgenen Feind.

Die *Protokolle der Weisen von Zion* sind ein besonders verstörendes Dokument der ideologischen Dämonisierung von Menschen jüdischen Glaubens. Diese sogenannten *Protokolle* schildern angebliches Geheimwissen, das Vorwort der deutschen Ausgabe von 1924 unterstellt, sie wären erstmals vorgetragen worden beim ersten Treffen des Zionistischen Weltkongresses um Theodor Herzl Ende 1897 in Basel. Dort soll ein Fahrplan zur Weltherrschaft entwickelt worden sein und so nährten die Protokolle die antisemitische Verschwörungstheorie, einflussreiche Juden würden mit perfiden Methoden Regierungen infiltrieren und übernehmen. Anfang des Jahrhunderts zirkulierten sie im Zarenreich. In Deutschland wurden sie in den

1920er-Jahren von Theodor Fritsch herausgegeben, in Amerika vom Automobilpionier Henry Ford.

Dass die Schriften spätestens seit den 1930er-Jahren als Fälschung erkannt wurden (zusammenfassend bei Hagemeister 2001), hat ihrem zweifelhaften Ruhm keinen Abbruch getan. Im Nationalsozialismus wurden sie als Begründung herangezogen, warum Menschen jüdischen Glaubens bekämpft werden müssten. Bis heute kursieren sie im Internet, werden von Antisemitinnen und Antisemiten rund um die Welt benutzt und auch als Druckfassung verlegt.

Als Hetzschrift sind die Protokolle in mehrfacher Hinsicht besonders. Die mutmaßliche Verschwörung des Zionistischen Weltkongresses im eigentlichen Text wird – je nach Land der Ausgabe und Herausgeber – im Vorwort mit weiteren Verschwörungselementen angefüttert. So seien laut englischem Vorwort alle Exemplare ursprünglich vernichtet worden, und der Besitz sei unter Alexander Kerenski, Freimaurer und Chef der Übergangsregierung vor der Oktoberrevolution, mit dem Tode bestraft worden. Eine Abschrift ist dann aber über Victor Marsden ins British Museum gelangt. Dort habe er sie dann ins Englische übersetzt, wobei er nur eine Stunde am Tag daran arbeiten konnte, denn der diabolische Geist des Dokuments hätte ihn krankgemacht. Im deutschen Vorwort wird die angebliche Entdeckung des Textes während einer Hausdurchsuchung in Russland geschildert sowie die anschließenden verschlungenen Wege zur Rettung der Abschrift.

Der Nationalsozialismus hat Ideen aus den Protokollen in seiner Staatsordnung implementiert, laut Wippermann beispielsweise aggressive Propaganda und eine Politik der Vollbeschäftigung. Es handelt sich um einen funktionierenden Leitfaden des Totalitarismus, Menschen jüdischen Glaubens untergeschoben, um dann gute 30 Jahre später von Vertretern der NS-Ideologie umgesetzt zu werden. Wippermann (2007) beruft sich dabei unter anderem auf die Philosophin Hannah Arendt, die 1951 in *Elemente und Ursprünge totaler Herrschaft* schreibt: „Die Nazis begannen mit ihrer ideologischen Fiktion einer Weltverschwörung und organisierten sich mehr oder weniger bewußt nach dem Modell der fiktiven Geheimgesellschaft der Weisen von Zion."

Das gezielte Aufgreifen antijüdischer Stereotype in ideologischen Verschwörungstheorien gibt es schon länger. Johannes Rogalla von Bieberstein (1976) hat in seiner Dissertation Schuldzuweisungen an Philosophen, Freimaurern, Juden, Jesuiten, Liberalen und Sozialisten im Zuge der Französischen Revolution als Verschwörungsglauben mit wahnhaften Zügen herausgearbeitet (knapp 30 Jahre später entspann sich allerdings um Rogalla von Biebersteins neues Buch *Jüdischer Bolschewismus* eine Antisemitismusdebatte). Bemerkenswerterweise stellt der Autor in den Anmerkungen seiner Dissertation selbst eine Verschwörungstheorie auf (deren Wahrheitsgehalt wir nicht nachprüfen können): Da in der Doktorarbeit als Hauptschuldige für die beschriebenen wahnhaften Verschwörungsideen konservativ-kirchliche Kreise ausgemacht werden, hätten katholische Professoren versucht, seine Promotion zu verhindern.

In den Jahren nach Rogalla von Biebersteins Dissertation war der Zusammenhang zwischen Verschwörungsglauben und antisemitischen Aussagen immer wieder Teil der Forschung (zum Beispiel 1987 aufgegriffen von Dieter Groh). Die zeitliche Kontinuität des Antisemitismus – der schon im Mittelalter als Rechtfertigung für die Verfolgung jüdischer Menschen genutzt wurde und mit Gegenbewegungen zur Aufklärung noch mehr systematische Züge bekam –, die Häufigkeit entsprechender Theorien sowie das angerichtete Unheil sind mit Sicherheit Hauptgründe für den schlechten Ruf von Verschwörungstheorien: Wenn die bekanntesten Vertreterinnen und Vertreter der Gattung Verschwörungstheorie so viel Schaden angerichtet haben, dann sind natürlich alle Vertreterinnen und Vertreter einer Gattung suspekt. Und bis heute sind solche Ideen anzutreffen: „Jüdische Bankiersfamilien", die Rothschilds ... Der deutsche Verschwörungsautor Jan Udo Holey[2] hat in seinem Buch *Geheimgesellschaften 2* 1995 die Vermutung in den Raum gestellt, der ehemalige deutsche Bundeskanzler Helmut Kohl heiße in Wirklichkeit Enoch Kohn, seine Vorfahren seien galizische Juden. Diese Behauptung wird im Netz bis heute kolportiert.

---

[2]Jan Udo Holey alias Jan van Helsing ist einer der einflussreichsten deutschsprachigen Autoren zum Thema Verschwörung. Seine Bücher *Geheimgesellschaften und ihre Macht im 20. Jahrhundert* von 1994 und *Geheimgesellschaften 2 (das Interview)* von 1995 haben in manchen Kreisen Kultstatus und verkauften sich seriösen Schätzungen zufolge mindestens 100.000 Mal. 1996 wurden beide Bücher wegen Volksverhetzung beschlagnahmt, und der Handel damit wurde verboten. Laut der Webseite des Amadeus-Verlags, dessen Geschäftsführer Holey ist, ist „[n]ach 10 Jahren [...] das Beschlagnahmeverfahren im Frühjahr 2006 wegen Verjährung eingestellt und die beschlagnahmten Bücher [sind] an den Verlag zurückgegeben" worden. Holey wurde als rechtsextrem in Verfassungsschutzberichten erwähnt. Seine Schriften vereinen klassische esoterische Inhalte (Ufos, heidnische Bräuche, Magie), Verschwörungsannahmen über Illuminaten, Juden und Freimaurer sowie spirituelle New-Age-Ideen.

Aktuelle empirische Forschung bestätigt einen Zusammenhang zwischen Verschwörungsglauben und antisemitischem Gedankengut. Die polnische Forscherin Grzesiak-Feldman (2009) etwa hat in einer Studie von Menschen wissen wollen, ob sie glauben, dass der Flugzeugabsturz bei Smolensk am 10. April 2010 anders als offiziell verlautbart doch kein Unfall war. Damals kamen der Staatspräsident Lech Kaczyński, seine Frau und viele hochrangige Regierungsvertreter ums Leben. Sie fragte auch nach Stereotypen, beispielsweise ob „Juden die Welt beherrschen wollen". Tatsächlich gab es eine statistisch abgesicherte Wechselwirkung zwischen beiden Fragen. Die sogenannte Korrelation lag bei rund 0,2. Damit ist nicht gesagt, ob Menschen mit antisemitischen Vorurteilen eher an eine Verschwörungstheorie glauben, ob Verschwörungsgläubige anfälliger für Antisemitismus sind oder ob es eine dritte Variable gibt, die die anderen beiden beeinflusst. Der Zusammenhang ist auch nicht besonders stark: Er gibt an, dass 4 % der Schwankung der einen Variable durch die andere Variable erklärt werden können. Es bleiben also 96 %, die so nicht erklärt werden.

Aber wegdiskutieren kann man diesen Befund auch nicht. Antisemitismus im Speziellen und Minderheitenhass im Allgemeinen stehen in Verbindung mit dem Glauben an Verschwörungstheorien. Das ist genau der rutschige Abhang, den viele Menschen – unter ihnen auch viele Wissenschaftlerinnen und Wissenschaftler – fürchten, wenn sie sich mit dem Phänomen der Verschwörungstheorien beschäftigen. In der Tat besteht diese Gefahr. Wir haben in einer Studie (Raab et al. 2013) einer Gruppe von Versuchspersonen Kärtchen mit Informationsfragmenten

9.2 Auf dem Weg in den Abgrund?

über 9/11 gegeben. Darauf waren viele offizielle Fakten – zum Beispiel aus dem Abschlussbericht der Untersuchungskommission – und ebenso viele gemäßigte verschwörungstheoretische Aussagen. Letztere zielten darauf ab, dass die Bush-Regierung etwas von den Anschlägen geahnt hatte, aber nichts dagegen unternommen hatte, um spätere Kriege zu rechtfertigen. Eine andere Gruppe erhielt die gleichen Kärtchen, aber zusätzlich noch einen kleinen Stapel mit krassen Verschwörungsaussagen. Etwa, dass kontrollierte Sprengungen die einzig mögliche Erklärung für den Einsturz der Türme seien und dass die Bush-Regierung direkt für den Angriff verantwortlich sei. Der Auftrag: die 9/11-Geschichte, die man selbst für am plausibelsten hält, anhand der Kärtchen zusammenzulegen.

Die zweite Gruppe (der sowohl offizielle als auch schwach und stark verschwörungstheoretische Aussagen zur Verfügung standen) machte reichlich Gebrauch von den krassen Aussagen, verwendete dafür aber deutlich weniger der offiziellen Informationen. Natürlich haben wir danach jede Teilnehmerin und jeden Teilnehmer gefragt: Wie plausibel ist die Geschichte, die Sie soeben gelegt haben? Da gab es keinen Gruppenunterschied; alle fanden ihre Geschichte plausibel. Wenn wir uns eine Meinung zu einem Ereignis bilden und eine Erklärung dafür konstruieren, wie es zu diesem Ereignis gekommen ist, dann ziehen wir offensichtlich die gesamte verfügbare Information dazu heran. Je mehr extreme und stark verschwörerische Aussagen in diesem Informationspool sind, desto mehr kann unsere selbst erarbeitete Erklärung dann ins Extreme driften. Und wir sind uns dessen nicht einmal bewusst. Ein Hinweis darauf, dass extreme öffentliche Aussagen auch dann einen Einfluss auf unsere Meinungsbildung haben können, wenn wir sie nicht in ihrer extremen Variante akzeptieren.

9.3 Verschwörung und Marginalisierung

Natürlich sind nicht alle Verschwörungstheorien antisemitisch. Blanuša verweist auf die philosophische Strömung der *Kyniker*. Vor über 2000 Jahren predigten diese Besitzlosigkeit, forderten die Herrschenden mit Satire und Spott heraus und sahen in Unabhängigkeit und innerer Freiheit den Weg zum Glück. Die Welt wird regiert von einer Elite, das Geld wird kontrolliert von einer Handvoll Familien, unsere Landwirtschaft ist abhängig von zwei, drei Konzernen? Hinter diesen Verschwörungstheorien sammeln sich die Marginalisierten der Gesellschaft. Ein wahrgenommener oder tatsächlicher Kontrollverlust lässt die Menschen zusammenfinden und nach der Ursache ihres Elends suchen.

Wie aber umgehen mit diesen *kynischen Theorien*? Ist der Abhang hier ebenfalls so rutschig wie bei den zynischen Hassbotschaften? Das Problem ist ja die Unzufriedenheit der Menschen, und die geht nicht weg, wenn wir die Verschwörungstheorie bekämpfen; denn sie ist nur das Symptom. Insofern ist sie ein Warnsignal. Der Philosoph Slavoj Žižek (2014) sieht hier ein Massenphänomen und glaubt, wir leben in einer Vorereigniszeit – das *Ereignis* wird dann das Ende des kapitalistischen Zeitalters markieren und alle Maßstäbe der Bewertung verändern.

9.3 Verschwörung und Marginalisierung

Diese Art von Verschwörungstheorien wird nicht von einer Ideologie vorgegeben. Menschen nehmen sie aus freien Stücken an. Sie recherchieren Fakten, ergänzen die Theorie um eigene Ansichten und tragen sie in den Freundes- und Bekanntenkreis und in die Öffentlichkeit. Der erste Typus der *zynischen Theorien* hingegen wird mit einer klaren Agenda in die Welt gesetzt und verbreitet. Was heutzutage aber in Internetforen auftaucht, in Blogs diskutiert wird und immer wieder den Sprung in die Massenmedien schafft, ist nicht so einfach zu fassen. Da soll zum Beispiel die Bundesrepublik Deutschland gar kein Staat sein, sondern nur eine GmbH ohne hoheitliche Rechte. Herrschen würden in Wirklichkeit die Siegermächte des Zweiten Weltkriegs. Anhängerinnen und Anhänger dieser Vorstellung sind als *Reichsbürger* bekannt. Sie verweigern die Zahlung der Rundfunkgebühr, erkennen deutsche Gesetze nicht an und lassen sich eigene Führerschein- und Ausweisdokumente drucken. Bundesweit bekannt wurde diese Strömung, nachdem sich ein Reichsbürger im Oktober 2016 in seinem Haus verschanzt hatte. Er besaß eine Sammlung mit über 30 Feuerwaffen und hat einen Beamten erschossen, als ihn ein Sondereinsatzkommando festnehmen wollte.

Zusammenfassung

- Hetze gegen Minderheiten, insbesondere gegen Juden, in Form von Verschwörungstheorien ist seit dem Mittelalter dokumentiert.
- Mit Erfindung des Buchdruckes wurden diese hetzerischen Theorien systematisiert und fanden immer weitere Verbreitung.

- Ein besonders markantes Dokument sind die *Protokolle der Weisen von Zion,* eine – zuerst im zaristischen Russland, dann auch in Europa und den USA – weit verbreitete Schrift, die den Juden eine Verschwörung zur Erlangung der Weltherrschaft unterstellt.
- Es existieren empirische Studien, die einen Zusammenhang zwischen dem Glauben an Verschwörungstheorien und an antisemitische Stereotype zeigen.
- Der Zusammenhang ist aber schwach und somit nur ein Baustein beim Verstehen des Phänomens Verschwörungstheorie.

10

Wie tickt ein Verschwörungstheoretiker?

"Ticken" Verschwörungstheoretiker tatsächlich anders oder folgen wir alle Mechanismen, die uns Verschwörungstheorien bilden lassen können?

Angesichts der in ihren Resultaten schrecklichsten Verschwörungstheorie – dem Vorwurf, jüdische Menschen hätten sich weltweit im Geheimen verabredet, um die Herrschaft über die gesamte Menschheit zu erringen – stehen wir fassungslos da. Was sind das für Menschen, die sich solche Theorien ausdenken und verbreiten; und die sie vor allem glauben? Wir wünschen uns eine Erklärung. Diese Erklärung soll nicht zuletzt eines bringen: Abgrenzung. Wir wollen nicht zu „denen" gehören, und deshalb suchen wir nach Indizien dafür, dass Verschwörungstheoretikerinnen und -theoretiker anders sind. Anders als wir.

Diese Hoffnung ist verständlich, aber sie erfüllt sich nicht. Alexander Solschenizyn hat in seinem Roman *Archipel Gulag* geschrieben: „Aber der Strich, der das Gute vom Bösen trennt, durchkreuzt das Herz eines jeden Menschen. Und wer mag von seinem Herzen ein Stück vernichten?" Der amerikanische Sozialpsychologe Stanley Milgram hat 1961 erstmals ein Experiment durchgeführt, dessen Versuchsanordnung als *Milgram-Experiment* weltberühmt wurde. Eine Versuchsperson wurde eingeladen, eine weitere Person war eingeweiht, wurde dem Probanden aber als zweite Versuchsperson vorgestellt. In einer fingierten Auslosung wurde die echte Versuchsperson in einen Raum mit einer Apparatur geschickt. Im Nebenraum saß angeblich die zweite Person, an Stromkabel angeschlossen. Aufgabe des echten Probanden war nun, der Person im Nebenraum Wörter vorzulesen, die auswendig gelernt werden sollten. Fehler sollten dann mit (fingierten) Stromschlägen bestraft werden, und zwar mit immer stärkerer Intensität, bis hin zu einer tödlichen Spannung. Der Proband war angehalten, mit einem Taster die Bestrafung direkt auszulösen. Die Schreie aus dem Nebenraum kamen vom Band. Jenseits von 300 V war aber Stille. Die Versuchsperson musste also davon ausgehen, bei diesem Lernexperiment einen unbekannten und unschuldigen Menschen gequält und getötet zu haben. Der einzige Zwang war ein wiederholtes monotones „Machen Sie weiter" des Studienleiters. In der Urfassung des Experiments gingen 26 von 40 Versuchspersonen bis zur tödlichen Spannung von 400 V.

Das Experiment sollte ursprünglich zeigen, dass Deutsche anders seien als andere Menschen, besonders böse Menschen nämlich. Nach den ersten Ergebnissen der Testung in den USA war aber klar, dass sich ein Vergleich mit Deutschen erübrigen würde. Wiederholungen des Versuchs in anderen Ländern haben diese Vermutung bestätigt: In verschiedenen Kulturen, in ganz unterschiedlichen Ländern, geht über die Hälfte der Teilnehmerinnen und Teilnehmer bis zur tödlichen Spannung. Manche Psychologinnen und Psychologen sehen im Verhalten einen Ausdruck von Obrigkeitshörigkeit. Andere vermuten, dass die Teilnehmerinnen und Teilnehmer ein großes Vertrauen in die Wissenschaft hatten und deshalb auf die Versuchsleitung vertraut haben. Am tödlichen Resultat, wenn tatsächlich ein Mensch an den Stromkabeln angeschlossen gewesen wäre, hätte dies nichts geändert. Das ebenfalls weltberühmte *Stanford-Prison-Experiment* von Philip Zimbardo aus dem Jahr 1971 war genauso ernüchternd. Teilt man psychisch gesunde Menschen willkürlich in Wärter und Gefangene ein, gibt also einem Teil Macht über andere, dann besteht die Gefahr einer Eskalation von Demütigung und Gewalt.

Diese Experimente haben unter kontrollierten Bedingungen gezeigt, was im echten Leben immer wieder relevant wird. Das Reserve-Polizeibataillon 101, gebildet 1939 in Hamburg, das waren „ganz normale Männer", schreibt der Historiker Christopher Browning in seinem gleichnamigen Buch. Ganz normale Männer haben mindestens 38.000 Juden umgebracht und die Deportation von mehreren zehntausend weiteren Menschen unterstützt. In der Gefängnissituation von Abu Ghraib während der amerikanischen Besatzung des Iraks haben ganz normale Soldaten Iraker misshandelt, gefoltert, gedemütigt und getötet.

Wir müssen uns also damit abfinden, dass viele Menschen – wahrscheinlich mehr als die Hälfte – schon unter relativ sanftem Druck wie im Milgram-Experiment zum Folterknecht, zu Mörderin und Mörder werden. Das ändert nichts an der Schwere der Schuld, die etwa jedes einzelne Mitglied des Polizeibataillons 101 auf sich geladen hat. Es waren aber Menschen wie Sie und wir.

Mit Verschwörungstheorien ist es genauso. Der Sender CBS News hat 1993 in einer Umfrage ermittelt, dass 75 % glauben, Lee Harvey Oswald habe als Todesschütze des amerikanischen Präsidenten John F. Kennedy nicht alleine gehandelt. Der Soziologe Ted Goertzel kam 1994 in New Jersey auf 69 % Zustimmung zu dieser Verschwörungsthese. In Deutschland stimmten bei Sebastian Bartoschek im Jahr 2015 gut 52 % dieser These zu. Laut Oliver und Wood (2014) glaubt mindestens die Hälfte aller Amerikanerinnen und Amerikaner an eine Verschwörungstheorie.

10.1 Die anderen

Klar ist also, dass der Glaube an Verschwörungstheorien ein Massenphänomen ist. Weit weniger klar ist, ob diese Verschwörungsgläubigen irgendwie anders sind. In einer Studie haben Douglas et al. (2016) Verschwörungsglauben über die Zustimmung zu Fragen erhoben wie „Der Anschlag auf die Twin Towers war kein Terrorakt, sondern ein Plan der Regierung". Sie haben zudem erfragt, wie leicht die Person zielgerichtete und absichtsvolle Handlungen bei unbelebten Objekten vermutet (denken Sie an die Verfolgungsjagd von Dreieck und Kreis im Kapitel *Die Kraft der Erzählung*). Tatsächlich haben die Leute umso stärker an Verschwörungstheorien geglaubt, je eher sie den unbelebten Objekten Absichten und Ziele unterstellten. Der Effekt war signifikant, also höchstwahrscheinlich nicht zufällig zustande gekommen. Aber er war sehr schwach. Erfragt wurden zudem nämlich noch Alter, Religiosität, wie stark man in politischen Fragen konservativ denkt, der Bildungsgrad, Haushaltseinkommen, gesellschaftlicher Status und die Stärke des Glaubens an paranormale Phänomene. Mit all diesem Wissen zusammen, von der Absichtserkennung in unbelebten Objekten bis hin zum Glauben an Ufos und Telepathie, konnten die Autoren 22 % der individuellen Ausprägung des Glaubens an Verschwörungstheorien erklären.

„Erklären" ist hier ein statistischer Begriff. Wenn Sie all diese Informationen über einen Menschen haben, können Sie im Schnitt – bei einem mehr, bei der anderen weniger – 22 % der Stärke des Verschwörungsglaubens einer Person vorhersagen. Erklären heißt in der Statistik explizit nicht: wissen, warum das so ist, ob es einen direkten ursächlichen Zusammenhang gibt und in welche Richtung diese Wirkung geht. Es handelt sich hier, wie bei den meisten psychologischen Studien zu diesem Thema, um eine sogenannte Korrelationsstudie. Sie kann uns nur sagen, ob der Wert einer Variablen mit dem Wert einer anderen irgendwie zusammenhängt, ob der eine kausal aus dem anderen folgt, ist damit nicht zwingend gesagt. Das höhere Aufkommen von Störchen in kinderreichen Gebieten lässt nicht auf einen kausalen Zusammenhang zwischen beiden Aspekten schließen; vielmehr könnten beide auf die ländliche Gegend zurückzuführen sein.

Bezogen auf das Beispiel dieser Studie bedeutet das: Es kann sein, dass Menschen im Schnitt mehr an Verschwörungstheorien glauben, wenn sie mehr als andere Menschen hinter der Bewegung von Kreisen und Quadraten absichtsvolle Bewegungsmuster wie etwa eine Verfolgungsjagd erkennen. Es kann aber auch bedeuten, dass Menschen nach jahrelanger Auseinandersetzung mit Verschwörungstheorien sensibler im Erkennen von Absicht werden und das auch auf Quadrate und Kreise übertragen. Oder es gibt einen dritten Faktor – irgendetwas in der Psyche beeinflusst Verschwörungsglauben und Absichtserkennung –, dieser wurde aber hier nicht gemessen.

Ähnlich unbefriedigend ist die Suche nach anderen Persönlichkeitseigenschaften typischer Verschwörungstheoretikerinnen und -theoretiker verlaufen. In einigen Studien werden die verschwörungsgläubigeren Menschen als etwas ängstlicher als der Durchschnitt eingestuft; in anderen Studien nicht. In einigen Studien (wie bei Swami und Furnham, 2012) sind Verschwörungstheoretikerinnen und

-theoretiker stärker obrigkeitshörig; bei Leman und Cinnirella (2013) sind sie es nicht. Eine konservative politische Einstellung war in mehreren Studien ein schwacher sogenannter „Prädiktor", ein Faktor, mit dessen Hilfe man die Stärke einer anderen Eigenschaft vorhersagen kann. Eine über einen Fragebogen erfasste, also gemessene, Stärke der konservativen politischen Einstellung ermöglichte es (wie in der eben beschriebenen Studie von Douglas et al.), einen kleinen Anteil der Stärke des Verschwörungsglaubens einer Person abzuleiten. Bereits Goertzel (1994) hat bemerkt, dass in Amerika unter konservativen Menschen Verschwörungstheorien über voreingenommene linksliberale Medien verbreitet sind. Bei Uscinski, Klofstad und Atkinson (2016) war Verschwörungsglauben über die politische Einstellung gleich verteilt und der Effekt somit in beiden politischen Lagern (bei Demokraten und Republikanern) klar vorhanden. Je stärker sich jemand einem der politischen Lager zugerechnet hat, desto größer die Wahrscheinlichkeit, dass er oder sie eine Verschwörungstheorie über den politischen Gegner hegte.

Dabei müssen Sie bedenken, dass diese Studien in Amerika durchgeführt wurden. Die politische Einstellung wird dort auf einer eindimensionalen Skala mit den Extremen *Republikaner* und *Demokrat* erfasst. Das ist schon für amerikanische Verhältnisse eine grobe Annäherung. Auf das politische Koordinatensystem in Deutschland ist der angloamerikanische Begriff des Konservativen nicht ohne Weiteres übertragbar.

Die einzige wirklich griffige soziologisch-psychologische Variable, die in mehreren Studien einen starken Zusammenhang mit dem Glauben an Verschwörungstheorien zeigt, ist ein Gefühl der *Entfremdung*. Solche Menschen würden die Aussage „Den meisten Menschen kann man vertrauen" (aus dem Fragebogen von John Ray aus dem Jahr 1982) stark ablehnen. Die Aussage im Fragebogen „Menschen wie ich haben wenig Einfluss auf politische Entscheidungen" würde dagegen auf „starke Zustimmung" stoßen. Entfremdung ist ein Gefühl der Machtlosigkeit und Isolation und kann sich auf persönliche Beziehungen ebenso beziehen wie auf die eigene Rolle in Staat und Gemeinschaft. Verwandt damit, und dementsprechend in Beziehung zu Verschwörungstheorien, ist ein Misstrauen gegenüber Staat und Medien.

Diese Zusammenhänge sind zum Teil in der Definition der Konzepte begründet. Es überrascht Sie wahrscheinlich nicht, dass der Glaube daran, dass die eigene Regierung heimlich und massiv gegen ihre Wählerinnen und Wähler arbeitet (eine Verschwörungstheorie) mit der Fragebogenaussage zusammenhängt, dass „die meisten Amtsträger nicht an den Problemen der normalen Menschen interessiert sind" (ebenfalls aus dem Entfremdungsfragebogen von Ray 1982). Auch hier können wir keine Aussagen über Ursache-Wirkungs-Zusammenhänge machen: Sind Menschen, die sich entfremdet von der Gesellschaft fühlen, anfälliger für Verschwörungstheorien? Oder vermittelt einem die Auseinandersetzung mit Verschwörungstheorien ein Gefühl der Entfremdung und des Ausgegrenztseins?

Kenneth Gergen hat sich 2006 mit den Auswirkungen der Postmoderne auf das Individuum befasst. Die Entfremdung hat er als die große Gefahr unserer Zeit für die Einzelne und den Einzelnen gesehen. Wir sind unter Druck, uns als Individuum definieren zu müssen, und wie bereits in Abschn. 2.1 besprochen haben *große Erzählungen* nicht mehr die Kraft, uns dabei klare Vorgaben zu machen. Wir müssen selbst bestimmen, wer wir sind und was wir wollen, laufen dabei immer Gefahr, zu vereinsamen und Entfremdung von der Welt zu verspüren. Etwas positiver hat es der Literaturwissenschaftler Timothy Melley (2000) in seinem Buch über Verschwörungstheorien in der amerikanischen Literatur nach 1945 gesehen. Individualität ist positiv, aber etwas Paranoia ist notwendig, um diese Individualität aufrechtzuerhalten und zu verteidigen.

Wenn Sie sich eine empirisch belegte und psychologisch begründete Aussage über Menschen wünschen, die an Verschwörungstheorien glauben, dann können wir Ihnen diese eine anbieten: Es sind ganz normale Menschen, mit einer Tendenz zu dem Gefühl, von der gesellschaftlichen oder politischen Teilhabe ausgeschlossen zu sein. Das gilt im Allgemeinen, muss aber nicht für jede und jeden zutreffen, der ein Faible für Verschwörungstheorien hat.

Möglicherweise hat die medizinisch orientierte Psychiatrie mehr zu bieten als die Psychologie. Paranoia! Dieses Etikett aus der Psychiatrie wird schnell ausgeteilt für Verschwörungstheoretikerinnen und -theoretiker. Gemeint sind Wahnvorstellungen, also Wahrnehmungen und Überzeugungen, die mit der objektiven Realität (bzw. vorsichtiger: der Realität, auf die sich eine Gemeinschaft einigt) – erinnern Sie sich an die Problematik des Realitäts- oder Wahrheitsbegriffs – nichts zu tun haben. Ein Wahn ist, nach der Definition von Karl Jaspers aus dem Jahr 1913, eine subjektive und unkorrigierbare Gewissheit – deren Inhalt unmöglich ist. Diese letzte Bedingung ist bei vielen Verschwörungstheorien schlicht nicht gegeben. Wir erkennen die Überzeugung, der wiedergeborene Messias zu sein, als Wahnidee an. Ein unbescholtener deutscher Normalbürger, der sich persönlich die Schuld am Verschwinden des Malaysia-Airlines-Flug 370 gibt, bildet sich das mit Sicherheit nur ein. Manche Menschen leben in der festen Überzeugung, sie seien schon tot und nur noch eine wandelnde Leiche. Das ist Wahn.

Können wir einem Menschen, der sich von Geheimdiensten verfolgt fühlt (und der diesen Gedanken in einer Verschwörungstheorie umfassend darlegt) mit einer Wahndiagnose versehen? An dieser Stelle des Buches stimmen Sie uns vielleicht zu, dass der Gedanke an eine Überwachung durch Nachrichtendienste erst einmal im Bereich des Möglichen ist. Überwacht werden wir alle von Algorithmen, die die Datenströme an den Internetknotenpunkten filtern. Es ist nicht unmöglich, durch einen Zufall, eine Nebensächlichkeit oder einen Fehler von einem Algorithmus auf eine Liste besonders verdächtiger Personen zu kommen. So ging es dem Schriftsteller Ernest Hemingway, der sich vom FBI beobachtet fühlte und einem Vertrauten zufolge sogar deswegen Selbstmord beging. Sein Umfeld attestierte Hemingway Verfolgungswahn. Nach seinem Tod kam heraus, dass er tatsächlich wegen des Verdachts kommunistischer Umtriebe beobachtet wurde. Und selbst ein Mensch, der die ganze Welt nur für eine Computersimulation hält, wäre nicht verrückter als der Philosoph Nick Bostrom und der Silicon-Valley-Milliardär Elon Musk.

Die Zuschreibung einer Paranoia bringt uns bei Verschwörungstheorien nicht weiter. Viele Verschwörungstheorien sind nicht prinzipiell unmöglich, sondern nur unterschiedlich wahrscheinlich. Der Paranoiastempel schafft hier kein vertieftes Verständnis. Mit Sicherheit bringt er Theoretiker und Skeptiker nicht miteinander ins Gespräch. In die wissenschaftliche Debatte kam der Begriff auch mit einer ganz anderen Intention: Der amerikanische Historiker Richard Hofstadter hat im Essay *The paranoid style in American politics* im Jahr 1964 jenen paranoiden Stil beschrieben; eine Art zu fühlen und zu denken, die damals aus der Sicht Hofstadters vor allem im politisch rechten Lager zu finden war. Damit meinte er Menschen, die sich enteignet fühlen, die Schuld bei den anderen (Katholiken, Kommunisten, Freimaurer, Juden) suchen und mit großer Pedanterie ihr Weltbild aus Gut und Böse (ohne Zwischentöne) pflegen. Obwohl sie hier falsch liegen, sind das keine „Spinner" im Sinn eines psychiatrischen Wahns, keine Paranoiker, sondern eher Querulanten und Querulantinnen, wie Sie sie im Internetforum Ihrer Lokalzeitung finden – ganz normale Menschen. Wie Hofstadter richtig erkannt hat, leiden sie doppelt: an den tatsächlichen Schlechtigkeiten der Welt und zusätzlich an den herbeifantasierten.

Ihnen werden trotzdem gelegentlich wirklich wahnhafte Menschen begegnen, solche mit Vorstellungen von krankmachenden Strahlen aus den Geheimwaffen der Geheimdienste oder Ideen von geheimen und weltweit operierenden Satanskulten mit Menschenopfern und Blutmagie. Das mögen dann auch die Leute sein, die in Internetforen und Blogs am lautesten „Verschwörung" schreien. Diese Menschen sind ein kleiner Teil des Phänomens, aber sie sind nicht typisch für dieses.

Es gibt also nicht die Verschwörungstheoretikerin, den Verschwörungstheoretiker schlechthin. Die Menschen in Sumer und Babylon hatten eine Verschwörungstheorie, um die Entstehung der Welt und die Ordnung ihrer Gesellschaft zu erklären. Im antiken Rom gab es diese Theorien ebenfalls. Einige davon sind belegte historische Tatsachen. Im Mittelalter wurde der Vorwurf der „jüdischen Weltverschwörung" immer lauter; mit der Erfindung des Buchdrucks wurde diese Theorie systematischer. Sie gipfelte im Holocaust, dem Mord an über 6 Mio. Juden, dessen ideologische Grundlage sie war. Andere totalitäre Systeme wie der Stalinismus bedienten sich in ihrer Propaganda auch des Vorwurfs koordinierter heimlicher Umtriebe von Systemgegnern. Im 20. Jahrhundert begann aber auch das Zeitalter von Verschwörungstheorien im Dienst des gesellschaftlichen Fortschritts. Dystopien wie die *Schöne neue Welt* und *1984* warnen uns vor totalitären System, die im Verborgenen alles und jeden unter Kontrolle haben. Nach dem Zweiten Weltkrieg kamen Pandemieangst, die Idee der Verschmelzung von Mensch und Maschine sowie die Vorstellung einer vollständig computersimulierten Realität hinzu (s. auch die beschriebenen Dystopien im Kap. 3). Der Philosoph Ulrich Horstmann bricht in *Abschreckungskunst* (2012) eine Lanze für derartige apokalyptische Visionen. Seiner Meinung nach hat der *Dritte Weltkrieg* bisher nicht stattgefunden, weil uns der Schrecken der nuklearen Apokalypse in Büchern und Filmen vor Augen geführt wird. Aus dieser Warte haben manche Verschwörungstheorien eine wichtige gesellschaftliche Funktion. Ihre Präsenz hilft zu verhindern, dass aus der fiktiven Dystopie Wirklichkeit wird. Andere wiederum stürzen Menschen in einen zerstörerischen Abhang aus Hass und Angst. Wenn schon Verschwörungstheorien selbst so viele Seiten haben, dann sollten wir nicht versuchen, die Menschen, die an sie glauben, über einen Kamm zu scheren. Wichtiger ist es, die Theorien auf Ihren Gehalt zu überprüfen.

10.2 Wir sehen (meistens), was wir sehen wollen

„Unser Kopf ist rund, damit das Denken die Richtung wechseln kann", sagte Francis Picabia. Menschen sind aber Quadratschädel. Haben wir uns einmal auf eine Idee festgelegt, sind wir einmal zu einer bestimmten Interpretation eines Ereignisses gelangt, dann sind wir sehr schwer wieder davon abzubringen − so wie Sie auch Probleme haben dürften, in Abb. 5.1 *nicht* die Kuh zu sehen, nachdem Sie sie einmal entdeckt haben. Andererseits übersehen wir diejenigen Dinge, die gleich bleiben und reagieren nur auf Veränderungen und Abweichungen von unseren Vorhersagen. Bliebe alles gleich, würden wir gar nichts wahrnehmen. Diese Abweichungen jedoch werden soweit irgend möglich in ein bekanntes Schema integriert. Es braucht schon eine ordentliche Portion Zweifel, um die Existenz des Weihnachtsmannes über Bord zu werfen − wir halten uns so lange wie möglich an diejenigen Bestandteile des Erlebten, die zu diesem Modell passen. Denn neue Information interpretieren wir im Rückgriff auf unser Vorwissen. Diese *selektive Informationssammlung* ist zwar fehleranfällig, aber im Alltag nützlich: Wir sind eben bei intuitiven Wahrnehmungs- und Denkvorgängen keine Wissenschaftlerinnen und Wissenschaftler, die ihre Theorien immer wieder infrage stellen müssen und nach Falsifizierung streben. Wir müssen nicht wissen, warum eine Überzeugung falsch sein könnte, sondern vielmehr, warum sie wahrscheinlich die richtige, korrekte Überzeugung ist. Nur dann können wir sie auch gegen Kritik verteidigen. Das schützt unseren Selbstwert. Das sichert auch unsere Handlungsfähigkeit. Wir wären sonst geborene Zauderer und würden schon in der Früh im Badezimmer an der Wahl der Zahnpasta scheitern.

Natürlich lernen wir trotzdem dazu und verändern unser Modell der Welt. Doch geschieht das nie im Vakuum, sondern eben immer aufbauend auf dem aktuellen Zustand unseres kognitiven Systems – und dieses System ist wiederum ein Resultat aus der Geschichte der Veränderungen des Systems (Geschichte meint hier die Veränderung seit unserer Geburt, aber auch die evolutionäre Prägung). Sie können also andersherum auch niemals jemandem Wissen „einpflanzen". Wie er oder sie dieses Wissen integriert, ist immer abhängig von seinem aktuellen Wissen und der Prägung seiner Modelle der Welt.

Der Bamberger Psychologe Dietrich Dörner hat mit seiner 1983 veröffentlichten *Lohhausen-Studie* hier Pionierarbeit geleistet. Seine Forschung war ein erster Schritt in die Richtung einer Matrix – er hat die komplexen Wirkbeziehungen einer deutschen Kleinstadt im Computer abgebildet. Das war noch sehr, sehr weit entfernt von tatsächlich intelligenten künstlichen Lebensformen. Mit gerade einmal 700 Zeilen Computercode hat er aber rund

2000 Variablen wie Lebenszufriedenheit, Arbeitslosigkeit und Infrastruktur miteinander in Beziehung gesetzt. Seine menschlichen Versuchspersonen sollten als Bürgermeisterinnen und Bürgermeister die Geschicke dieser Kleinstadt lenken und hatten dabei freie Hand. Ihre Anweisungen wurden von den Versuchsleiterinnen und -leitern auf die Variablen des Systems abgebildet. Die Veränderungen wurden in Lochkarten gestanzt. Über Nacht hat der Großrechner der Universität Gießen dann die Veränderungen im fiktiven Lohhausen berechnet. Der neue Zustand wurde dann den Versuchspersonen in der nächsten Sitzung mitgeteilt.

Die meisten Teilnehmerinnen und Teilnehmer hatten keine glückliche Hand und ruinierten die Kleinstadt. Sie kamen nicht damit zurecht, dass ein Eingriff an einer Stelle im System an vielen anderen Stellen Konsequenzen hat. Eine schwer vorhersagbare Dynamik entstand, die Leute gerieten unter Zeitdruck und Stress. Wer etwa Kindergartenplätze schafft, der braucht Geld, das an anderer Stelle fehlt. Anstatt diese Zusammenhänge zur Kenntnis zu nehmen, entwickelten manche der Bürgermeisterinnen und Bürgermeister Verschwörungstheorien: „Die Arbeitslosigkeit nimmt zu? Da steckt doch ... dahinter." Hypothesen über mögliche Zusammenhänge wurden zwar aufgestellt, aber nicht getestet. Die Teilnehmerinnen und Teilnehmer nahmen nur noch zur Kenntnis, was in ihre Pläne passte, und ignorierten eventuelle Widersprüche.

Man kann also sagen: Wenn die Dinge schlecht laufen, dann beginnen Menschen, sich ihre eigene Realität zu bauen. In der Psychologie wird diese Tendenz *naiver Realismus* genannt. Der Begriff wurde 1990 von Lee Ross für die Psychologie geprägt, geht aber auf Ideen aus der Zeit vor dem Zweiten Weltkrieg zurück; etwa auf Kurt Lewin, einen der einflussreichsten Psychologen überhaupt. Menschen konstruieren sich ihre Welt im Hinblick auf ihr Vorwissen, ihre Wünsche, ihre Ziele. Diese sehr subjektive Sicht erscheint uns aber als die objektiv richtige Wahrheit: Ich habe Recht, alle anderen sehen die Dinge falsch.

Das kann man beklagenswert und problematisch finden. Bedenken Sie aber, dass wir dank dieser Illusion im Alltag handlungsfähig sind und es auch unter Stress bleiben. Wenn die Zeit drängt, dann kann eine Handlung unter falschen Annahmen besser sein als gar keine Handlung. Diese kognitive Bereitschaft, die eigene Ansicht als die einzig richtige einzuschätzen, birgt aber die Gefahr, dass man sich verrennt. Es ist sehr, sehr unwahrscheinlich, dass in einer komplexen Situation die eigene Meinung die einzig richtige ist.

Internetsuchmaschinen wie Google und *soziale Netzwerke* wie Facebook und Instagram sind nicht gebaut, um uns zu besseren Problemlösern zu machen. Im Gegenteil: Sie verstärken diese kognitive Tendenz auch noch. In der Absicht, uns als Ziel für personalisierte Werbung besser zu durchschauen, sammeln sie Daten über unsere Vorlieben, unsere Suchanfragen, unseren Standort. Durch unverfängliche Aktionen wie der Gefällt-mir-Klick (das *Liken*) auf einen Beitrag auf Facebook entblättern wir uns, bis wir nackt dastehen – ohne das zu wissen. Wir haben in unserer Dystopiezusammenstellung bereits Kosinski, Stillwell und Graepel erwähnt, die die Facebook-Likes von 58.000 Freiwilligen analysiert haben. Mit 88-prozentiger Gewissheit konnten sie aus den Likes alleine korrekt sagen, ob ein

10.2 Wir sehen (meistens), was wir sehen wollen

Individuum homo- oder heterosexuell ist. Ob ein Mensch einen afroamerikanischen Hintergrund hat, war sogar mit 95-prozentiger Sicherheit entscheidbar. 95 % Trefferquote bei einem Merkmal – nehmen wir einmal an, es geht um einen Extremsport wie Base-Jumping. Facebook weiß also aus Ihren Gefällt-mir-Klicks, dass Sie in Ihrer Freizeit gerne (und illegal) von Brücken und Hochhäusern springen, also werden Sie mit personalisierter Werbung über Fallschirme und Outdoorkleidung versorgt. Falls diese Daten in die Hände von Versicherungsunternehmen geraten, dann werden Sie wahrscheinlich nie wieder in Ihrem Leben eine private Krankenversicherung, eine Unfall- oder Lebensversicherung abschließen können. Und Sie geraten vielleicht auch auf die Liste einer Strafverfolgungsbehörde. Falls Sie hingegen ein „Gefällt mir" bei der japanischen Merchandisingfigur Hello Kitty setzen, dann sind Sie den Ergebnissen von Kosinski nach offen für neue Erfahrungen und nicht sehr gewissenhaft. Sie sind emotional labil, sind politisch eher links, haben afroamerikanische Wurzeln, ein christliches Bekenntnis und sind etwas jünger als der Durchschnitt der Facebook-Nutzerinnen und -Nutzer. Ende 2016 begann eine Diskussion, ob die Firma Cambridge Analytica mit ähnlichen Analysen und entsprechend zielgerichtetem Marketing maßgeblich zum Erfolg der Brexitkampagne und zum Wahlsieg von Donald Trump beigetragen hat.

Das Hello-Kitty-Beispiel zeigt Ihnen, dass die statistischen Analysen dieser *Big-Data-Verfahren* vollkommen theoriefrei sind. Auch das Individuum zählt hier nichts. Menschen werden kategorisiert danach, ob sie mit einer halbwegs großen Wahrscheinlichkeit ein bestimmtes

Merkmal aufweisen. Die Abermillionen von Datensätzen werden durchsucht nach Mustern, nach irgendwelchen Regelmäßigkeiten. Wie in den psychologischen Studien über die Persönlichkeit von Verschwörungstheoretikerinnen und -theoretikern geht es um Korrelationen: Sobald ein Merkmal, ein bestimmtes Verhalten, eine kleine Menge an Facebook-Likes, etwa die halbwegs gute Vorhersage ermöglicht, dass Sie zum Beispiel homosexuell sein könnten, dann ist das interessant für Firmen, für Versicherungen und im ungünstigen Fall für die Regierung – wenn Sie in einem Land leben, in dem Homosexualität strafbar ist oder werden könnte. Ihr eigenes Schicksal ist dabei irrelevant. Für die Firmen lohnt es sich bereits, wenn die Vorhersage im Durchschnitt passt.

10.3 Leben in der Blase

Vor Firmen wie Facebook und Google sind wir also entblößt. Das kann, wenn genügend Daten vorhanden sind, zu der unheimlichen Tatsache führen, dass die Algorithmen des Konzerns besser als wir selbst vorhersagen können, wie wir in einer konkreten Situation handeln werden – ob wir beispielsweise einen neuen Film gut finden werden oder wo wir bei der nächsten Wahl unser Kreuz machen. Über die Gefahren, die für eine demokratische Gesellschaft daraus entstehen können, haben wir schon in früheren Kapiteln dieses Buches etwas geschrieben.

Bezogen auf das Thema Verschwörungstheorie sind diese Big-Data-Algorithmen noch auf eine andere Art relevant. Der Aktivist und Publizist Eli Pariser hat 2011 den Begriff *Filterblase* geprägt. Die Suchmaschinen- und Social-Network-Betreiber nutzen ihre Datenanalysen nicht nur, um uns passende Werbung zu präsentieren. Die gleichen Algorithmen beeinflussen, welche Treffer in unseren Suchlisten ganz oben auftauchen und wessen Nachrichten im persönlichen Newsfeed ganz oben stehen. Wir finden auf Internetportalen so vor allem die Dinge, die unsere Ansichten bestätigen. Das streichelt unsere Seele; das sorgt deshalb dafür, dass wir dieses oder jenes Portal häufiger aufsuchen; und das steigert somit die Attraktivität des Portals als Werbeplattform und damit die Einnahmen der Portalbetreiberinnen und -betreiber. Diese steigende Einseitigkeit der beachteten Aussagen und Ereignisse kann aber zu massiven Scheuklappen und Radikalisierung führen. BR Data untersuchte im Jahr 2016 anhand der Likes von Menschen, die der Facebook-Seite von Pegida Nürnberg folgen, welches Informationsnetzwerk sie nutzen, und stellte fest, dass hier etablierte Medien kaum vertreten sind. Und fast 80 % der Personen liken Seiten der AfD, der Identitären Bewegung und der NPD. Der Bayrische Rundfunk folgerte aus den Ergebnissen, dass „politische Kommunikation nicht mehr auf klassische Nachrichtenmedien als Vermittler angewiesen ist – die direkte Ansprache ist der neue Weg" (Ringler et al. 2016). Potenzielle Korrektive der eigenen Ansichten – Meldungen und Ideen, die dem Weltbild widersprechen – haben es in solch eng gestrickten Netzwerken schwer. Das ist eine beunruhigende Facette der Filterblase, neben der erneuten datenschutzrechtlich gesehen bedenklichen Erkenntnis, wie groß unser Wissen über das Weltbild von Personen sein kann, auch wenn wir lediglich Daten über Likes zur Verfügung haben.

Menschen haben also die Tendenz, vorwiegend die Information wahrzunehmen, die ohnehin zu ihrer Weltsicht passt. Facebook, Google & Co. verwenden Algorithmen, die uns vor allem die Information präsentieren, die uns genehm ist. Unser Blick auf die Welt ist nun doppelt verzerrt. Werden wir jetzt noch in Diskussionsforen bestärkt von Menschen, die unsere Sichtweise teilen, sind wir in einer sogenannten *Echokammer* angekommen. Was wir an Meinung herausschreien, kommt verstärkt wieder zurück.

In einer kleinen Untersuchung haben wir in einer Internetsuchmaschine den Begriff Wahrheit eingegeben. Erwartungsgemäß kamen als beste Treffer einige Blogs, die sich mit Verschwörungstheorien beschäftigen. Wir haben dann von diesen Blogs die *Links* (Verweise) auf andere Seiten (und von diesen auf weitere Seiten) ausgewertet und mit einem Computerprogramm grafisch aufbereitet. Jede Seite im resultierenden Diagramm ist ein Kreis; je größer der Kreis, desto mehr Verweise führen auf diese Seite. Je näher Kreise beieinander sind, desto mehr verlinken sie sich untereinander. Sie sehen hier schön die so entstehenden Informationsinseln (Abb. 10.1). Im oberen Teil sind antifeministische Seiten, die behaupten, dass viele Missstände in der Gesellschaft auf gezielte Bestrebungen des Feminismus zurückzuführen sind. In der unteren Hälfte sind Links zu Impfgegnerseiten. In der Mitte tummeln sich klassische Verschwörungsseiten, etwa zu 9/11. In der unteren rechten Hälfte sehen Sie neurechte Blogs, zum Beispiel

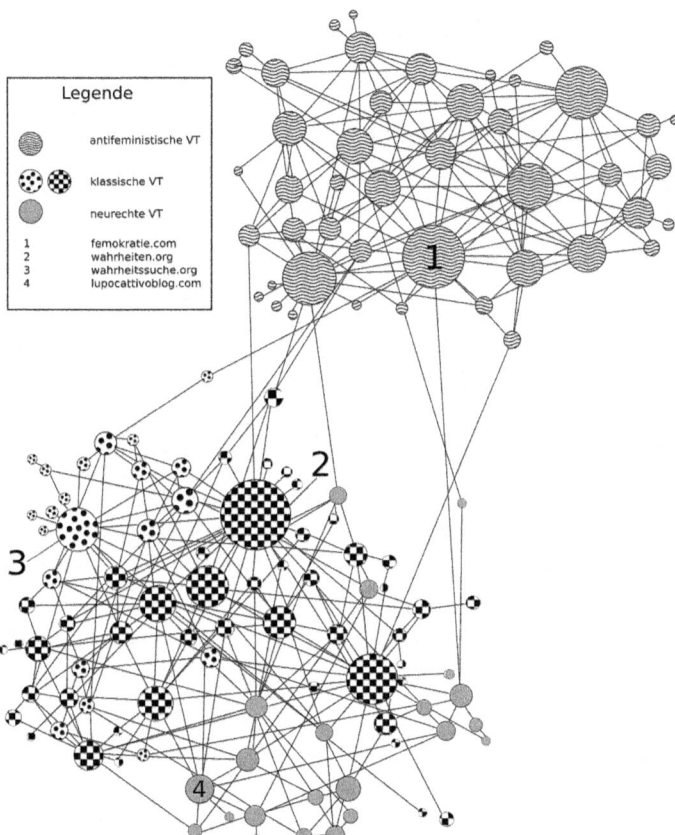

Abb. 10.1 Aus der Linkstruktur von Verschwörungsseiten ergeben sich Informationsinseln im World Wide Web – die sogenannten Echokammern. (Analyse erstellt von Jakob R. und Min B.)

von Reichsbürgern und zur sogenannten Neuen Germanischen Medizin. Die Verlinkung der Seiten untereinander bestätigt also die Annahme von Echokammern, in denen die eigene Meinung verstärkt wird.

10.4 Form versus Inhalt

Kynische Verschwörungstheorien sind all jene Theorien, die nicht von einer Ideologie zu Propagandazwecken in die Welt gesetzt werden. Vielmehr entstehen sie über die Zeit und in der Zusammenarbeit vieler Menschen. Sie entstehen zu einem guten Teil aus dem Gefühl, von der Teilhabe und von politischen Prozessen ausgeschlossen zu sein. Ganz normale Menschen kommen zu der Überzeugung, dass hinter wichtigen Ereignissen oder merkwürdigen Geschehnissen der geheime Plan einflussreicher Menschen steht. Dass es diese Verschwörungen wirklich gibt, ist dabei nicht völlig ausgeschlossen – je nach Inhalt der Theorie ist es aber mehr oder weniger wahrscheinlich. Wahrnehmungs- und Denkvorgänge im Individuum können aber ebenso wie die Filtermechanismen von Internetsuchmaschinen und sozialen Medien dazu beitragen, dass aus einer kynischen Erklärung von Missständen eine radikale Welterklärung wird, die kein Potenzial für gesellschaftlichen Fortschritt mehr beinhaltet. Eine so gegen Kritik immunisierte Verschwörungstheorie birgt manchmal – wie bei den sogenannten Reichsbürgern und den Impfgegnerinnen und -gegnern – die Gefahr, dass Menschen Schaden nehmen.

Wenn eine Erklärung gesellschaftlicher Ereignisse und Vorgänge eine Verschwörungstheorie ist, dann hilft uns diese Eigenschaft alleine noch nicht weiter, um ihren Gehalt und Wert einzuschätzen. Die Theorie kann wahr sein oder falsch; in manchen Fällen können wir dieses Urteil gar nicht treffen. Es gibt zudem gefährliche und hetzerische, aber auch aufklärerische und demokratieförderliche Theorien. Wenn Menschen ausgegrenzt werden oder in Gefahr geraten, wäre Ignoranz der falsche Weg. Wenn Pauschalurteile über Verschwörungstheorien also nicht vernünftig sind, dann muss eine Beurteilung fallweise erfolgen. Im folgenden Kapitel zeigen wir auf, welche Zutaten es für eine Verschwörungstheorie braucht. Im übernächsten folgt dann, wie Sie mit diesen Theorien umgehen können.

Zusammenfassung

- Der Wunsch nach Abgrenzung von Verschwörungstheoretikerinnen und -theoretikern scheitert, weil in empirischen Untersuchungen regelmäßig mehr als die Hälfte der Menschen angibt, mindestens eine solche Theorie zu glauben. Es gibt keine scharfe Trennlinie.
- Menschen neigen dazu, Information so zu interpretieren, dass sie ins eigene Weltbild passt.
- Firmen wie Google und Facebook analysieren unsere Persönlichkeit, indem sie auswerten, was uns gefällt und was nicht, und versorgen uns so vorwiegend mit Information, die unser Weltbild bestätigt.
- Menschen geraten auf folgende Weise in die sprichwörtlichen Filterblasen und Echokammern: Unsere Tendenz, die eigene Meinung als die richtige anzusehen, wird verstärkt von vermeintlich objektiven Computeranwendungen.

11

Der Verschwörungsbaukasten

Eine Verschwörungstheorie besteht aus psychologisch wirksamen narrativen Bausteinen. Wenn wir uns die Einzelteile vor Augen führen, verstehen wir besser, warum Menschen immer wieder auch eher wackeligen Konstruktionen Glauben schenken.

11 Der Verschwörungsbaukasten

Der Physiker Richard Feynman (1918–1988) war – auf seine Art – ein Verschwörungstheoretiker: Als Quantenphysiker hat er die Welt der kleinsten Elementarteilchen erforscht. Diese – *Quarks, Bosonen, Leptonen* – sind so klein, dass wir sie unmöglich sehen können. Ihre Kräfte aber bestimmen, wie unsere Welt und unser ganzes Universum funktionieren. Eine der großen Leistungen von Feynman war es, diese unsichtbare und rätselhafte und zugleich alles durchdringende und bestimmende Ebene unserer Realität nicht nur in kryptisch formulierten Fachartikeln zu beschreiben; mit öffentlichen Vorträgen und Büchern erreichte und begeisterte er ein breites Publikum. Für seine Beiträge zur Quantentheorie erhielt er 1965 den Nobelpreis in Physik.

Auf der letzten Tafelanschrift vor seinem Tod am 15. Februar 1988 stand „What I cannot create, I do not understand" – Was ich nicht erschaffen kann, das verstehe ich nicht. Das ist die Sichtweise eines Ingenieurs: Wenn ich etwas bauen kann, dann weiß ich um die Bestandteile und um deren Funktion. Darum wollen wir Ihnen einen *Baukasten für Verschwörungstheorien* vorstellen: Was Sie bauen können, verstehen Sie auch besser. Das kann dann besonders nützlich sein, wenn es um eine Verschwörungstheorie geht, die Sie bekämpfen wollen – zum Beispiel, weil Sie sie widerlegt haben oder weil es gute Gründe dagegen gibt – beispielsweise, weil sie zum Hass aufruft, Gewalt propagiert und Menschen so in Gefahr bringt. Sie haben in diesem Buch schon viel gelesen über die besondere Kraft des *Verschwörungsnarrativs*. Wenn nun der Kern einer bestimmten Verschwörungstheorie Hass und Ausgrenzung ist, dann ist es nützlich, die

Verschwörungszutaten zu identifizieren und schrittweise zu entfernen; die Theorie also zu dekonstruieren. Dann können Sie die gefährliche Botschaft entlarven und mit Argumenten bekämpfen. Der folgende Baukasten kann Ihnen dabei eine Hilfe sein.

11.1 Baustein 1: Eine merkwürdige Begebenheit

Eine merkwürdige Begebenheit gehört zu praktisch jeder Verschwörungstheorie (vgl. Raab et al. 2013); merkwürdig im Sinne von: Da scheint noch etwas zu fehlen, um zu verstehen warum etwas so passiert ist oder immer noch geschieht. Die Bilder des Pentagons direkt nach dem 9/11-Attentat sind merkwürdig, denn man sieht nichts mehr von dem Flugzeug, das dort hineingeflogen ist. Die Fallzahlen für Autismus steigen seit den 1970er-Jahren rapide an. Lee Harvey Oswald hat als Einzeltäter den beim militärisch-industriellen Komplex verhassten US-Präsidenten John F. Kennedy erschossen – und wurde selbst kurz nach dem Attentat, bevor er aussagen konnte, vom Nachtklubbesitzer Jack Ruby erschossen. Solche Merkwürdigkeiten in der offiziellen Geschichte erregen unser Interesse und motivieren zum Auffüllen des fehlenden Stücks, wie wir es in Kap. 7 beschrieben haben.

Für jedes dieser Geschehnisse gibt es verschiedene Erklärungen. Fakten und Expertenberichte sind dabei ein Teil. Ihre persönliche Lebensgeschichte, Ihre Erfahrungen und auch Ihre persönliche Betroffenheit werden aber maßgeblich beeinflussen, *wie* merkwürdig Sie ein bestimmtes

Geschehen finden und ob Sie sich mit den vorgefundenen Erklärungen zufriedengeben. Kennen Sie jemanden, der eine Diagnose aus dem Autismusspektrum hat? Dann werden Sie diesem Thema natürlich viel mehr Aufmerksamkeit widmen.

11.2 Baustein 2: So viel Information wie möglich

Zu viel Information gibt es nicht, wenn eine Verschwörungstheorie zu einem Ereignis oder Geschehen entstehen soll. Offizielle Bekundungen sollten vermischt sein mit Hinweisen darauf, dass offizielle Stellen von der Gefahr wussten, aber nicht eingeschritten sind (das wird ja manchmal der Regierung von George W. Bush unterstellt – sie hätte von den Al-Kaida-Plänen gewusst und nichts getan). Weiterhin: Hinweise und mutmaßliche Belege, dass das Ereignis von den offiziellen Stellen selbst geplant und ausgeführt worden ist (das angebliche „9/11 was an inside job", also eine Geheimaktion der US-Regierung selbst).

Aus einem reichlichen Informationsangebot kann sich dann jeder Mann und jede Frau die plausibelste Erklärung zusammenstellen (Raab et al. 2013). Zunächst klingt das nach großer Beliebigkeit. Aber tatsächlich ist es eine bemerkenswerte Eigenschaft: Wenn wir konfrontiert sind mit einer Flut an widersprüchlichen Aussagen und Hinweisen, dann beginnen wir meist ganz automatisch, dieses Informationschaos zu ordnen und eine für uns stimmige Interpretation daraus zu formen. Wir versuchen dann, eine möglichst gute Passung zwischen der Information und unseren aus Erfahrung gewonnenen mentalen Modellen oder Denkmustern zu finden (s. auch Kap. 6). Das ist erst einmal eine überlebenswichtige und zutiefst rationale Fähigkeit, die wir Menschen da mitbringen.

Wenn dann, wie bei 9/11, schon wegen der Natur des Ereignisses sehr viel Information herumschwirrt, dann müssen zwangsläufig sehr viele unterschiedliche Geschichten entstehen. Viele tausend Menschen haben in Manhattan aus der Nähe gesehen, wie die Zwillingstürme eingestürzt sind. Tausende waren während der Einschläge der Flugzeuge in den Türmen und konnten flüchten. Tausende waren für die Rettungsdienste im Einsatz – Amateurvideos, Aufnahmen von Nachrichtensendern ... Und zu all diesen abertausend individuellen Geschichten kamen in den Monaten und Jahren die offiziellen Berichte, investigativen Reportagen, Al-Kaida-Videos, Blogeinträge und andere Informationsfetzen. Wie soll sich da eine einzige allgemein verbindliche Erzählung herauskristallisieren?

Doch der Mechanismus der Mustererkennung und des Abgleichs mit bestehenden Strukturen ist anfällig für Manipulation. Interessengruppen mit einer eigenen Agenda können zu einem Ereignis gezielt Fehlinformation und verzerrte Wahrheiten in die Welt setzen, damit Menschen anfangen, an der offiziellen Sichtweise zu zweifeln. Je mehr solche Information und je unterschiedlicher die enthaltenen Aussagen, desto effektiver wird die Propagandaattacke sein. Das sogenannte *Astroturfing* benennt diese Strategie: Fehlinformation wird so in die Debatte eingeschleust, als wäre sie legitim und käme von aufrichtigen Basisaktivistinnen und

-aktivisten (also von einer sogenannten Graswurzelbewegung; *Astroturf* heißt ein bekannter Kunstrasen). *Social Bots*, kleine Computerprogramme, schreiben vollautomatisch in Onlinediskussionsforen und in sozialen Medien und verbreiten so die Botschaft der Betreiberinnen und Betreiber der Bots. Eine geschickte Programmierung sorgt dafür, dass die so entstehenden Beiträge aussehen, als wären sie von echten Menschen gepostet. Ähnlich verheerend, aber oft mit einer anderen Intention, operieren die sogenannten Fake-News-Seiten. „Hillary Clinton verkauft Waffen an den IS", „Flüchtling vergewaltigt Mädchen im sächsischen Maxim-Gorki-Park" – das sind zwei echte Beispiele gefälschter Nachrichten aus dem Jahr 2016. Der angebliche Vergewaltigungsfall erreichte dabei deutschlandweit Bekanntheit, als die Alternative für Deutschland (AfD) im sächsischen Landtag von der Regierung wissen wollte, ob dieser Fall aus politischen Gründen vertuscht werde. Dabei kam heraus, dass es in Sachsen keinen Maxim-Gorki-Park gibt (ein schönes Beispiel für eine elegante Falsifikation; s. auch Kap. 8).

Nachrichtenfälschungen folgen dabei nicht unbedingt einer politischen Agenda. Sie werden so konstruiert, dass sie bei einem Teil der Leserinnen und Leser möglichst starke emotionale Reaktionen auslösen – und damit möglichst oft verlinkt, empfohlen und geteilt werden. Die gefälschten Nachrichtenseiten erhalten so in kurzer Zeit sehr viele Zugriffe. Damit lassen sich Werbeeinnahmen generieren. Oft werden auf diesem Weg auch Computerviren und Trojaner verbreitet und zweifelhafte Gewinnspielseiten beworben. Der erfundene Aufreger ist nur Mittel zum Zweck: um Leute anzulocken und Geld zu machen.

11.3 Baustein 3: Narrationselemente von Verschwörungstheorien

Die im vorherigen Abschnitt angesprochenen Informationsfetzen können wir weiter untergliedern (Raab et al. 2013). Nicht nur sollte Information dabei sein, die sich unmittelbar auf das merkwürdige Ereignis bezieht; die Information sollte auch durch *Beweise* untermauert sein. Das können Bilder sein, Zitate wichtiger Persönlichkeiten und Augenzeugenberichte. Idealerweise sind solche Beweise aus *öffentlich zugänglichen Quellen* und damit für jedermann nachvollziehbar. Hinweise auf *Intransparenz*, etwa was das Handeln öffentlicher Institutionen in diesem Fall angeht, und Spekulationen über eine mögliche *Gruppe von Verschwörerinnen und Verschwörern* sollten auch nicht fehlen. Die Faszination an der so entstehenden Theorie lässt sich durch eine Prise *Mythos* noch steigern: Damit meinen wir Verbindungen zu Organisationen, die vorwiegend im Verborgenen operieren und mit Spiritualität in Verbindung gebracht werden – der Vatikan etwa, die Freimaurer, andere Geheimlogen, elitäre Verbindungen und verborgene Gesellschaften.

11.4 Baustein 4: Wertebezug

In Kap. 10 haben wir dargestellt, dass es keine Verschwörerpersönlichkeit gibt; es sind ganz normale Menschen. Entscheidend ist vielmehr, dass ein Ereignis die eigenen Werte bedroht. Das ist zum Beispiel dann der Fall, wenn Gruppen besonders aktiv sind, die entgegen der eigenen

Werte agieren. Ein Mensch, der streng konservative Werte vertritt (und damit etwa gleichgeschlechtliche Lebensgemeinschaften ablehnt), wird eine Bedrohung der eigenen Interessen tendenziell eher aus besonders progressiven Gesellschaftsschichten vermuten.

Im Verschwörungsbaukasten sollten die narrativen Elemente deshalb nicht mit irgendwelchen Inhalten gefüllt werden. Mutmaßlich an der Verschwörung beteiligte Gruppen sollten mit klaren Werthaltungen und gesellschaftlichen Rollen identifizierbar sein. Angler, technische Angestellte und Beatles-Fans sind nicht für ihr geheimes Treiben bekannt. Sportschützen, Bischöfe, Veganer und Investmentbanker schon eher. Verantwortlich dafür sind kognitive Verzerrungen, fehlleitende Heuristiken, wie wir sie in Kap. 7 und 9 erläutert haben.

Bei den großen, bekannten Verschwörungstheorien ist das sehr gut zu sehen. Es gibt ja nicht *die* 9/11-Theorie. Entweder tragen fanatische Menschen muslimischen Glaubens die Hauptschuld (die offizielle Verschwörungstheorie), skrupellose Republikaner, die einen Krieg rechtfertigen wollten, die Hochfinanz, die Unterlagen über kriminelle Handlungen unter den einstürzenden Twin Towers begraben hat, unfähige und bequem gewordene Militäroffiziere, von Liberalen und Hippies entmachtete und schwache Geheimdienste … Wie stark der 11. September Ihr eigenes Weltbild erschüttert hat, hängt maßgeblich davon ab, wem Sie die Schuld daran geben und das wiederum hängt zusammen mit Ihrem Weltbild und Ihren Werten. Eine Verschwörungstheorie wird umso erfolgreicher sein, je mehr Menschen sie es erlaubt, die eigenen Werte und Überzeugungen als bedroht anzusehen.

11.5 Baustein 5: Kausalität und Absicht

In unserer Forschung (Gebauer et al. 2016) haben wir gesehen, dass Menschen nicht unentwegt Ausschau nach Verschwörungen halten (um sie, je nach persönlicher Einstellung zu einem Thema, dann entweder aufzugreifen oder abzulehnen). Wir haben im Jahr 2015, keine 48 h nachdem öffentlich bekannt wurde, dass die USA hochrangige Funktionäre des Fußballverbandes FIFA wegen Korruption festgenommen hat, zwei Studien durchgeführt. Die Gelegenheit erschien uns einmalig: ein emotionales Thema, eine Organisation, von der praktisch jeder Mensch schon einmal gehört hat; und das in einer Begebenheit, die so plötzlich kam und so ungewöhnlich war, dass die Leute noch keine Verschwörungstheorie dazu im Kopf hatten. Innerhalb weniger Stunden befragten wir über 200 Leute zum Ereignis.

Unsere Versuchspersonen bekamen einen kleinen Pressetext, der den aktuellen Nachrichtenstand gut einen Tag nach Bekanntwerden der Ereignisse zusammenfasst. Danach stellten wir einige Fragen dazu, ob „die Ermittlungen nur Teil eines weltweiten Machtspiels" sind, ob „die USA mit den Ermittlungen Russland schaden wollen" und ob „die Fifa nur ein Bauernopfer im globalen Machtstreben der USA ist". Mit anderen Worten: Kämpfen die USA gar nicht gegen die Korruption, sondern haben sie die verborgene Absicht, Russland um die Weltmeisterschaft 2018 zu bringen? Letzteres wäre eine Verschwörungstheorie. Ob an diesem Vorwurf etwas dran ist, können wir nicht beurteilen; das war für unsere Fragestellung aber nicht entscheidend, denn wir wollten lediglich wissen, wann die

Teilnehmerinnen und Teilnehmer eher die eine oder die andere Annahme favorisierten. Zum Schluss haben die Versuchspersonen noch den Teil des Verschwörungsfragebogens von Brotherton, French und Pickering (2013) ausgefüllt, der Verschwörungsannahmen über eine Regierung erfragt.

Endete die Pressemeldung in Bedingung 1 einfach mit der Aussage, dass die Ereignisse zu politischen Diskussionen über die FIFA hinaus geführt haben, gab es keine auffälligen Tendenzen im Antwortverhalten der Teilnehmerinnen und Teilnehmer. Endete die Pressemeldung aber, in Bedingung 2, mit der Feststellung, dass wegen der US-Ermittlungen die Austragung der WM in Russland in drei Jahren nicht mehr gesichert ist, dann hatten wir einen klaren Befund: Diejenigen Menschen, die (laut der *Brotherton-Skala*) sowieso dazu geneigt waren, Verschwörungen in der Regierung zu vermuten, waren nun deutlich stärker der Ansicht, dass die USA in Wirklichkeit Russland schaden wollen. Spannend dabei: Diejenigen, die laut der Brotherton-Skala Regierungsverschwörungen für „wenig wahrscheinlich" halten, waren nun auch deutlich weniger davon überzeugt, dass die USA in Wirklichkeit Russland eins auswischen wollten. Wenn also der letzte Satz unserer Pressemeldung eine kausale Verbindung zwischen US-Aktion und Schaden für Russland herstellte, dann hat das die Teilnehmerinnen und Teilnehmer polarisiert. Wer tendenziell eher an Verschwörungen glaubt, der hat hier nun auch eine gesehen; wer Verschwörungen tendenziell ablehnend gegenübersteht, der lehnte die hier angedeutete Verschwörung umso entschiedener ab.

11.5 Baustein 5: Kausalität und Absicht

Das gleiche Bild ergab sich in der zweiten, parallel durchgeführten Studie: Die eine Hälfte der Teilnehmerinnen und Teilnehmer bekam den Pressetext mit einem Ende, in dem Wladimir Putin zitiert wird: Das Ganze sei nur eine durchsichtige Kampagne, um Russland die Weltmeisterschaft wegzunehmen.[1] Die USA hätten hier also mit bewusstem Vorsatz gehandelt. In der anderen Bedingung wurde nur von anonymen Duma-Abgeordneten der Vorwurf kolportiert, die USA würden mit ihren Ermittlungen billigend in Kauf nehmen, dass Russland die Weltmeisterschaft verliert. Das entspricht fahrlässigem, nicht gezieltem Handeln.

Die Behauptung von vorsätzlichem Handeln hatte die gleichen Effekte wie die Behauptung einer direkten Kausalität in der ersten Studie: Steht der Vorwurf des Vorsatzes im Raum, dann sind die Leute signifikant stärker dazu geneigt, den USA eine Verschwörungsabsicht zu unterstellen, während die Verschwörungsskeptikerinnen und -skeptiker diese Ansicht nun umso stärker ablehnen. Wenn der Vorwurf einer fahrlässigen Handlung im Raum steht, passiert hingegen nichts.

Direktes vorsätzliches Handeln – erst wenn diese Möglichkeit explizit genannt wird, dann fangen die Menschen an, eine Verschwörungstheorie zu entwickeln. Zu

---

[1] Dabei hatten wir prophetische Fähigkeiten: Wir waren insgesamt sechs Stunden mit dem Fragebogen unterwegs, um Versuchspersonen für die beiden Studien zu gewinnen. Am Ende dieses Zeitraumes tätigte Wladimir Putin diese Aussage fast wörtlich in die Kameras der Fernsehsender. Zum Glück war das zum Abschluss der Befragung, und wir haben Menschen befragt, die gerade beschäftigt waren, beispielsweise beim Lernen in der Bibliothek oder beim Gespräch in der Cafeteria. Von Putins echter Aussage hatten sie da noch nichts mitbekommen.

vielen Ereignissen der Zeitgeschichte haben Menschen ihre Erklärungen schon im Kopf; wir können nicht mehr zurückverfolgen, wie sie zu diesen Erklärungsmustern gekommen sind. Der FIFA-Skandal war da eine geeignete Gelegenheit für unsere Forschung: Wir konnten gezielt den Moment manipulieren, in dem unsere Versuchspersonen zum ersten Mal ihre Einstellung zu diesem Skandal bewusst reflektiert haben.

11.6 Baustein 6: Plattitüden, offene Fragen und Widersprüche

„Wir haben etwas für Jedermann" – dieses Zitat wird P. T. Barnum zugeschrieben, einem der bekanntesten Schausteller des 19. Jahrhunderts, Gründer des gleichnamigen Zirkus. In der Psychologie hat Bertram R. Forer (1948) den sogenannten *Barnum-Effekt* geprägt. Er besagt, dass Menschen allgemeine, vage Aussagen auf sich beziehen und die Überzeugung entwickeln, die Aussagen würden genau auf sie passen. „Sie wirken nach außen diszipliniert und kontrolliert, sind aber insgeheim unsicher und besorgt" oder „Manchmal haben Sie schwerwiegende Zweifel, ob eine Entscheidung wirklich die richtige war". In diesen denkbar allgemeinen Aussagen findet sich fast jeder Mensch wieder. Horoskope zum Beispiel funktionieren so.

Eine gewisse Vagheit, ja sogar gewisse Lücken und Widersprüche: Damit würzen Sie dann Ihre Verschwörungstheorie und machen sie schmackhaft (s. auch Kap. 7). Unter all den Informationen, Aussagen zu verschiedenen Akteuren und Interessengruppen, Fakten und Vermutungen, da sollten auch ein paar Dinge sein, die schlicht nicht zusammenpassen, egal wie man es dreht und wendet.

In Abschn. 7.4 sind wir schon auf die Freude am Rätsellösen eingegangen. Eine fix und fertige Erklärung ist langweilig, fordert uns intellektuell nicht heraus. Damit erklärt der Literaturprofessor Albrecht Koschorke (2016) auch einen Teil des Erfolgs von Adolf Hitlers *Mein Kampf*. Die Ungereimtheiten darin hätten manche Menschen trotz hoher Bildung dazu angespornt, sich mit der Naziideologie auseinanderzusetzen, um sie im Sinne „des Führers" zu verbessern. Die oft beschriebenen Widersprüche, Trivialitäten und Falschbehauptungen in *Mein Kampf* waren damit nicht bei allen Leserinnen und Lesern ein Grund für Ablehnung.

Für Verschwörungstheorien kann manchmal das Gleiche gelten: Eine zu Ende erzählte Theorie ist eine langweilige Theorie. Offene Fragen, Widersprüche und sogar eklatante Fehler in einer Verschwörungstheorie sollten zwar zu Falsifizierung der Theorie führen, bringen manche Menschen aber ins Grübeln und fordern ihren Intellekt heraus. Paradoxerweise können Schwächen in einer Geschichte so zu ihrer Verbreitung beitragen.

Als Modell kann uns dieser Baukasten helfen, Verschwörungstheorien besser zu verstehen. Dabei wird jede Theorie ihre Eigenheiten haben, die von diesem Modell nicht ganz abgedeckt werden. Über den Inhalt ist mit den Strukturbestandteilen auch noch nichts gesagt. Wenn Sie nun aber wissen, welche Bestandteile so eine Theorie enthalten sollte, dann verstehen Sie auch besser, warum Menschen an solche Theorien glauben. Eine besondere

Konstellation aus Umständen, Eigenschaften der Botschaft und persönlichem Wertesystem lässt uns den Verschwörungsmodus anschalten: im alten Babylon, im alten Rom und heute. Dabei können durch und durch rationale Erklärungssysteme entstehen – oder abgefahrene und realitätsferne, manchmal auch hochgefährliche Gedankengebilde. Einige besonders originelle Theorien aus verschiedenen Teilen der Welt haben wir im nächsten Kapitel für Sie zusammengetragen.

Zusammenfassung

- Es gibt bestimmte Eigenschaften, die bei Verschwörungstheorien zusammenwirken und sie zu guten Geschichten machen.
- Eine Verschwörungstheorie basiert meist auf einem merkwürdigen Ereignis; bietet einen Überfluss an Information; integriert bestimmte Erzählelemente; stellt einen Bezug zu den eigenen Werten her; unterstellt Kausalität und Absicht (aufseiten der Verschwörerinnen und Verschwörer); und bietet Lücken und Widersprüche, sodass Menschen herausgefordert werden die Theorie weiterzuentwickeln.
- Die Kenntnis der Eigenschaften oder Bestandteile von Verschwörungstheorien kann dabei helfen, die Wirkmechanismen besser zu verstehen.

12

Wie man mit Verschwörungstheorien umgeht, ohne den Verstand zu verlieren

Sie haben in diesem Buch viele verschiedene Sichtweisen auf das Phänomen Verschwörungstheorie kennengelernt. Konfrontiert mit einer solchen Theorie steht man aber oft ein wenig ratlos da: Ist da etwas dran? Soll ich mich damit überhaupt beschäftigen? Die Autoren Uscinski und Parent (2014) schlagen einige Testkriterien vor.

12.1 Drei Kriterien – und ihre Probleme

Das erste Kriterium von Uscinski und Parent ist in der Erkenntnistheorie sprichwörtlich und Sie kennen es aus Kap. 8: *Ockhams Rasiermesser*, benannt nach Wilhelm von Ockham, ein Scholastiker des Mittelalters. Vereinfacht besagt es: Wenn für einen Sachverhalt mehrere Erklärungen möglich sind, sollte man die einfachste Erklärung bevorzugen. Mit dem Rasiermesser wird alles abgesäbelt, was im Vergleich mit anderen Erklärungen komplex ist. Einfachheit bezieht sich darauf, wie viele Vorannahmen die Theorie trifft, mit der man den Sachverhalt erklärt. Im Alltag sind das meistens Erklärungen, die mit dem gesunden Menschenverstand vereinbar sind. Überspitzt gesagt sind das die gefühlten Wahrheiten: Sie sind einfach, weil sie zu unserem Vorwissen passen und somit keine neuen Einsichten und keine weiterführende Recherche erfordern.

Ob und wann das Prinzip der Einfachheit in den Wissenschaften angewandt werden sollte, wird seit mehreren hundert Jahren diskutiert. Es kann eine sinnvolle Faustregel sein, wenn mehrere Erklärungen zur Verfügung stehen und sich keine anderen Entscheidungskriterien finden – aber im Bereich der Biologie und Psychologie haben wir es nun einmal mit sehr komplexen Systemen zu tun. Menschen können einerseits die Tendenz haben Komplexität zu überschätzen (s. Kap. 5); sie sind aber auch selbst sehr komplex. Sobald Menschen an einem Vorgang beteiligt sind, ist die einfachste Erklärung daher oft nicht die beste. Das sehen Sie an vielen Entscheidungsprozessen in Kommunalparlamenten. Die Formel „einfach = gut" ist also zu einfach.

Die *Falsifizierungsmöglichkeit* wird von Uscinski und Parent als weiteres Kriterium genannt. In Kap. 8 haben wir den Begriff schon ausführlich betrachtet. Taugt er als Gütekriterium für Verschwörungstheorien? Wir bezweifeln das, denn widerlegen kann man nur Allaussagen. Zum Beispiel: Alle Schwäne sind weiß. Wir können diese Behauptung niemals beweisen (denn dazu müssten wir alle Schwäne in allen Zeiten anschauen, also auch in

Vergangenheit und Zukunft). Wir können die Behauptung aber widerlegen, wenn wir einen nichtweißen Schwan finden. Bei den Existenzaussagen, also bei den Es-gibt-Aussagen ist es umgekehrt. Die können wir niemals widerlegen (denn dazu müssten wir alle existierenden Dinge überhaupt anschauen). Wir können sie aber beweisen, indem wir ein einziges der behaupteten Dinge finden. Die Behauptung „Es gibt lebende Quastenflosser" war bis 1938 eine Behauptung, für die es keine Belege gab. Das Tier galt seit der Urzeit als ausgestorben. Widerlegbar war die Behauptung nie, denn man hätte dazu ja alle Weltmeere bis in den letzten Winkel durchsuchen müssen. 1938, mit dem ersten Fang eines (noch nicht lange toten) Tierkadavers, hatte man dann einen Beweis, dass die Art nicht seit vielen Millionen Jahren ausgestorben war. Mit dem Fang weiterer, diesmal lebender Exemplare in den folgenden Jahrzehnten wurde die Der-Quastenflosser-lebt-These somit bestätigt.

Die Verschwörungstheorie, dass die US-Regierung selbst 9/11 geplant hat, ist eine Existenzbehauptung – sie besagt, dass es eine Verschwörung gibt. Sie ist damit unwiderlegbar, das macht sie aber natürlich nicht automatisch zu einer „wahren" Theorie. Alles, was man tun kann, ist, die Theorie selbst auf Widersprüche, logische Sprünge und die Wahrscheinlichkeit der zugrunde liegenden Vorannahmen zu prüfen oder Belege zu finden, die dafürsprechen oder dagegen – oder genauer: die die Gültigkeit der Existenzaussage (un-)wahrscheinlicher machen. Eine empirische Widerlegung im strengen Sinn der Wissenschaft ist aber unmöglich, wenigstens bezogen auf die Grundaussage vieler Verschwörungstheorien. Maximal einzelne

Fragmente können widerlegt werden, die Details einzelner Begebenheiten (Annahme: „Person XY war an Ort YZ um XX:YY Uhr auch anwesend" – gleichzeitig weiß man aber, dass sie bei einem Auslandsaufenthalt eine öffentliche Pressekonferenz um diese Zeit abhielt; dann gäbe es starke Gründe, diesen Teilaspekt, nicht aber die Verschwörung an sich als widerlegt zu sehen).

Die Falsifizierungsforderung passt also nicht so gut auf die meisten Verschwörungstheorien; vielmehr müssen die Konsistenz der Theorie gewährleistet und Argumente *für* die Behauptung gebracht werden. In der Beweispflicht ist derjenige, der die Verschwörungstheorie vertritt, auch wenn ein endgültiger Beweis im Sinne einer „Wahrheit" aus wissenschaftstheoretischer Sicht nie gefunden werden kann, sondern lediglich „verlässliche", da sehr wahrscheinliche, Erkenntnis.

Aus den Forderungen von Uscinski und Parent (2013) scheint zudem ein drittes Kriterium recht naheliegend. Dieses lässt sich frei übersetzen mit *„Es ist immer wieder die gleiche Leier"*. Französische Revolution? Illuminaten! Erster Weltkrieg? Illuminaten! Zweiter Weltkrieg …? Natürlich kommen manche Theorien und manche Theoretikerinnen und Theoretiker immer wieder mit der gleichen Erklärung um die Ecke, wenn irgendwo Fragen offenbleiben. Außerirdische sind eine Standarderklärung, wenn wir (noch) nicht verstehen, wie eine Kultur Pyramiden bauen konnte oder wie Gotteserscheinungen erklärt werden können. Jan Udo Holey alias Jan van Helsing beispielsweise vermutet in *Geheimgesellschaften 2* als eine mögliche Erklärung für den brennenden Dornbusch, der

12.1 Drei Kriterien – und ihre Probleme

im Exodus im Alten Testament beschrieben wird, einen „Außerirdischen mit einer Taschenlampe".

Aber nicht jedes wiederkehrende Thema verweist auf eine unglaubwürdige Erklärung. Im Jahr 1962 beispielsweise hat das Nachrichtenmagazin *Der Spiegel* im Artikel „Bedingt abwehrbereit" über das NATO-Manöver Fallex 62 berichtet. Durchgespielt wurde in diesem Manöver ein Angriff der Sowjetunion auf Europa. Dabei zeigte sich, dass die Bundeswehr gegen die Truppen des Warschauer Paktes wenig entgegenzusetzen hatte. Die Redaktionsräume des *Spiegel* und die Privatwohnungen leitender Redakteure wurden am 26. Oktober 1962 durchsucht, der Spiegel-Chef Rudolf Augstein und andere führende Köpfe der Redaktion ins Gefängnis gebracht. Bundeskanzler Adenauer sah einen „Abgrund an Landesverrat". Bundesverteidigungsminister Franz-Josef Strauß gab sich zu Beginn der Ermittlungen unschuldig, aber es wurde über die Wochen klar, dass er eine treibende Kraft war und auch gezielt Kabinettskollegen nicht informiert hatte. Ihm wurde vorgeworfen, den sehr vage formulierten Landesverratsparagrafen als Instrument zur Einschüchterung der Presse zu missbrauchen. Der Paragraf 94 des Strafgesetzbuches stellt die öffentliche Bekanntmachung eines Staatsgeheimnisses unter Strafe. Was ein solches Geheimnis ist, steht – zumindest grob – in Paragraf 93, nämlich:

Staatsgeheimnisse sind Tatsachen, Gegenstände oder Erkenntnisse, die nur einem begrenzten Personenkreis zugänglich sind und vor einer fremden Macht geheim gehalten werden müssen, um die Gefahr eines schweren

Nachteils für die äußere Sicherheit der Bundesrepublik Deutschland abzuwenden.

Welche Informationen also darunterfallen, ist eine Einzelfallentscheidung und für Bürger, Journalisten und selbst erfahrene Juristen nicht sicher einzuschätzen.

Letztlich traten alle FDP-Minister aus Protest zurück, Strauß musste gehen, die Regierung zerbrach. Die Kungelei zwischen Politik und Justiz, die sich etwa in der bedenkenlosen Ausstellung der Durchsuchungsbeschlüsse und Haftbefehle äußerte, erschütterte damals das Vertrauen in die Gewaltenteilung. Auch wurde deutlich, dass Pressefreiheit keine Selbstverständlichkeit ist.

Im Jahr 2015 dann: Andre Meister berichtet auf dem Blog netzpolitik.org von Markus Beckedahl über eine neue Einheit des Verfassungsschutzes, die heimlich und gezielt soziale Medien analysieren soll, um so Profile von mutmaßlichen Extremisten und Terroristen anzulegen. Meister zitiert dabei aus als „Verschlusssache – vertraulich" eingestuften Dokumenten. Der Vorwurf des Generalbundesanwaltes am 24. Juli 2015: Landesverrat. In den darauffolgenden Wochen stellte sich heraus, dass verschiedene Ministerien von der Vorbereitung dieser Ermittlungen wussten. Der Vorwurf an die Regierung, wie im Jahr 1962: Der unscharfe Paragraf 94 werde missbraucht als Instrument gegen eine kritische Presse, um Journalistinnen und Journalisten gezielt anzugreifen und sie mundtot zu machen. Denn der schwere äußere Schaden für die Bundesrepublik ist in der Sichtweise von Kritikerinnen und Kritikern in dieser Enthüllung nicht unmittelbar erkenntlich. Medienvertreterinnen und -vertreter führen auch an,

12.1 Drei Kriterien – und ihre Probleme

dass eine letztendliche Verurteilung der betroffenen Journalistinnen und Journalisten nicht einmal das primäre Ziel der Staatsorgane sein muss. Wichtiger sei möglicherweise, dass die Aufnahme von Ermittlungen wegen Landesverrates es ganz legal erlauben, verdeckte Ermittlungen gegen Journalistinnen und Journalisten und Abhöraktionen in der Redaktion zu veranlassen.

Es wurde also *wieder einmal* vermutet, Justiz und Politik der Bundesrepublik würden heimlich zusammenarbeiten, um kritische Journalistinnen und Journalisten zum Schweigen zu bringen. *Wieder einmal* wurde Paragraf 94 StGB dazu hergenommen. Und *wieder einmal* ist das Vorgehen von Justiz und Politik aus rechtsstaatlicher Sicht umstritten. Ein Verschwörungstheoretiker kann Ihnen nun eine sehr komplexe Erklärung präsentieren, zum Beispiel: Verteidigungsminister und Justizminister hätten sich heimlich dazu verabredet, Druck auf die Generalbundesanwaltschaft auszuüben, um missliebige Journalistinnen und Journalisten abzuschießen; sogar das Bundeskanzleramt würde mit drinstecken, Gefälligkeitsgutachten würden angefordert, und über diplomatische Beziehungen würden sogar im Ausland Journalistinnen und Journalisten aufgespürt. Widerlegbar sind hier wieder nur Einzelaussagen, beispielsweise könnte es möglich sein, auszuschließen, dass ein konkret behauptetes Treffen zweier Beteiligter stattgefunden hat, wenn beide ein „Alibi" haben. Alle potenziellen Kommunikationskanäle und -möglichkeiten aller potenziell Beteiligten können Sie jedoch nicht untersuchen. Und selbst wenn die Betroffenen Akteneinsicht erhalten, ist keineswegs sicher, ob wirklich alle relevanten Akten zugänglich gemacht werden.

Im Falle des Nachrichtenmagazins *Der Spiegel* und des Blogs netzpolitik.org ist an diesen Verschwörungstheorien nach Meinung vieler Medienvertreterinnen und -vertreter und Politikerinnen und Politiker etwas dran. Im Netzpolitik-Fall waren Meister und Beckedahl vielleicht gar nicht das Ziel, sondern nur Mittel zum Zweck. Eingeschüchtert haben diese öffentlich diskutierten Ermittlungsverfahren – damals wie heute – aber sicher Journalisten und potenzielle Informanten. Ohne kritische Journalistinnen und Journalisten und Whistleblower wie Edward Snowden wären viele Skandale im Verborgenen geblieben, so zum Beispiel die folgenden:

- In den 1960er-Jahren haben die USA auf verschiedenen Wegen versucht, Fidel Castro in Kuba zu stürzen. Aufsehen erregte die Schweinebucht-Invasion im April 1961, bei der eine Gruppe Exilkubaner mit Unterstützung des amerikanischen Auslandsgeheimdienstes CIA die Revolutionsregierung in Kuba angreifen und zu Fall bringen wollten. Die Geheimoperation scheiterte, und John F. Kennedy musste sich öffentlich entschuldigen. Im heimlichen Kampf gegen Kuba haben Vertreter der amerikanischen Regierung dabei weitaus krassere Methoden diskutiert. Der Generalstab schlug Kennedy damals vor: „Wir könnten ein US-Schiff in Guantanamo Bay hochjagen und Kuba die Schuld geben." Das steht in ehemaligen Geheimdokumenten, deren Freigabe der Journalist Jon Eliston über das Informationsfreiheitsgesetz erzwungen hat. In seinem Buch *Psywar on Cuba* von 1999 hat er sie veröffentlicht und gezeigt, welche Optionen die US-Regierung gegen Fidel Castro

in Erwägung gezogen und teilweise auch umgesetzt hat. Es gab also den von Eliston in Kopie wiedergegebenen Dokumenten nach in den 1960er-Jahren tatsächlich die Überlegung, ein amerikanisches Schiff und amerikanische Bürger in einer False-Flag-Operation[1] zu opfern, um einen Vorwand für einen Einmarsch zu haben.
- Der *Watergate-Skandal*, bekannt geworden 1972, in dem die Regierungsmannschaft inklusive US-Präsident Richard Nixon mit Straftaten wie Einbruch, Vorteilsnahme und Steuerhinterziehung in Verbindung gebracht wurde, wurde maßgeblich über den Informanten Mark Felt (damals stellvertretender FBI-Direktor) und die Arbeit von Journalisten aufgedeckt. 1974 musste Nixon schließlich zurücktreten. In der Literatur wird Watergate oft als Beispiel für eine Verschwörungstheorie angeführt, die auf einer tatsächlichen Verschwörung beruht.
- Die finanzielle Bereicherung durch Vorstandsmitglieder im *Neue-Heimat-Skandal* wurde 1982 vom *Spiegel* aufgedeckt. Einzelne Vorstände der Wohnungsbau- und Wohnungsbetriebsfirma sollen damals Beträge von über 100 Mio. Mark abgezweigt haben. Während der

---

[1] Eine False-Flag-Operation, ein Einsatz unter falscher Flagge, ist eine Aktion, bei der Provokationen oder Gewalttaten verübt werden, sodass der Anschein erweckt wird, der Gegner hätte diese Taten begangen. Ein sehr bekanntes Beispiel ist der inszenierte Überfall auf den Radiosender Gleiwitz am 31. August 1939. SS-Soldaten haben den Überfall begangen und dabei den Eindruck erweckt, sie seien polnische Freischärler. Mit der Inszenierung dieser False-Flag-Aktion begann der Zweite Weltkrieg, denn sie wurde von den Nationalsozialisten als Grund für den Einmarsch in Polen verwendet.

Ermittlungen stellte sich heraus, dass die ganze Firma, die sich im Besitz des Deutschen Gewerkschaftsbundes (DGB) befand, völlig überschuldet war und schließlich geschlossen werden musste.

- Eine der deutschen Öffentlichkeit damals unbekannte Facette des Kalten Krieges hat der Schweizer Historiker Daniele Ganser[2] (2005) aufgearbeitet. Er hat selbst recherchiert, Presseberichte und öffentlich zugängliche Dokumente integriert und so die Geschichte des mutmaßlichen Untergrundnetzwerks *Gladio*[3] rekonstruiert: mit Sprengstoff und Kriegswaffen ausgerüstete Kampfgruppen – im Prinzip Guerillaverbände –, die in der Zeit des Kalten Krieges als *Schläfer* in ganz Europa vernetzt gewesen sein sollen. Angeblich waren sie vom amerikanischen Auslandsgeheimdienst CIA ausgebildet und empfingen von ihm auch Befehle. Gladio-Einheiten hätten nach einem Einmarsch sowjetischer Truppen die Aufgabe gehabt, hinter der Front den Feind zu sabotieren. Waffen und Sprengstoff für diese Einheiten lagerten in geheimen Verstecken, zum Beispiel in getarnten Bunkern im Wald.

---

[2]Daniele Gansers Zusammenfassung über die Ausmaße der Gladio-Strukturen liest sich erschreckend. Er hat auch Beiträge in der 9/11-Diskussion geliefert und betont, dass auch die offizielle Darstellung eine Verschwörungstheorie ist; und dass man eine alternative Analyse nicht deshalb verwerfen dürfe, nur weil sie die Kriterien einer Verschwörungstheorie erfüllt.

[3]Der Name bezieht sich auf das italienische Netzwerk, vom lateinischen *gladius* (Schwert) und wird oft stellvertretend für entsprechende Strukturen in ganz Europa verwendet.

In seinem Buch *NATO's secret armies* beleuchtet Ganser auch gezielt die Geschichte der jungen Bundesrepublik. Der deutsche Offizier Reinhard Gehlen (Gründungspräsident des Bundesnachrichtendienstes; im Zweiten Weltkrieg an der Ostfront als Leiter der nachrichtendienstlichen Feindaufklärung Fremde Heere Ost aktiv) und der mehrfach verurteilte SS-Kriegsverbrecher Klaus Barbie waren Schlüsselfiguren beim Aufbau von Nachrichtendiensten (und nach Gansers Meinung auch Gladio-Strukturen) der BRD. In Hochzeiten sollen um die 500 Vollzeitagenten in Deutschland für das Netzwerk gearbeitet haben. Laut Ganser wurde Gladio 1990 der deutschen Öffentlichkeit durch einen Bericht des Fernsehsenders RTL bekannt. Was zwischen 1950 und 1990 tatsächlich passierte, ist – da es eine der geheimsten Operationen des Kalten Krieges überhaupt wäre – nur mühsam zu rekonstruieren.

Ganser argumentiert, dass die deutschen Netzwerke aus ehemaligen Nazis und erbitterten Gegnern des Kommunismus bestanden. In der Zeit nach 1950, mit dem Ausbleiben der sowjetischen Invasion, hätten sich diese geheimen Kampfeinheiten aber radikalisiert und auf Waffen und Sprengstoff in Militärqualität gesessen. So bringt der Historiker Indizien, dass das *Oktoberfestattentat* am 26. September 1980, bei dem 13 Menschen durch eine Rohrbombe starben, mit Gladio-Strukturen in Verbindung stehen könnte. Im Moment (Stand Anfang 2017) laufen wieder Ermittlungen, da eines der schwersten Attentate der deutschen Nachkriegsgeschichte bisher dem (beim Attentat umgekommenen) rechtsextremen Einzeltäter Gundolf Köhler zugeschrieben wird, diese Einzeltäterhypothese aber immer noch umstritten ist. Diskutiert wird bis heute, ob und wie stark Nachrichtendienste aus Amerika und Großbritannien wirklich bei der Gründung und Aufrechterhaltung dieser Schläfereinheiten mitgewirkt haben. Ganser zieht zudem Verbindungen zwischen Gladio und Terrorismus; neben dem Oktoberfestattentat sieht er auch eine Gladio-Verstrickung im italienischen Bombenterror der 70er- und 80er-Jahre und zur Franco-Diktatur in Spanien. Kritik an Ganser bezieht sich meistens auf die Annahme dieser Gladio-Terrorismus-Achse.

Wenn Sie auf der Grundlage der Kriterien von Uscinski und Parent die beiden Verschwörungstheorien zum Landesverrat abgelehnt hätten, hätten Sie bei zwei großen Ereignissen der bundesdeutschen Pressegeschichte vielleicht nicht mehr genau hingeschaut. Der Vorwurf lautete immerhin, dass Justiz und Politik zusammen einen Verratsverdacht konstruiert haben sollen, um Whistleblower abzuschrecken. Wenn das stimmen sollte, hätten einflussreiche Politikerinnen und Politiker und Staatsorgane im Geheimen eine Verabredung getroffen – sich also verschworen –, um ihre Ziele durchzusetzen. Prinzipien wie die Unabhängigkeit der Justiz und die Pressefreiheit wären dabei zumindest bedroht gewesen. Im schlimmsten Fall wären Sie blind gewesen für Details bei zwei Skandalen, die damals wie heute von Beobachterinnen und Beobachtern als massive Bedrohung des demokratischen Grundrechtes der Pressefreiheit wahrgenommen wurden. Andere wiederum sehen in den geschilderten Vorgängen legitime

12.1 Drei Kriterien – und ihre Probleme

Aktionen eines Staates, der sich vor äußeren und inneren Bedrohungen schützen muss, und würden die Mahner als Verschwörungstheoretikerinnen und -theoretiker bezeichnen (im Versuch, ihnen damit ihre Legitimität abzusprechen).

Die Entscheidung auf Grundlage von Ockhams Rasiermesser, der Falsifizierungsmöglichkeit und dem Immerwieder-die-alte-Leier-Prinzip kann dazu führen, dass wir bei wichtigen Geschehnissen zu schnell bei der Hand sind mit der Kategorisierung als ungerechtfertigte Verschwörungstheorie und im schlimmsten Fall tatsächliche Verschwörungen fälschlicherweise abtun. Hinter jedem Ereignis erst einmal finstere und geheime Machenschaften zu vermuten wäre hingegen lähmend und würde uns oft in die Irre führen. Gibt es eine bessere Möglichkeit?

Wir plädieren, wie der bereits genannte Philosoph Lee Basham, der Erkenntnistheoretiker Matthew Dentith (2014) und der Historiker Daniele Ganser, für eine fallweise Betrachtung. Nur weil ein Erklärungsansatz für ein wichtiges Ereignis oder einen bedeutenden Vorgang in unserer Gesellschaft eine Verschwörungstheorie ist, macht das den Erklärungsansatz nicht automatisch glaubwürdig oder unglaubwürdig. Wie bei der wissenschaftlichen Methode gilt: Wir müssen genau hinschauen und zu einem begründeten Urteil kommen. Vermutungen und Verdachtsmomenten müssen wir mit einem klaren Kopf begegnen, sie auf Widerspruchsfreiheit und Konsistenz prüfen und nach Indizien forschen. In die Falle des reinen Vergnügens an (un-)sinnigen Zusammenhängen (s. Kap. 6) sollten wir dabei möglichst nicht tappen.

12.2 Eine Faustregel zur Einzelfallanalyse

In einer idealen Welt mit unbegrenzt viel Zeit und Geld sowie ungehindertem Zugang zu allen Informationen wäre die Prüfung von beliebigen Theorien – egal ob Verschwörung oder nicht – nur eine Frage des Wollens. In der realen Welt müssen wir Abstriche machen. Zeit und Geld sind begrenzt. Information ist unzugänglich, wird geheim gehalten oder existiert zu einem Thema gar nicht. Jetzt begegnet uns ein Erklärungsansatz, zum Beispiel im Diskussionsforum einer überregionalen Tageszeitung. Da stellt jemand die Behauptung auf, was im Artikel stünde, wäre nicht die ganze Wahrheit, in Wirklichkeit stecke eine bestimmte Gruppe hinter der Sache. Es folgt eine Gratwanderung: Einerseits kann es sinnvoll sein, die eben zur Kenntnis genommene Theorie vorurteilsfrei zu untersuchen, auch wenn sie in Form einer Verschwörungstheorie daherkommt. Andererseits würden wir zu gar nichts anderem mehr kommen, wenn wir jede im Internet aufgeschnappte Theorie aufdröseln und analysieren würden. Es gibt einen Mittelweg. Da es sich dabei um eine Faustregel handelt, eine sogenannte Heuristik, wird das nun vorgeschlagene Vorgehen nicht immer die optimale Analyse für jede Theorie liefern. Wir möchten Ihnen aber trotzdem einen groben Leitfaden anbieten, denn in den meisten Fällen wird es eine gute Annäherung sein.

Was wir im Folgenden vorschlagen, gilt für die große Menge an Theorien, die wir zuvor als *kynisch* bezeichnet haben: Verschwörungsideensysteme, die von Menschen entwickelt, verbessert und weitergegeben werden mit dem Ziel, die Welt zu durchschauen und so das eigene Leben zu verbessern. Aus unserer Sicht gibt es aber Grenzen. Die ebenfalls schon besprochenen *zynischen* Theorien sollten Sie ablehnen. Diese zweite Theorieart wird in Ideologien von Machthabenden bewusst lanciert, um Minderheiten die Schuld an den Unzulänglichkeiten der praktischen Umsetzung der Ideologie zu geben. Zynische Theorien sind immer hetzerisch und bringen Unheil. Aus wissenschaftlicher Sicht kann es interessant sein, ihre Bedeutung und ihre Verbreitung zu untersuchen. Aber wer als Privatperson mit einer Verschwörungstheorie konfrontiert wird, in der „die Juden" oder „die Moslems" als Strippenzieher einer bösen Machenschaft bezichtigt werden, der hat unserer Meinung nach das Recht und die Pflicht, ohne weitere Prüfung der Theorie dagegen Stellung zu beziehen. Sich auf das Niveau solcher Ideologien zu begeben, bewirkt nur, dass man die hetzerische Vorannahme adelt, indem man sie zur Diskussion annimmt.

Die in den beiden eben genannten Strippenzieheranschuldigungen steckende Grundannahme ist, dass eine seit vielen Jahrhunderten und Jahrtausenden existierende Religionsgemeinschaft nicht etwa ein gemeinsamer Schirm für je nach Strömung ganz unterschiedliche Sichtweisen auf Leben, Tod, Moral und Gesellschaft ist; sondern dass es sich in Wirklichkeit um weltweit synchronisierte Terrororganisationen handele. Wer diese Sichtweise vertritt, ist aus unserer Sicht nicht primär eine Verschwörungstheoretikerin oder ein Verschwörungstheoretiker, sondern schlicht eine ideologische Hetzerin oder ein Hetzer. Auch das ist ein psychologisch relevantes Phänomen; es ist aber nicht das Kernthema dieses Buches.

Die kynischen Theorien verlangen ein genaueres Hinschauen. Praktisch jede Theorie lässt sich dabei auf einen Satz bringen. Detailinformation geht dann zwar verloren, aber es bleibt eine Kernaussage. Für die Darwin'sche Evolutionstheorie wäre das: „Die natürliche Auslese (ein Zusammenspiel aus Mutation und Selektion) bewirkt über Generationen Veränderungen in einer Art." Mutation und Selektion sind dabei noch nicht erklärt, und die Veränderungen können auch nur Teile einer Art betreffen, eine Population. Im Groben bezeichnet es aber den Kern des zugrunde liegenden Mechanismus. Verschwörungstheorien bergen ebenfalls solche Theoriekerne. Im ersten Schritt sollten Sie diese Kernaussage finden und formulieren:

> Der erste Schritt: Bringen Sie die Theorie auf einen zentralen Satz (oder einige wenige Sätze).

Bei einer 9/11-Erklärung ist das zum Beispiel: „Die amerikanische Regierung hat die Anschläge auf die Twin Towers und das Pentagon selbst geplant und ausgeführt." Eine andere: „Strahlgetriebene Flugzeuge versprühen gezielt und rund um die Welt giftige Chemikalien, um die Menschheit zu vergiften." Sehr bekannt ist in jüngster Zeit auch diese Theorie geworden: „Profitgierige Pharmakonzerne propagieren Schutzimpfungen, die Menschen schwer krank machen und keinen Nutzen bringen." Oder die: „Amerikanische Geheimdienste wie die NSA spähen die gesamte Kommunikation weltweit aus."

12.2 Eine Faustregel zur Einzelfallanalyse

Bei der zuletzt genannten Behauptung, der mutmaßlichen NSA-Verschwörung, hat sich in den vergangenen Jahren eine größere Menge an Hinweisen und Quellenmaterial angesammelt. Deshalb eignet sie sich gut als Beispiel. Nach dem ersten Schritt kommt die Folgenabschätzung:

> Der zweite Schritt: Überlegen Sie sich, was es bedeuten würde, wenn die Theorie wahr wäre aber unerkannt bliebe. Und stellen Sie die Frage: Was würde es bedeuten, wenn die Theorie falsch ist, aber weithin geglaubt wird?

Bevor wir uns also um den Wahrheitsgehalt kümmern, betrachten wir die Folgen. Nicht, weil von den Folgen der Wahrheitsgehalt abhinge, sondern weil wir aufgrund zeitlicher und ressourcenbedingter Begrenzung nicht der Prüfung aller Theorien nachgehen können, die uns begegnen. Die genannten Folgen sind meistens ganz gut abzuschätzen, wenn man ein bisschen Vorstellungsgabe besitzt. Sie können sich etwa ausmalen, welche Folgen es hat, wenn eine Organisation überwacht und auswertet, welche Internetseiten Sie besuchen – und daraus etwa schließen kann, welche politischen Ansichten oder sexuellen Vorlieben Sie haben. Was könnte es bedeuten, wenn Firmengeheimnisse Ihres Arbeitgebers oder Ihrer Firma nicht mehr geheim wären? Auch unsere Gesellschaft würde sich auf Dauer verändern, wenn Absichten und Planungen von politischen Parteien ausgespäht würden. Im schlimmsten Fall kann solches Insiderwissen, gezielt an die Medien durchgestochen, einen Wahlausgang beeinflussen.

Andersherum – die Theorie ist Unsinn, wird aber geglaubt – sieht es bei diesem Beispiel weniger bedrohlich aus. Wer eine Massenausspähung für wirklich hält, der würde wahrscheinlich einen sorgfältigen Umgang mit Daten fordern und sich für die Verschlüsselung sensibler Information starkmachen. Er oder sie würde wahrscheinlich auch von der Politik einen stärkeren Einsatz für die informationelle Selbstbestimmung fordern. Bei dieser Position besteht möglicherweise das Risiko, dass die Kommunikation von Kriminellen ebenfalls von der Verschlüsselung profitiert und schwere Verbrechen und terroristische Akte leichter zu planen und schwerer aufzuklären sind. Allerdings: Verbrecherinnen und Verbrecher werden sowieso alles tun, um ihre Kommunikation geheim und verschlüsselt zu gestalten. Die Folgen einer *zu Unrecht angenommenen* Verschwörungstheorie, eine falsch positive Einschätzung, erscheinen uns in diesem Beispiel als wenig bedrohlich. Wir betrachten deshalb nur noch den anderen,[4] den falsch negativen Fall: Die Überwachung ist real, und niemand weiß davon.

Die Folgen einer existierenden Geheimdienstverschwörung gegen die Privatsphäre aller Bürgerinnen und Bürger sind im Empfinden vieler Menschen heftig und Thema literarischer Dystopien (s. Kap. 3). Vom privaten

---

[4] Die anderen beiden denkbaren Fälle halten wir für unproblematisch. *Es gibt keine Verschwörung, und niemand glaubt an eine Verschwörung* muss uns nicht weiter kümmern. Der andere ist: *Es gibt eine Verschwörung, und alle wissen davon.* Auch der benötigt aus unserer Perspektive keine weitere Diskussion, denn eine allen bekannte Verschwörung ist nicht mehr geheim, somit keine Verschwörung und kann öffentlich diskutiert werden.

Lebensbereich über das Berufsleben bis hin zur politischen Ebene: Mit heimlichen Mitleserinnen und Mitlesern kann jede Aktion unvorhersehbare Folgen haben. Ein Benutzerkonto bei einem Internetportal für BDSM-Sex könnte beispielsweise 20 Jahre später zum Stolperstein in einer politischen Karriere werden. Am besten gar nicht mehr auffallen – diese Einstellung wäre eine vernünftige Konsequenz. Im Jahr 1983, über 20 Jahre vor dem Boom der sozialen Onlinenetzwerke, hat das Bundesverfassungsgericht im *Volkszählungsurteil* die möglichen Folgen für die Demokratie beschrieben:

> Mit dem Recht auf informationelle Selbstbestimmung wären eine Gesellschaftsordnung und eine diese ermöglichende Rechtsordnung nicht vereinbar, in der Bürger nicht mehr wissen können, wer was wann und bei welcher Gelegenheit über sie weiß. Wer unsicher ist, ob abweichende Verhaltensweisen jederzeit notiert und als Information dauerhaft gespeichert, verwendet oder weitergegeben werden, wird versuchen, nicht durch solche Verhaltensweisen aufzufallen.

Und weiter:

> Dies würde nicht nur die individuellen Entfaltungschancen des Einzelnen beeinträchtigen, sondern auch das Gemeinwohl, weil Selbstbestimmung eine elementare Funktionsbedingung eines auf Handlungsfähigkeit und Mitwirkungsfähigkeit seiner Bürger begründeten freiheitlichen demokratischen Gemeinwesens ist.

Diese Befürchtung, diese Angst vor dem *Großen Bruder* aus *1984,* verweist auf eine große Gefahr für unsere offene Gesellschaft im Sinne Poppers – ein Staat, in dem politische Prozesse transparent sind und Institutionen immer wieder von kritischen Bürgerinnen und Bürgern herausgefordert werden. Die potenziellen Folgen einer Verschwörung sind immens, die Prüfung der Theorie hat daher Relevanz und rechtfertigt unsere Mühen. Deshalb folgt nun die Prüfung der Widerspruchsfreiheit und logischen Konsistenz der Theorie in den nächsten drei Schritten:

> Der dritte Schritt: Suchen Sie nach Gegebenheiten, die erfüllt sein müssen, damit die Kernaussage der Theorie möglich ist.

Oder könnten Sie direkt und mit einer zumindest ansatzweise nachvollziehbaren Begründung eine Wahrscheinlichkeit dafür angeben, dass der amerikanische Geheimdienst die weltweite Kommunikation ausspäht? Dafür ist diese Annahme doch recht abstrakt und, da es sich um eine Verschwörung handelt, sind die möglichen Anzeichen verborgen. Identifizieren können wir indes die Vorbedingungen der Ausspähungstheorie: Sie haben a) die technischen Möglichkeiten zum Abhören sowie b) ein Interesse daran und c) qua Gesetz und politischem Willen den Freiraum dazu. Jede dieser drei Vorbedingungen ist notwendig dafür, dass die Ausspähungsverschwörung überhaupt möglich ist.

Die so ermittelten Voraussetzungen dafür, dass die behauptete Verschwörung überhaupt möglich ist, können wir verschärft prüfen:

12.2 Eine Faustregel zur Einzelfallanalyse

> Der vierte Schritt: Prüfen Sie die Voraussetzungen darauf, ob sie alle gleichzeitig wahr sein können.

Das ist in unserem Beispiel der Fall. Keine der Vorbedingungen ist offensichtlich falsch. Auch sind alle miteinander vereinbar; es gibt keine Widersprüche zwischen diesen Vorannahmen.

Je nach persönlicher Erfahrung und Expertise haben allerdings die Bausteine einer Verschwörungstheorie subjektiv wahrgenommen unterschiedliche Wahrscheinlichkeiten:

> Der fünfte Schritt: Versuchen Sie, auf der Basis Ihres Wissens abzuschätzen, ob einzelne Vorannahmen wahr sein können und wie realistisch die Folgen sind.

Eine Informatikerin bzw. ein Informatiker könnte die totale Überwachung digitaler Kommunikation beispielsweise eher als technisch machbar einstufen als ein Laie. Die Analyse über Folgen und Vorbedingungen (für dieses Beispiel als Übersicht in Abb. 12.1) offenbart die Relevanz dieser Verschwörung ebenso wie die prinzipielle Möglichkeit ihrer Existenz.

Damit ist natürlich noch nicht gesagt, ob die Theorie stimmt. Die vorgestellte Heuristik hilft uns aber zu entscheiden, ob eine detaillierte Prüfung überhaupt notwendig und sinnvoll ist. Im ersten Schritt bringen Sie die Theorie auf den Punkt. Im zweiten Schritt filtern Sie die Behauptungen aus, bei denen es nicht schlimm wäre,

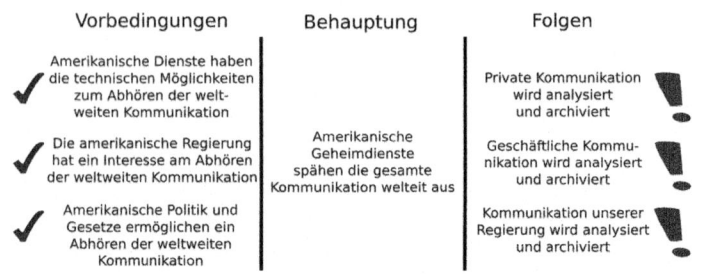

Abb. 12.1 Um Relevanz und Gültigkeit einer Verschwörungstheorie grob zu überprüfen, ist eine Analyse der Vorbedingungen und folgen dieser Theorie praktikabel

wenn die Verschwörung tatsächlich existiert; und bei denen es nicht schlimm wäre, wenn die Verschwörung nicht existiert, aber fälschlicherweise für wahr gehalten wird. Mit anderen Worten: Nur mit persönlich oder gesellschaftlich relevanten Behauptungen lohnt sich die weitere Beschäftigung, sonst wären Sie mit nichts anderem beschäftigt.

Im dritten, vierten und fünften Schritt richtet sich Ihr Blick auf die für die Annahme der Verschwörungstheorie notwendigen Vorannahmen (Abb. 12.2).[5] Die müssen widerspruchsfrei und prinzipiell möglich sein. Ist das der Fall, dann ist die Theorie zwar nicht automatisch „wahr", aber rational begründet und damit diskursfähig. Im hier vorgestellten Überwachungsbeispiel ist das der Fall. Es

---

[5] Das vorgestellte Schema ist recht grob. Im Einzelfall wird es notwendig sein, einige der gefundenen Vorannahmen wiederum auf diese Art zu zerlegen. Das ist immer dann notwendig, wenn eine Vorbedingung selbst so komplex ist, dass sie nicht ohne Weiteres als „zutreffend" oder „unzutreffend" eingeschätzt werden kann.

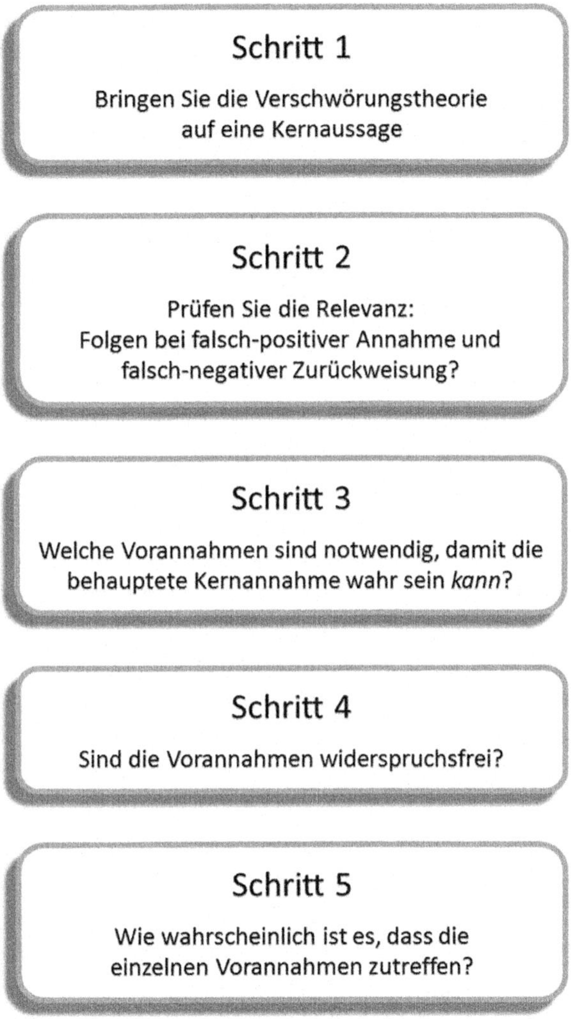

12.2 Eine Faustregel zur Einzelfallanalyse

Schritt 1
Bringen Sie die Verschwörungstheorie auf eine Kernaussage

Schritt 2
Prüfen Sie die Relevanz:
Folgen bei falsch-positiver Annahme und falsch-negativer Zurückweisung?

Schritt 3
Welche Vorannahmen sind notwendig, damit die behauptete Kernannahme wahr sein *kann*?

Schritt 4
Sind die Vorannahmen widerspruchsfrei?

Schritt 5
Wie wahrscheinlich ist es, dass die einzelnen Vorannahmen zutreffen?

Abb. 12.2 Die fünf Schritte der Einzelfallanalyse

wäre unklug und möglicherweise gefährlich, mit einem Verschwörungstheorieverdikt eine vertiefte Recherche und eine öffentliche Diskussion ins Lächerliche zu ziehen. Auch vor den Snowden-Enthüllungen war in diesem Fall die Lage keine andere: Die behauptete Totalüberwachung war relevant und prinzipiell möglich.

Bei den Chemtrails – der Behauptung, dass im großen Stil über die Triebwerke von Strahlflugzeugen krankmachende Substanzen versprüht werden – kommen wir zu einem anderen Ergebnis. Diese Theorie wäre sicher hoch relevant, wenn sie stimmen würde. Es sollte uns nicht egal sein, falls uns unsere eigene Regierung mit giftigen Substanzen berieseln lässt. Die Vorannahmen für eine Chemtrailverschwörung passen aber nicht zusammen. Für eine Vergiftung der Menschheit rund um den Erdball mit praktisch allen Strahlflugzeugen, die unterwegs sind, müssten wir annehmen, dass die Anordnung dazu von den obersten Regierungschefs oder anderen mächtigen Menschen kommt. Piloten, Luftbegleiter, Mechaniker, aber auch die Ingenieure der Flugzeughersteller müssten massiv unter Druck gesetzt werden; schließlich regnet das mutmaßliche Gift auch über ihre eigenen Familien und Freunde. Wir benötigen auch die Vorannahme: „Eine Massenvergiftung ist am besten über das Versprühen von Chemikalien in 10.000 m Höhe realisierbar."

Sollten aber die „Beweise", die Anhängerinnen und Anhänger einer Chemtrailverschwörung auf Facebook und Youtube verbreiten, wahr sein, so tun sich aus unserer Sicht fundamentale Widersprüche auf: Die reichsten und mächtigsten Menschen der Welt sollen angeblich eine weltweite Vergiftung aller Menschen organisieren (aus Gründen, die wir dahingestellt lassen), aber es ist ohne Probleme möglich, Beweise für diese ausgesprochen krasse Verschwörung in aller Öffentlichkeit über Youtube und Facebook zu verbreiten – also über Internetdienste, die den reichsten und mächtigsten Menschen der Welt gehören? Damit ist zudem nicht nachvollziehbar, warum ausgerechnet das Versprühen in großer Höhe (unter riesigem finanziellen Aufwand und mit der Beteiligung von tausenden von Menschen, vom Flugzeugmechaniker bis zum Ingenieur) besser ist als das heimliche Einbringen der giftigen Substanzen in Grundnahrungsmittel oder das Trinkwasser.

Damit könnten Sie guten Gewissens Chemtrails als in sich widersprüchliche und zudem sehr unwahrscheinliche Behauptung abhaken. Sie müssen nichts weiter tun, denn auch die Tatsache, dass es Menschen gibt, die diese allem Anschein nach falsche Behauptung für wahr halten, ist für die Gesellschaft keine große Herausforderung. Es gibt Gott sei Dank keine Gesetze dagegen, irrationale und unbegründete Anschauungen zu pflegen. Wir sind in dieser Hinsicht ein freies Land.

Schwieriger ist es bei Verschwörungstheorien, die gefährliche Auswirkungen haben, wenn sie propagiert werden, obwohl sie falsch sind. Bei allen Theorien rund um das Thema Impfen besteht diese Gefahr. Im Kern behaupten die Impfgegner, dass impfen mehr Schaden anrichtet, als es Nutzen bringt. Dazu können wir folgende Vorannahmen formulieren:

1. Pharmafirmen nehmen aus Profitinteresse bewusst Krankheit und Tod von Menschen in Kauf;
2. es gibt keine Belege für die Wirksamkeit von Impfungen;
3. Wissenschaftler und Ärzte rund um die Welt ignorieren 1 und 2.

Ob die Annahme 1 zutrifft, ist ohne weitere Recherche nicht zu entscheiden. Die Geschichte dieser Firmen sollte uns in der Tat wachsam werden lassen, ohne uns aber stereotyp zu einem „Böse Pharmafirmen"-Ausruf zu veranlassen. In unserem Beispiel müssen wir diese Frage aber nicht vertiefen, denn 2 ist falsch. Es gibt (erinnern Sie sich bitte an die Erläuterung wissenschaftlicher Methoden in Kap. 8) seit Jahrzehnten massig Belege, die den strengen Qualitätskriterien der evidenzbasierten Medizin genügen. Laut diesen Richtlinien müssen sich medizinische Erkenntnisse in verschiedenen Studien und mit sorgfältig kontrollierten Methoden behaupten. Erst dann gelten sie als gesichert und werden zur Behandlungsempfehlung. Eine Faustregelprüfung bringt uns schnell zu der Einsicht, dass die pauschale Ablehnung von Impfungen so nicht gerechtfertigt ist. Gleichzeitig ist die Annahme, dass die bösen Pharmakonzerne aus Profitgier wider besseren Wissens Impfungen propagieren (und über verborgene Kanäle alles dafür tun, diese Propaganda zu streuen) eine Verschwörungstheorie von der gefährlichen Sorte.

Kinder können nicht selbst über ihr Schicksal entscheiden. Die Eltern stehen in der Verantwortung, das Beste für ihr Kind zu wollen. Ein fehlender Impfschutz kann dazu führen, dass das Kind an Masern, Keuchhusten oder

Kinderlähmung erkrankt. Wenig wahrscheinlich, aber durchaus möglich sind bei diesen Krankheiten schwere Folgeschäden und der Tod. Nicht geimpfte Kinder können zudem als Überträger andere Menschen anstecken, die selbst noch zu klein für eine Impfung sind, oder auch Menschen, die wegen bestimmten Vorerkrankungen selbst nicht geimpft werden können (Stichwort Herdenimmunität). Aber klar ist: Auch Impfgegnereltern lieben ihre Kinder. Der Gedanke, dass dem eigenen Nachwuchs etwas zustoßen könnte, ist für sie genauso unerträglich wie für alle anderen Eltern.

Wie sollten Sie damit umgehen? Mit der vorgestellten Faustregel können Sie schon einmal grob sortieren und Verschwörungstheorien entdecken, die relevant und möglicherweise wahr sind, die sehr wahrscheinlich falsch sind, die Sie aber nicht kümmern brauchen; und eben auch die falschen, aber gefährlichen Theorien.

Im letzten Kapitel diskutieren wir am Impfgegnerbeispiel Möglichkeiten, mit dieser Herausforderung umzugehen. Dabei wird es um die Diskussion von Details gehen, aber auch um den Umgang mit Menschen, die eine (möglicherweise gefährliche) Außenseitermeinung vertreten. Zuvor aber, im nächsten Kapitel, haben wir noch Übungsmaterial für Sie zusammengestellt. Es handelt sich dabei um Verschwörungstheorien, die bei uns weitgehend unbekannt sind, an anderen Orten auf dem Erdball aber für heiße Diskussionen sorgen. Es geht um geheime Tunnelsysteme, um Flugzeugabstürze und: lange Unterhosen.

Zusammenfassung

- Techniken wie *Ockhams Rasiermesser* oder die Prüfung auf Falsifizierbarkeit sind keine zuverlässigen Methoden zum Entlarven von Verschwörungstheorien.
- Hetzerische Theorien (etwa gegen „die Juden" oder „die Moslems"), also zynische Theorien, können Sie ohne weitere Prüfung ablehnen.
- Die sogenannten kynischen Theorien, die von Menschen entwickelt werden, um Missständen zu begegnen, können Sie in einem mehrstufigen Verfahren betrachten:
  - Als ersten Schritt bringen Sie die Verschwörungstheorie auf eine Kernaussage.
  - Als Nächstes schätzen Sie die Relevanz der Theorie ein, indem Sie die Folgen abschätzen für die Fälle: falls sie wahr ist und nicht bekannt wird und falls sie falsch ist und trotzdem geglaubt wird.
  - Im dritten Schritt überlegen Sie sich, welche Tatsachen bzw. Vorannahmen gegeben sein müssen, damit die Theorie selbst stimmen kann.
  - Im vierten Schritt überprüfen Sie, ob die gefundenen Vorannahmen untereinander im Widerspruch stehen.
  - Im fünften Schritt bestimmen Sie dann, ob die gefundenen Vorannahmen – wenn sie keine Widersprüche aufweisen – zutreffend sein können.
  - Bringt Sie dieses Faustregelverfahren zu der Einsicht, dass eine Verschwörungstheorie relevant und zutreffend sein kann, dann sollten Sie sich mit der Theorie auf Detailebene auseinandersetzen.

13
Verschwörungstheorien aus aller Welt

Verschwörungstheorien sind alt. Verschwörungstheorien sind universal. Sie sind eine sehr erfolgreiche Erzählform (s. auch Kap. 7). Wir haben Ihnen gezeigt, dass die zugrunde liegenden Geschichten für unsere Gesellschaft sehr relevant sein können, wo die Gefahren dieser Theorien liegen, welche Bestandteile sie haben und wie man sie mit einer Heuristik überprüfen kann. Im Einzelfall können Verschwörungstheorien ungewöhnliche Inhalte bergen. Wir haben für Sie einige eher unbekannte Theorien aus aller Welt zusammengestellt. Mit dieser Sammlung möchten wir keine Stellung zum Wahrheitsgehalt der Theorien beziehen. Auch wenn manche von ihnen auf den ersten Blick fast lächerlich erscheinen: Sollte die Sowjetunion wirklich lange Unterhosen als Kriegswaffe eingesetzt haben? Wir schlagen Ihnen aber vor: Gehen Sie unvoreingenommen an die folgenden Geschichten heran und überlegen Sie sich, welche gesellschaftlichen Fragen und Ängste hier ihren Niederschlag gefunden haben.

13.1 Die lange Unterhose der Sowjetunion

„Wenn alle Menschen in einem Land 60 Jahre lang lange Unterhosen tragen würden, dann könnten sie diese nie wieder ausziehen." Diesen Satz soll der sowjetische Agrarwissenschaftler Trofim Lyssenko 1953 gesagt haben – und dahinter steckte ein teuflischer Plan. Die Tyumen-Wollhose (秋明毛裤; benannt nach der Fabrik in Tyumen, in der sie hergestellt wurde) aus einem besonders gut wärmenden Baumwollmischgewebe wurde angeblich unter dem Motto „richtige Gewohnheiten fördern, Erkältung reduzieren, Konstitution verbessern" von der Sowjetunion für China und Nordkorea empfohlen.

Lyssenko war ein Favorit Josef Stalins. Als Biologe sollte er die Agrarpläne des Diktators wissenschaftlich untermauern. Lyssenkos Ansichten waren konträr zur von Darwin begründeten Evolutionslehre und schon in den 1950er-Jahren mit wissenschaftlichen Maßstäben nicht vereinbar. Vielmehr war Lyssenko der Auffassung, dass Umwelterfahrungen direkt an die nächste Generation weitergegeben werden. Die langen Unterhosen waren aus dieser Ideologie heraus ein vergiftetes Geschenk: Nach drei Generationen sollten die Chinesen so verweichlicht sein, dass sie in den Gebieten Stanovoy, Sibirien und Mongolei nicht mehr überlebensfähig wären. Nach dem Zweiten Weltkrieg hatte Russland noch Sorge, dass China

13.1 Die lange Unterhose der Sowjetunion

diese Gebiete erobern könnte. Lyssenkos mutmaßliche Annahme: Muskeln und Nerven in den Beinen verkümmern, wenn die Beine nicht mehr der Kälte ausgesetzt werden, und Russland hätte sich mit der angeblichen Verweichlichung des chinesischen Volkes auf Dauer die Herrschaft über diese drei Gebiete sichern können.

Vertreten wurde diese Theorie noch im Jahr 2011 in chinesischen Internetforen von einem „Phishing-König Tan". Auch wenn die meisten Kommentatorinnen und Kommentatoren diese Theorie direkt ablehnten: Eine gewisse Resonanz hat sie damals gefunden. Bei Google Trends ist es möglich, sich grafisch anzeigen zu lassen, wie stark ein Suchbegriff über die Zeit nachgefragt wurde. Der Name Lyssenko (李森科)ist über die vergangenen Jahre vor 2011 immer wieder gesucht worden. Im Dezember 2011, als der Phising-König Tan seine Verschwörungstheorie verbreitet hat, zeigt sich aber ein deutlicher Ausschlag in der Suchhäufigkeit für Lyssenko, mit dem höchsten Suchhäufigkeitsgipfel in der von Google erfassten Suchgeschichte (Abb. 13.1).

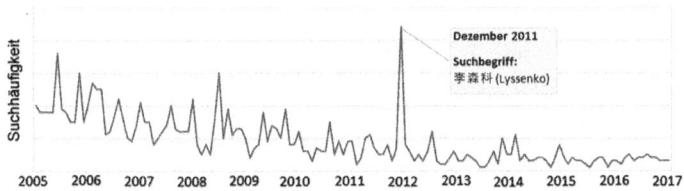

Abb. 13.1 Google-Trends-Ergebnis für die Häufigkeit der Verwendung des Namens des sowjetischen Staatsbiologen Lyssenko als Suchbegriff in chinesischer Schreibweise, von 2005 bis heute. (Stand: Januar 2017)

Die großzügige Geste wäre also ein heimlicher Plan gewesen, dem chinesischen Volk dauerhaft Schaden zuzufügen. Laut Tan würden sich mithilfe dieser Theorie auch die schlechten Leistungen chinesischer Fußballer erklären, denn mit geschädigten Muskeln und Nerven spielt es sich eben schlecht. Nordkorea sei im Fußball besser, denn die lange Unterhose sei dort zwar ebenfalls weit verbreitet, aber wegen Materialmangels wärme sie nicht so gut.

13.2 Das erste Flugzeug von Boeing

Unter der Erde von North Head in Auckland (Neuseeland) liegt ein Schatz – vermuten Jon Smyth und Martin Butler. Seit über 50 Jahren sind Menschen auf der Suche nach *Bluebill,* auch bekannt als *Boeing Model One.* Dabei handelt es sich um das 1916 gebaute legendäre erste Flugzeug des Luftfahrtpioniers William Edward Boeing. Der hat später das größte Luftfahrtunternehmen der Welt begründet. Seine Bluebill aber ist seit 1925 verschollen. Sie soll in einem geheimen Tunnelsystem unter North Head versteckt sein.

Die Verschwörungstheorie besagt, dass sich Regierung und Militär seit Jahrzehnten der Existenz dieser Tunnel bewusst sind, sie aber abstreiten. Solche unterirdischen Verbindungen sind in Neuseeland nichts Ungewöhnliches und wurden im Zweiten Weltkrieg genutzt. Dieses System unter North Head aber soll es nach offiziellen Aussagen nicht geben. Einige Menschen vermuten, dass sich in diesen Tunneln nicht nur das Boeing-Flugzeug verbirgt (das der Firma angeblich einen zweistelligen Millionenbetrag wert wäre), sondern auch große Mengen verrottender Munition, genauer gesagt große Artilleriegranaten mit beachtlicher Explosivwirkung. Die Regierung wäre aber nicht daran interessiert, zuzugeben, dass ein touristisch wertvolles Naturreservat auf einem großen Pulverfass begründet ist. Auch für die Bewohnerinnen und Bewohner der nahe gelegenen, hochpreisigen Stadtteile von Auckland wäre diese Tatsache ein Schock und dürfte die Immobilienpreise im Norden Aucklands treffen. Deshalb, so der Vorwurf, seien die bisherigen Nachforschungen eine Kombination aus Lügen, Mauern und Machtpolitik.

Ende 2014 wurde North Head aus der Luft mit einem Bodenradar untersucht. Hochfrequente elektromagnetische Wellen geben dabei Hinweise, ob unter der Erdoberfläche Anomalien liegen. Das können Metallgegenstände sein, aber auch Hohlräume und Tunnel. Tatsächlich weisen die Hügel von North Head Anomalien auf, die laut Martin Butler eindeutig die Existenz versiegelter Tunnelsysteme zeigen. Ein Indiz dafür, dass dort eines der wertvollsten Relikte der Luftfahrtgeschichte verborgen ist? Dass dort viele Tonnen Sprengstoff in verrostenden und verrottenden Behältern liegen? Oder beides?

13.3 Flugzeugkatastrophen und die Schwarze Hand

Am 12. Dezember 2014 kam es an Bord des Fluges FD9101 von Bangkok nach Nanjing zu einem Eklat. Eine chinesische Frau orderte bei der Stewardess heißes Wasser für ihre Nudeln. Nachdem ihr gesagt worden war, dass das

Wasser einen Dollar kosten würde, flippte sie aus, pfefferte der Stewardess ihren Nudelbecher ins Gesicht und begann herumzuschreien. Dann sprang ein chinesischer Mann auf und drohte, das Flugzeug mit einer Bombe vom Himmel zu holen. Diese Begebenheit ist von mehreren Passagieren dokumentiert worden und sogar auf Youtube mit Computeranimationen nachgestellt worden.

Der Zwischenfall verunsicherte viele Benutzerinnen und Benutzer in chinesischen Internetforen: FD9101 ist ein Flug der malaysischen Fluggesellschaft Air Asia. Waren das wirklich nur zwei überreizte Passagiere, oder steckte da mehr dahinter? Am 8. März des Jahres war erst der malaysische Flug MH370 vom Radar verschwunden; bis heute ist das Schicksal der Maschine ungeklärt. Am 17. Juli wurde dann MH17, wiederum eine Maschine von Malaysia-Airlines über der Ostukraine abgeschossen. Prorussische und ukrainische Kräfte geben sich seither gegenseitig die Schuld am Absturz. War der Flug FD9101 der malaysischen Air Asia ein Menetekel, nachdem einige Monate zuvor die beiden Flugzeuge von Malaysian Airlines verunglückt waren?

„Man kann die Folgen nicht ertragen, aber man kann dem ausweichen. Halte dich von Malaysia Airlines und Air Asia fern", schreibt ein Nutzer am 19. Dezember im chinesischen Tianya-Forum. Die „internationale große Schwarze Hand" würde hinter den Katastrophen stecken, und der nächste Absturz würde kurz bevorstehen, schreibt ein anderer. Die Schwarze Hand wird in dieser Forumsdiskussion gleichgesetzt mit den USA. Manche Nutzerinnen und Nutzer wollen über eine Recherche in chinesischen sozialen Netzwerken herausgefunden haben, dass die

13.3 Flugzeugkatastrophen und die Schwarze Hand

beiden auffälligen Passagiere für den chinesischen Geheimdienst arbeiten.

In unseren Medien war der Absturz der Air-Asia-Maschine QZ8501, wiederum zwei Wochen später, am 28. Dezember 2014, tatsächlich nur eine kleine Meldung wert. 162 Menschen starben, weil der kurz zuvor gewartete und von erfahrenen Piloten gesteuerte Airbus A320 über der Karimata-Straße ins Meer stürzte. Zum Abschluss der Ermittlungen wurde eine Störung der Bordelektronik als Absturzursache angegeben.

In malaysischen Internetforen wird vermutet, dass die USA für alle drei Abstürze verantwortlich seien. So solle Druck auf Malaysia ausgeübt werden, damit dort eine amerikanische Militärbasis errichtet werden kann. QZ8501 sei dabei über eine geheime Fernsteuerung gezielt zum Absturz gebracht wurden; solche Fernsteuerungen seien nach 9/11 in Verkehrsmaschinen eingebaut worden, um im Fall einer Entführung die Maschine vom Himmel zu holen. Andere geben China die Schuld: Alles sei nur ein Vorwand gewesen, um die vietnamesische Küste bis ins letzte Detail zu kartografieren. Einige vietnamesische Nutzer wiederum vermuten, dass Malaysia selbst alles inszeniert hat.

Der Kampf um die Deutungshoheit wird im chinesischen Netz genauso erbittert geführt wie bei uns. *Wumao* nennt man dort die Nutzer, von denen man glaubt, sie seien von der Regierung angestellt, um falsche Informationen zu verbreiten und die Regierung zu loben. Die *Meifen* seien von der Gegenseite angestellt, um die USA zu verherrlichen. Die ständigen Nörgler heißen *Gongzhi*. Trolle, Claqueure und Querulanten sind international.

13.4 Die Entführung von Sia

Brasilien ist ein Land, das vor großen Herausforderungen steht. Die Olympischen Spiele 2016 haben das Medieninteresse nicht nur auf den Sport gelenkt: Viele Menschen leiden dort unter Armut, Korruption und Kriminalität. Ein großer Skandal 2016 war das Auftauchen geheimer Audiomitschnitte, die den Minister Romero Jucá belastet haben. Er soll sich persönlich dafür eingesetzt haben, Antikorruptionsermittlungen im Zusammenhang mit einer staatlichen Ölfirma zu blockieren. Auch soll er daran gearbeitet haben, die Präsidentin Dilma Vana Rousseff aus dem Amt zu bringen (im August 2016 wurde sie tatsächlich vom Senat des Amtes enthoben). Schlagzeilen machte im Sommer 2016 ebenfalls die Entführung von Aparecida Schunck, der Schwiegermutter von Formel-1-Magnat Bernie Ecclestone. Die Kidnapper wollten ein Lösegeld von über 35 Mio. US$ erpressen. Schunck konnte aber befreit werden.

Vor diesem gesellschaftlichen Hintergrund hat es eine mutmaßliche Verschwörung geschafft, in Brasilien über Facebook und Twitter sehr große Bekanntheit zu erlangen. Die angebliche Verschwörerin: Die Popsängerin Beyoncé, die laut Wikipedia bisher über 200 Mio. Tonträger verkauft hat und damit eine der erfolgreichsten und vermögendsten Figuren der Musikbranche ist. Eine besondere Beziehung zu Brasilien ist nicht bekannt.

Beyoncé Knowles soll, zusammen mit einigen Handlangern, die australische Sängerin und Songschreiberin Sia gekidnappt haben. Sia Furler ist eine der erfolgreichsten Songschreiberinnen unserer Zeit und arbeitet zusammen mit David Guetta, Rihanna, Adele, Katy Perry und eben Beyoncé. Sie ist also zentraler Teil in einem Beziehungsgeflecht der derzeit erfolgreichsten Popkünstler. Darüber hinaus ist Sia auch als eigenständige Sängerin mittlerweile weltberühmt. Eine besondere Beziehung zu Brasilien hat auch sie nicht.

Irgendwann 2015 oder 2016 aber soll Sia von Beyoncé entführt und in ein Kellerverlies – ein *cativeiro* – gesperrt worden sein. Dort sitze sie jetzt und schreibe Lieder für Beyoncé. Damit ihr Verschwinden nicht auffällt, soll sie aber angeblich einen überwachten Twitter-Account benutzen dürfen. Ihre brasilianischen Fans analysieren nun diese Nachrichten; zum Beispiel setzen sie die Anfangsbuchstaben der Tweets zusammen. Aus dem Tweet, also der Nachricht über den Kurznachrichtendienst Twitter, von Sia mit dem Text „Hope Everyone Like (sic!) Pancakes" im Juli 2016 wurde so die Nachricht „Help" entschlüsselt. Andere Nutzerinnen und Nutzer wiederum glauben, dass sich Sia noch frei bewegen darf. Ihr Markenzeichen aber, überdimensionierte und extravagante Perücken, hätten vor allem den Sinn, die sichtbaren Zeichen der Misshandlung zu verdecken.

13.5 African Americans und die 50-Cent-Drinks

Schwarze waren in den vergangenen Jahrhunderten immer wieder Opfer von Sklaverei, Misshandlung und Mord. Die Sklaverei war keine Verschwörung, denn sie war weithin sichtbar und galt lange als legitime politische

Position. Aber auch klassische Verschwörungen, also geheime Absprachen und Handlungen zum Schaden dieser Menschen, waren keine Seltenheit. Und im Gegensatz zur Sklaverei, die in Amerika 1865 endgültig offiziell abgeschafft wurde, gibt es solche Geheimprojekte der Regierung nachweislich bis in die zweite Hälfte des 20. Jahrhunderts.

Belegt ist: Im Jahr 1932 hat die staatliche Gesundheitsbehörde im US-Bundesstaat Alabama 600 schwarze, verarmte Hilfsarbeiterinnen und -arbeiter einer Studie zugeteilt. Knapp 400 von ihnen hatten Syphilis, rund 200 nicht. In dieser als *Tuskegee-Syphilis-Experiment* bekannt gewordenen Studie sollte herausgefunden werden, wie sich unbehandelte Syphilis verbreitet. Die Studie lief bis 1972; dann erst wurden Informationen an die Presse weitergegeben, und die Studie musste beendet werden.

Keiner der Teilnehmerinnen und Teilnehmer hatte während der Laufzeit der Studie erfahren, dass er oder sie an der Krankheit leidet. Dementsprechend haben sich andere Menschen angesteckt und sind oft daran gestorben. In den 1940er-Jahren wurde entdeckt, dass Penicillin gegen die Krankheit hilft, und 1947 wurde es als offizieller Therapiestandard eingeführt. Bis 1972 wurde den schwarzen Hilfsarbeiterinnen und -arbeitern diese potenziell lebensrettende Behandlung aber versagt. Medizinische Experimente, mit Wissen der Regierung, an schwarzen Bürgerinnen und Bürgern: Diese Verschwörung hat es tatsächlich gegeben.

In den 1990-Jahren verbreitete sich eine Theorie rund um den Softdrink *Tropical Fantasy,* der in diesem Jahrzehnt in Amerika sehr beliebt war. Mit 49 Cent pro

Flasche war er sehr günstig – eine Coke oder eine Pepsi kosteten rund 80 Cent – und war vor allem bei der schwarzen Community in den Innenstädten sehr beliebt. Der Hersteller *Brooklyn Bottling Group* hat den Drink nicht beworben – Preis und Geschmack haben die Zielgruppe offenbar überzeugt. Deshalb war er allerdings außerhalb der Innenstadtcommunitys kaum bekannt.

Dann kam die Verschwörungstheorie auf, der Ku-Klux-Klan würde hinter diesem Getränk stecken. Beigemischt seien Chemikalien, die schwarze Männer unfruchtbar machen würden. Der günstige Preis zusammen mit dem guten Geschmack sollte also bewirken, dass einkommensschwache Schwarze bevorzugt diese *50-Cent-Drinks* konsumieren und dann keine Nachkommen mehr zeugen können. Die Absatzzahlen brachen ein. Erst nach einer Marketingkampagne, und nachdem der damalige New Yorker Bürgermeister David Dinkins öffentlich eine Flasche Tropical Fantasy getrunken hatte, fand das Getränk wieder Käufer.

14

Schlafschaf oder Wahnwichtel? Bleiben Sie flexibel!

Lassen Sie sich nicht aus der Ruhe bringen von Verschwörungstheorien.

Eine These, die wir in diesem Buch vertreten: Verschwörungstheorien greifen Ängste auf. Selbst hinter der Lange-Unterhosen-Theorie steht eine Angst, nämlich die, dass die Grenze zwischen Russland und China einmal infrage gestellt werden könnte und ein verheerender Krieg zwischen den beiden Großmächten die Folge wäre. Die Beyoncé-hat-Sia-entführt-Theorie ist auf den ersten Blick lächerlich, und sie ist sicher Unsinn. Sind die Brasilianerinnen und Brasilianer, die darauf anspringen, nun Spinner? Es ist bequem für uns, mit dem Finger auf die zu zeigen, die das wirklich glauben und das sogar bei Strafverfolgungsbehörden anzeigen.[1] Tatsächlich leben wir allerdings auch nicht in einem Land, das in vergleichbarem Maß seit Jahrzehnten von Korruption, extremer Kriminalität, versagenden Behörden und weit verbreiteter Armut geplagt ist. Für São Paulo beispielsweise steht in den Reisehinweisen des Auswärtigen Amtes (Stand: Dezember 2016):

> Auch bewaffnete Überfälle und Blitzentführungen in bevorzugten, besseren Wohngegenden haben zugenommen und führen nicht selten zu Schusswechseln mit privaten Sicherheitskräften oder Polizisten (häufig auch in Zivil), auch tagsüber, so dass erhöhte Aufmerksamkeit im gesamten Stadtgebiet angezeigt ist.

Die Idee, dass Verschwörungstheorien aus Angst entstehen, ist nicht neu. Doch in der bisherigen akademischen

---

[1] Zumindest kursieren bei einer Websuche zu dieser Theorie Screenshots von entsprechenden Tweets auf den Accounts von Behörden wie der amerikanischen Bundespolizei FBI.

Debatte wurde den Verschwörungsgläubigen bisweilen unterstellt, dass sie Probleme hätten mit der Komplexität der Welt, dass sie einfache Antworten auf komplizierte Fragen wollen und dass sie Minderheiten als Verursacher aller Schlechtigkeiten verdächtigen. Das trifft in einigen Fällen sicher zu; dass hinter Verschwörungstheorien aber auch ein berechtigtes Unbehagen stehen kann angesichts konkreter gesellschaftlicher Ereignisse und Probleme ist ein Aspekt, der oft kaum gewürdigt wird.

Es mag sein, dass der Anteil an Rassisten, die Minderheiten diskriminieren und diffamieren, unter Verschwörungstheoriegläubigen höher ist als im Durchschnitt – Hinweise darauf finden sich in den in Kap. 9 angesprochenen empirischen Befunden von Grzesiak-Feldman. Das könnte zum Beispiel daran liegen, dass die Annahme einer Verschwörung einer Minderheit sehr bequem ist – denn wie in Kap. 12 beschrieben, verursacht es Aufwand, Existenzaussagen zu widerlegen, weil wir nicht alle Fälle prüfen können und behauptete Verschwörungen unsichtbar sind. Das rechtfertigt aber nicht den Umkehrschluss, dass alle Menschen, die an verborgene Machenschaften in der Weltgeschichte glauben, automatisch auch rassistisch sind. Dieser Fehlschluss wird aber oft leichtfertig gezogen.

Auch Kritikerinnen und Kritiker der Landesverratsermittlungen gegen das *Netzpolitik*-Blog sind Verschwörungstheoretikerinnen und -theoretiker. Sie unterstellen Regierungsbehörden geheime Absprachen zum Schaden von im Grundgesetz garantierten Rechten. Hier wird jedoch keine Minderheit angegriffen. Hier wird auch keine Komplexität reduziert, denn die Annahme, dass ein Journalist und ein Blogbetreiber § 94 des

Strafgesetzbuches verletzt haben, ist viel simpler als die Theorie, dass Regierungsvertreter und Justiz hier eine geheime Agenda verfolgen. Die Angst dieser Verschwörungstheoretikerinnen und -theoretiker: Dass zentrale Garantien unserer Verfassung ausgehöhlt werden und unsere Demokratie so Stück für Stück vor die Hunde geht.

Ähnliche Ängste plagen die Gegnerinnen und Gegner der Überwachung durch Geheimdienste. Andere Menschen fürchten sich von einem Verlust von Kontrolle über ihr eigenes Leben und ihren eigenen Körper. Wahlweise wird die Bedrohung vonseiten großer Pharmakonzerne erlebt, manchmal durch Daten sammelnde Internetkonzerne, ein andermal wiederum durch alles durchdringende Regierungsbehörden. Big Pharma, Big Data und Big Government: Sie alle haben zumindest das Potenzial, unsere Gesellschaft maßgeblich zu verändern, möglicherweise so stark, dass wir sie nicht wiedererkennen. Zu Recht feiern wir Werke wie *Schöne neue Welt* und *1984* als grandiose literarische Werke und nutzen sie als Schulstoff für die Aufklärung und Sensibilisierung zu solchen Themen. *Starship Troopers*, *Neuromancer* und *Matrix* haben Kultstatus. Bei jeder dieser Dystopien sind wir aktuell der Verwirklichung näher als jemals zuvor seit dem Zweiten Weltkrieg.

Wir haben also allen Grund, besorgt zu sein. Die Frage ist, wie wir mit diesem Unbehagen umgehen sollen, damit es nicht in lähmende und generalisierte Angst umschlägt und uns zur Überschätzung von Gefahren und Zusammenhängen treibt. Viele Verschwörungstheorien geben dem Unbehagen eine greifbare Form und vielleicht sogar ein Gefühl von Kontrolle. Wir sind aber jeweils aufgefordert, die vermittelten Werte und die präsentierten Informationen einer Verschwörungstheorie zu prüfen. Sind es Werte, die unsere Gesellschaft voranbringen, sie offener und besser machen? Sind die Informationen plausibel? Wenn man diese beiden Fragen für eine Theorie mit „Ja" beantworten kann, dann spricht nichts dagegen, einmal – mit einer Portion Skepsis und dem Rüstzeug der wissenschaftlichen Methoden – selbst zum Wahnwichtel zu werden. VW-Abgasaffäre und FIFA-Skandal etwa sind Beispiele aus der jüngeren Vergangenheit, bei denen geheime Absprachen und Profitgier wirklich Schaden angerichtet haben.

Ist eine Verschwörungstheorie rassistisch? Hetzt sie gegen eine Minderheit, gegen eine Glaubensgemeinschaft? Gibt sie einer irgendwie gearteten Gruppe die Schuld an Unzulänglichkeiten und Schlechtigkeiten der Welt? Dann wäre es schön, wenn Sie klar Stellung beziehen, so wie es der Sänger Konstantin Wecker gefordert hat: „Sage Nein!" Das hat allerdings nichts damit zu tun, dass es sich um eine Verschwörungstheorie handelt; es geht um den Inhalt, nicht um die narrative Form, gegen den wir uns erheben müssen. Schlafschafe können wir da nicht brauchen.

Dann bleibt noch der große Rest an Theorien: Chemtrailgläubige, Impfgegner, Anhänger der Glutamatverschwörung[2] ... Da wäre es bequem, einfach Schlafschaf zu sein und das zu ignorieren. Das können Sie tun; Sie

---

[2]Das ist die Überzeugung, dass unserem Essen Mononatriumglutamat beigemischt wird, um die Menschen gefügiger zu machen. Tatsächlich ist Glutamat in vielen Speisen als Geschmackskomponente zugesetzt, da es günstig herzustellen ist und den Geschmack von Speisen nach Meinung vieler Konsumenten verbessert. In der Natur kommt es in Tomaten, Parmesan und Hefe besonders konzentriert vor. Es wird oft als Geschmacksverstärker bezeichnet, ist tatsächlich aber neben süß, sauer, salzig und bitter ein eigener Grundgeschmack, der sich „Umami" nennt. Für die behaupteten Wirkungen auf die kognitiven Fähigkeiten gibt es jedoch keine wissenschaftlichen Belege.

können auch eine der vielen Facebook-Gruppen abonnieren, die den ganzen Tag Screenshots in Verschwörungsforen machen, diese dann in der eigenen Gruppe posten und so der kollektiven Lächerlichkeit preisgeben. Das sind meistens einfache Lacher, denn abstruse Beiträge in den entsprechenden Verschwörungsgruppen zu finden ist kein Problem. Manchmal sind auch erschreckende Beiträge dabei – zum Beispiel Postings von Müttern, die ihre kleinen Kinder mit dem sogenannten *Miracle Mineral Supplement* (MMS) behandeln – das ist eine giftige Lösung mit Natriumchlorit, dem Salz einer sehr aggressiven Chlorsäure. MMS wird, wie der englische Name schon sagt, als Wundermittel betrachtet von einigen Menschen, die in der modernen Medizin eine Verschwörung von geldgierigen Ärzten und Pharmafirmen sehen. Nach dem heutigen Wissensstand kann MMS schwere Vergiftungen hervorrufen, und gleichzeitig unterbleibt in diesen Fällen auch noch die dringend notwendige und sinnvolle medizinische Behandlung.

Diese beängstigenden Fälle erscheinen dann aber Pars pro Toto für alle Menschen, die die eine oder andere Verschwörungstheorie für möglich halten. Hier die Guten, dort die Spinner – das ist ein zu einfaches Weltbild. Es bewirkt eine Spaltung, die die Gräben zwischen beiden Seiten immer weiter aufreißt. Dabei wäre es wichtig, miteinander ins Gespräch zu kommen.

Wir, die Autoren dieses Buches, glauben nicht an eine Chemtrailverschwörung. Wir halten Impfungen für wichtig und potenziell lebensrettend. Uns stellen sich die Nackenhaare auf, wenn Kinder mit Chlorbleiche behandelt werden. Diskriminierung von Minderheiten lehnen wir ab, egal in welcher Form.

14 Schlafschaf oder Wahnwichtel? Bleiben Sie flexibel!

Als Psychologinnen und Psychologen stellen sich uns aber auch die Nackenhaare auf, wenn wir die Dynamik der medialen Aufregung zum Thema Verschwörung und Verschwörungstheorien der vergangenen Monate und Jahre sehen. Angeblich postfaktische Weltbilder und sogenannte Fake News[3] werden von vielen Beteiligten des öffentlichen Diskurses unter dem Begriff „Verschwörungstheorie" zusammengefasst. Die Fronten verhärten sich, wichtige Kommunikation bricht ab. So entstehen tatsächlich Subkulturen, beispielsweise von Menschen, die an das gezielte Versprühen von giftigen Chemikalien durch Verkehrsflugzeuge glauben. Aluhutträger und Wahnwichtel eben? Schon diese Begriffe vergiften die Debatte. Es mag sein, dass zum Beispiel in den Foren und Gruppen der Chemtrailtheoretiker manchmal ganz grundlegende physikalische Fakten falsch verstanden werden. Sich darüber öffentlich lustig zu machen ist sehr einfach, bringt aber – vom schnellen Lacher abgesehen – auch niemanden weiter. Und aus der Überlegenheit des Wissens wird schnell eine Überlegenheit der Moral. Ein fundamentaler Fehlschluss: Etwas besser zu wissen macht einen nicht zu einem besseren Menschen!

---

[3] Dabei handelt es sich um Meldungen, die über Netzwerke wie Facebook und Twitter geteilt werden und auf Internetseiten verweisen, die echten Nachrichtenseiten nachempfunden sind. Diese wie Nachrichten aussehenden Meldungen sind frei erfunden. Sie werden zum Beispiel zu Propagandazwecken verbreitet, oder um Werbeeinnahmen zu generieren, und von Nutzern geteilt, die nur die Überschriften lesen, ohne die Quelle auf Glaubwürdigkeit zu prüfen. Manchmal werden solche Fake News auch erstellt, um Computerviren und Trojaner zu verbreiten. Der Klick auf die Überschrift bringt einen dann auf eine Website, die versucht, Schadsoftware auf dem Rechner des Nutzers zu installieren.

Wir haben in diesem Buch eine Brücke zwischen den Disziplinen der Psychologie und der Philosophie geschlagen. Wir haben spekulative Thesen – zum Beispiel über die Sumerer als erste Verschwörungstheoretiker – gemischt mit empirischen Fakten. Wir haben Ihnen gezeigt, dass die bekanntesten Dystopien manchen bekannten Verschwörungstheorien gar nicht so unähnlich sind. Die Gefahren von Verschwörungstheorien haben wir ebenfalls diskutiert. Und mit dem Baukasten und dem Analyseleitfaden haben Sie ein grundlegendes Rüstzeug für den Umgang mit solchen Theorien.

Wir würden uns freuen, wenn Sie in die Verschwörungsdebatte nun mit geschärftem Blick und neuem Wissen einsteigen. Noch mehr freuen wir uns, wenn Sie dazu beitragen, die verhärteten Fronten in den öffentlichen Diskussionen wieder ein bisschen weicher zu machen. Das heißt dennoch, deutlich Position zu beziehen, wo es nötig ist. Es heißt nicht, jeden Unsinn kritiklos hinzunehmen; es kann aber auch nicht heißen, jede Verschwörungstheorie ohne Prüfung als Unsinn abzustempeln.

Eines haben Schlafschafe und Wahnwichtel gemeinsam: Es sind alles Menschen. Und Menschen deuten ihre Welt immer auf der Grundlage ihrer bisherigen Erfahrungen. Sie interpretieren Sinnzusammenhänge über Mustervervollständigung und haben Vergnügen am „Aha", wenn sie einen neuen Zusammenhang aufdecken – sei es der Mann im Mond oder die vermeintlich gefälschte Mondlandung. Sie sind getrieben davon, das Erlebte in eine gute Gestalt zu integrieren, in eine plausible „Erzählung", erschaffen Kausalität und schließen auf Intentionen, wenn Ereignisse aufeinander folgen. Wir und Sie können nicht anders. Manches Mal bilden sich so Verschwörungstheorien und manches Mal nehmen wir auf diese Weise Zusammenhänge wahr, die nicht verlässlich sind; manche dieser Fehltritte sind gar gefährlich – für uns und für die Gesellschaft.

Die Herausforderung: Ein eindeutiger Beleg für „Wahrheit" kann hier nicht das Kriterium sein, weil wir nie aus der „Höhle" heraus auf eine von unserer Wahrnehmung unabhängige Welt blicken können.

Aber Achtung: Das bedeutet nicht, dass unsere Urteile beliebig sind!

Der Ausweg: Wir können uns für Kriterien entscheiden, die wir anlegen möchten, um eine Erkenntnis als verlässlich einzustufen. Gehen Sie dabei gelassen und ehrlich auf die Menschen zu, die Ihnen in Internetforen und im echten Leben begegnen und Ihnen ihre Verschwörungstheorien vorstellen. Hin und wieder treffen Sie dabei echte Trolle – so werden Menschen genannt, die im Internet bewusst und massiv Konflikte anzetteln, weil sie Spaß daran haben. Die werden Sie eh nicht ändern. Für jeden Troll gibt es aber in einer Internetdiskussion 99 andere Menschen, Beitragsschreiberinnen und -schreiber ebenso wie stille Mitleserinnen und -leser, die eine Diskussion mehr schätzen als gegenseitige Schuldzuweisungen.

Unser Vorschlag: Prüfen Sie Verschwörungstheorien auf Vorbedingungen, Relevanz, Folgen und Widersprüche, schätzen Sie Wahrscheinlichkeiten und suchen Sie nach Hinweisen für und gegen die Annahme. Und führen Sie sich vor Augen, dass wir unsere Urteile eben manchmal auch ändern müssen: Fanatismus beginnt, wenn Offenheit für Alternativen ausbleibt.

In diesem Sinne: Bleiben Sie offen, bleiben Sie flexibel!

Literatur

Apter, M. J. (1989). Reversal theory: A new approach to motivation, emotion and personality. *Anuario de Psicologia, 42*(3), 17–29.
Arendt, H. (1951). *The origins of totalitarianism*. New York: Schocken Books.
Armstrong, T., & Detweiler-Bedell, B. (2008). Beauty as an emotion: The exhilarating prospect of mastering a challenging world. *Review of General Psychology, 12*(4), 305–329.
Asimov, I. (21. Januar 1980). A cult of ignorance. *Newsweek, 19*.
Basham, L. (2006a). Living with the conspiracy. In D. Coady (Hrsg.), *Conspiracy theories. The philosophical debate* (S. 61–76). Aldershot: Ashgate.
Basham, L. (2006b). Malevolent global conspiracy. In D. Coady (Hrsg.), *Conspiracy theories. The philosophical debate* (S. 93–106). Aldershot: Ashgate.
Baudrillard, J. (1994). *Simulacra and simulation*. Ohio: The University of Michigan Press.

Biederman, I., & Vessel, E. A. (2006). Perceptual pleasure and the brain. *American Scientist, 94,* 249–255.

Bostrom, N. (2003). Are we living in a computer simulation? *The Philosophical Quarterly, 53*(211), 243–255.

Braitenberg, V. (1984). *Vehicles. Experiments in synthetic psychology.* Cambridge: MIT Press.

Brotherton, R., French, C. C., & Pickering, A. D. (2013). Measuring belief in conspiracy theories: The generic conspiracist beliefs scale (GCB). *Frontiers in Psychology, 4,* 279.

Bruner, J. (1986). *Actual minds, possible worlds.* Cambridge: Harvard University Press.

Carbon, C. C. (2014). Understanding human perception by human-made illusions. *Frontiers in Human Neuroscience, 8*(566), 1–6.

Carbon, C. C., & Leder, H. (2005). The Repeated Evaluation Technique (RET): A method to capture dynamic effects of innovativeness and attractiveness. *Applied Cognitive Psychology, 19*(5), 587–601.

Carbon, C. C., Faerber, S. J., Gerger, G., Forster, M., & Leder, H. (2013). Innovation is appreciated when we feel safe: On the situational dependence of the appreciation of innovation. *International Journal of Design, 7*(2), 43–51.

Center for long-term cybersecurity. (2016). Cybersecurity futures 2020. Center for Long-Term Cyber-Security. University of California, Berkeley. https://cltc.berkeley.edu/files/2016/04/cltcReport_04-27-04a_pages.pdf. Zugegriffen: 31. Jan. 2017.

Chalmers, D. J. (1995). Facing up to the problem of consciousness. *Journal of Consciousness Studies, 2,* 200–219.

Chetverikov, A. (2013). Warmth of familiarity and chill of error: Affective consequences of recognition decisions. *Cognition and Emotion, 28*(3), 385–415.

Chetverikov, A., & Filippova, M. (2014). How to tell a wife from a hat: Affective feedback in perceptual categorization. *Acta Psychologica, 151,* 206–213.
Clark, A. (2013). Whatever next? Predictive brains, situated agents, and the future of cognitive science. *Behavioral and Brain Sciences, 36*(3), 181–204.
Crouch, C. (2008). *Postdemokratie.* Frankfurt a. M.: Suhrkamp.
Csikszentmihalyi, Mihaly. (1990). *Flow: The psychology of optimal experience.* New York: Harper and Row.
Dallenbach, K. M. (1951). A puzzle-picture with a new principle of concealment. *American Journal of Psychology, 64,* 431–433.
Dentith, M. (2014). *The philosophy of conspiracy theories.* Houndmills: Palgrave Macmillan.
Dörner, D., & Vehrs, W. (1975). Aesthetical appreciation and reduction of uncertainty. *Psychological Research-Psychologische Forschung, 37*(4), 321–334.
Dörner, D., Kreuzig, H. W., Reither, F., & Stäudel, T. (1983). *Lohhausen: Vom Umgang mit Komplexität.* Bern: Huber.
Douglas, Y., & Hargadon, A. (2000). *The pleasure principle: Immersion, engagement, flow.* Proceedings of the eleventh ACM on hypertext and hypermedia (S. 153–160). New York: ACM.
Douglas, K. M., Sutton, R. M., Callan, M. J., Dawtry, R. J., & Harvey, A. J. (2016). Someone is pulling the strings: Hypersensitive agency detection and belief in conspiracy theories. *Thinking & Reasoning, 22*(1), 57–77.
Forer, B. R. (1949). The fallacy of personal validation; a classroom demonstration of gullibility. *Journal of Abnormal Psychology, 44*(1), 118–123.
Frenkel-Brunswik, E. (1949). Intolerance of ambiguity as an emotional and perceptual personality variable. *Journal of Personality, 18*(1), 108–143.
Friston, K. (2005). A theory of cortical responses. *Philosophical transactions of the Royal Society, 360*(1456), 815–836.

Friston, K., Thornton, C., & Clark, A. (2012). Free-energy minimization and the dark room problem. *Frontiers in Psychology, 3,* 130.

Ganser, D. (2005). *Nato's secret armies: Operation gladio and terrorism in Western Europe.* London: Routledge.

Gebauer, F., Raab, M. H., & Carbon, C. C. (2016). Conspiracy formation is in the detail: On the interaction of conspiratorial predispositions and semantical cues. *Applied Cognitive Psychology, 30*(6), 917–924.

Gergen, K. J. (2006). The relational self in historical context. *International Journal for Dialogical Science, 1,* 119–124.

Gergen, K. J., & Gergen, M. M. (1986). Narrative Form and the Construction of Psychological Science. In T. R. Sarbin (Hrsg.), *Narrative Psychology. The Storied Nature of Human Conduct* (S. 22–44). New York: Praeger.

Gernert, J. (2. Oktober 2009). Die Planung des Mauerfalls. *taz.de.* https://www.taz.de/!5154973/. Zugegriffen: 2. Feb. 2017.

Goertzel, T. (1994). Belief in conspiracy theories. *Political Psychology, 15*(4), 731–742.

Gregory, R. L. (1980). Perceptions as hypotheses. *Philosophical transactions of the Royal Society, 290*(1038), 181–197.

Grzesiak-Feldman, M., & Irzycka, M. (2009). Right-wing authoritarianism and conspiracy thinking in a Polish sample. *Psychological reports, 105*(2), 389–393.

Hagemeister, M. (2001). Der Mythos der 'Protokolle der Weisen von Zion'. In U. Caumanns & M. Niendorf (Hrsg.), *Verschwörungstheorien: Anthropologische Konstanten - historische Varianten* (S. 89–102). Osnabrück: Fibre.

Helsing, J. van. (1995). *Geheimgesellschaften 2. Interview mit Jan van Helsing.* Rhede: Ewert.

Harder, B. (2005). *Das Lexikon der Großstadtmythen: Unglaubliche Geschichten von Astralreisen bis Zombies.* Frankfurt: Eichborn.

Heider, F., & Simmel, M. (1944). An experimental study of apparent behavior. *American Journal of Psychology, 57,* 243–259.

Herman, E. S., & Chomsky, N. (2002). *Manufacturing consent. The political economy of the mass media.* New York: Pantheon Books.

Hofstadter, R. (1964). The paranoid style in American politics. *Harper's Magazine, 1*(11), 77–86.

Horstmann, U. (2012). *Abschreckungskunst.* Paderborn: Fink.

Illies, C. (2015). *Philosophische Anthropologie im biologischen Zeitalter.* Frankfurt a. M.: Suhrkamp.

Jakesch, M., Leder, H., & Forster, M. (2013). Image ambiguity and fluency. *PLoS ONE, 8*(9), e74084.

Jaspers, K. (1913). *Allgemeine Psychopathologie. Ein Leitfaden für Studierende, Ärzte und Psychologen.* Berlin: Springer.

Jens, W. (1969). *Die Verschwörung.* Grünwald: Norstar.

Keeley, B. L. (1999). Of conspiracy theories. *The Journal of Philosophy, 96*(3), 109.

Keeley, B. L. (2006). Of conspiracy theories. In D. Coady (Hrsg.), *Conspiracy theories. The philosophical debate* (S. 45–60). Aldershot: Ashgate.

Keyes, R. (2004). *The post-truth era.* New York: St. Martin's.

Koschorke, A. (2016). *Adolf Hitlers 'Mein Kampf'.* Berlin: Matthes & Seitz.

Kosinski, M., Stillwell, D., & Graepel, T. (2013). Private traits and attributes are predictable from digital records of human behavior. *Proceedings of the National Academy of Sciences, 110*(15), 5802–5805.

Kramer, S. N. (1956/1981). *History begins at Sumer. Thirty–nine firsts in recorded history.* Philadelphia: Pennsylvania Press.

Krüger, U. (2013). *Meinungsmacht. Der Einfluss von Eliten auf Leitmedien und Alpha-Journalisten – eine kritische Netzwerkanalyse.* Köln: Halem.

Leman, P. J., & Cinnirella, M. (2013). Beliefs in conspiracy theories and the need for cognitive closure. *Frontiers in Psychology, 4*, 378.

Lyotard, J.-F. (1982/2005). *Das postmoderne Wissen. Ein Bericht*. Wien: Edition Passagen.

Mar, R. A., & Oatley, K. (2008). The function of fiction is the abstraction and simulation of social experience. *Perspectives on Psychological Science, 3*(3), 173–192.

Maturana, H. R., & Varela, F. J. (2013). *Autopoiesis and cognition. The realization of the living*. Dordrecht: Reidel.

McAdams, D. P. (1993). *The stories we live by. Personal myths and the making of the self*. New York: Guilford Press.

Melley, T. (2000). *Empire of conspiracy. The culture of paranoia in postwar America*. Ithaka: Cornell Univ Press.

Michotte, A. (1946). *The perception of causality*. New York: Basic Books.

Milgram, S. (1963). Behavioral Study of obedience. *The Journal of Abnormal and Social Psychology, 67*(4), 371.

Muth, C., & Carbon, C. C. (2013). The Aesthetic Aha: On the pleasure of having insights into Gestalt. *Acta Psychologica, 144*(1), 25–30.

Muth, C., & Carbon, C. C. (2016). SeIns. Semantic instability in art. *Art & Perception, 4*(1–2), 145–184.

Muth, C., Hesslinger, V., & Carbon, C. C. (2015). The appeal of challenge in the perception of art: How ambiguity, solvability of ambiguity and the opportunity for insight affect appreciation. *Psychology of Aesthetics, Creativity, and the Arts, 9*(3), 206.

Muth, C., Pepperell, R., & Carbon, C. C. (2013). Give me Gestalt! Preference for cubist artworks revealing high detectability of objects. *Leonardo, 46*(5), 488–489.

Muth, C., Raab, M., & Carbon, C. C. (2015). The stream of experience when watching artistic movies. Dynamic aesthetic effects revealed by the continuous evaluation procedure (CEP). *Frontiers in Psychology, 6,* 117–128.

Muth, C., Raab, M. H., & Carbon, C. C. (2016). Semantic stability is more pleasurable in unstable episodic contexts. On the relevance of perceptual challenge in art appreciation. *Frontiers in Human Neuroscience, 10.*

Neumann, M. (2013). *Die fünf Ströme des Erzählens: Eine Anthropologie der Narration.* Berlin: De Gruyter.

Oliver, J. E., & Wood, T. J. (2014). Conspiracy theories and the paranoid style(s) of mass opinion. *American Journal of Political Science, 58*(4), 952–966.

Pagan, V. E. (2005). *Conspiracy narratives in Roman history.* Austin: University of Texas Press.

Pagan, V. E. (2012). *Conspiracy theory in Latin literature.* Austin: University of Texas Press.

Pariser, E. (2011). *The filter bubble: How the new personalized web is changing what we read and how we think.* London: Penguin.

Popper, K. (1934). *Die Logik der Forschung.* Tübingen: Mohr.

Popper, K. (1958). *Die offene Gesellschaft und ihre Feinde II Falsche Propheten.* München: Francke.

Postman, N. (1985). *Amusing Ourselves to Death: Public Discourse in the Age of Show Business.* USA: Penguin.

Raab, M. H., Auer, N., Ortlieb, S. A., & Carbon, C. C. (2013). The Sarrazin effect: The presence of absurd statements in conspiracy theories makes canonical information less plausible. *Frontiers in Psychology, 4,* 453.

Raab, M. H., Ortlieb, S., Auer, N., Guthmann, K., & Carbon, C. C. (2013). Thirty shades of truth: Conspiracy theories as stories of individuation, not of pathological delusion. *Frontiers in Psychology, 4,* 406.

Ramachandran, V. S., & Hirstein, W. (1999). The science of art: A neurological theory of aesthetic experience. *Journal of Consciousness Studies, 6*(6–7), 15–51.

Ray, J. J. (1982). Toward a definitive alienation scale. *The Journal of Psychology, 112*(1), 67–70.

Reber, R., Schwarz, N., & Winkielman, P. (2004). Processing fluency and aesthetic pleasure: Is beauty in the perceiver's processing experience? *Personality and Social Psychology Review, 8*(4), 364–382.

Reis, J. (1996). *Inventar zur Messung der Ambiguitätstoleranz*. Heidelberg: Asanger.

Ringler, N., Schacht K., Schnuck O., Schöffel R. (2016). Rechtes Netz. Bayerischer Rundfunk. http://web.br.de/interaktiv/rechtes-netz/. Zugegriffen: 31. Jan. 2017.

Rogalla von Bieberstein, J. (1976). *Die These von der Verschwörung 1776–1945. Philosophen, Freimaurer, Juden, Liberale und Sozialisten als Verschwörer gegen die Sozialordnung*. Bern: Herbert Lang.

Sarbin, T. R. (1986). The narrative as a root metaphor for psychology. In T. R. Sarbin (Hrsg.), *Narrative psychology. The storied nature of human conduct* (S. 3–21). New York: Praeger.

Scholl, B. J., & Tremoulet, P. D. (2000). Perceptual causality and animacy. *Trends in Cognitive Sciences, 4*(8), 299–308.

Skinner, B. F. (1948). Superstition in the pigeon. *Journal of Experimental Psychology, 38,* 168–172.

Swami, V., & Furnham, A. (2012). Examining conspiracist beliefs about the disappearance of Amelia Earhart. *Journal of General Psychology, 139*(4), 244–259.

Thorndike, E. L. (1920). A constant error in psychological rating. *Journal of Applied Psychology, 4,* 25–29.

Topolinski, S., & Reber, R. (2010). Gaining insight into the "Aha" experience. *Current Directions in Psychological Science, 19*(6), 402–405.

Tversky, A., & Kahneman, D. (1975). Judgment under uncertainty: Heuristics and biases. In A. Tversky & D. Kahneman (Hrsg.), *Utility, probability, and human decision making* (S. 141–162). Dordrecht: Springer.

Uscinski, J. E., Klofstad, C., & Atkinson, M. D. (2016). What drives conspiratorial beliefs? The role of informational cues and predispositions. *Political Research Quarterly, 69*(1), 57–71.

Uscinski, J. E., & Parent, J. M. (2014). *American conspiracy theories*. Oxford: Oxford University Press.

Van de Cruys, S., & Wagemans, J. (2011). Putting reward in art: A tentative prediction error account of visual art. *i-Perception, 2*(9), 1035–1062.

Watzlawick, P. (1988). *Anleitung zum Unglücklichsein*. München: Piper.

Wertheimer, M. (1923). Untersuchungen zur Lehre von der Gestalt. *II. Psychologische Forschung, 4*(1), 301–350.

Wippermann, W. (2007). *Agenten des Bösen. Verschwörungstheorien von Luther bis heute*. Berlin: be.bra Verlag.

Zeki, S. (2004). The neurology of ambiguity. *Consciousness and Cognition, 13*(1), 173–196.

Zimbardo, P. G. (1972). Comment: Pathology of imprisonment. *Society, 9*(6), 4–8.

Žižek, S. (2014). *Event*. London: Penguin.

Sachverzeichnis

3/15 13, 16
9/11 13, 16, 82, 115, 185, 217, 220, 229
13th Floor (Film), the 87
50-Cent-Drinks 263

A

Abgrenzung 2
Abzu 6
Ambiguitätstoleranz 104
Angst 36, 53, 57, 59, 61, 63, 268
Antisemitismus 176, 177, 182, 184, 269
Asimov, I. 29
Ästhetisches Aha 109

B

Bacchanalienskandal 12
Barnum-Effekt 224
Baumeister 3
Beyonce 262
Big Data 204
Boeing Model One 258
Bostrom, N. 52
Bubble 2.0 42

C

Cäsar, G.J. 13
CDC 6600 (Rechner) 50
Chaoskampf 6
Chomsky, N. 47, 48
Clinton, H. 25

D

Data Mining 43
Daten 41
Definition x
Demokratie 25
Denkmodus
  narrativer 133
  paradigmatischer 133
Drang nach Ordnung 92
Dystopie 33, 61, 200
  1984 37
  Neuromancer 54
  Schöne neue Welt 45
  Simulacron-3 50, 87
  Starship Troopers 34
  Zombies 57

E

Echokammer 208
Einsichtsmomente 113
Empirie 155
Enki 6
Entfremdung 196, 197
Erkenntnis 68, 70
Erzählungen, große 21

F

Facebook 43, 204
Fake News 218
Fakten 28
Fallanalyse 240, 242–244, 246–248, 250
False Flag Operation 235
Falsifikation 146, 148, 159, 169
Falsifizierung 158, 228
FBI 198, 235
FIFA-Skandal 221
Filterblase 207
Flow 140
Flugzeugkatastrophen 259
Freimaurer 4

G

Ganser, D. 236
Gestalt 94
Gestaltpsychologie 94
Gladio 236
Godwin's law 46

H

Haloeffekt 178
Haltung
  antielitäre 29
  antintellektuelle 29
Heuristik 127, 129, 135, 220, 240
Hindsight bias 84
Höhlengleichnis 68

I

Iden des März 13
Impfen 251

Information 216
Informationssammlung, selektive 201
Intention 122, 126, 135, 221
Internet der Dinge 38

K

Kanarienvögel 40
Kaninchenbau 67
Kausalität 122, 126, 130, 221
Keeley, B.L. 82
Kennedy, J.F. 192, 234
Kippbild 95
Klimawandel 152, 163
Komplexität 91, 101, 103, 137, 202
Komplex, militärisch-industrieller 36
Konstruktion, narrative 216
Kramer, S.N. 8
Kyniker 186

L

Landesverrat 231, 232
Launching-Effekt 124
Lohhausen-Studie 202
Lyssenko, T. 256

M

Machtlosigkeit 196
Malaysia Airlines 259

Marduk 7
Matrix (Film) 22, 66, 87
Mauerfall 9
Me 6
Milgram-Experiment 190
Möglichkeit 15, 34
Multidimensionalität 120
Mustererkennung 93, 139, 217

N

Narration 213, 219
Narrationspsychologie 119, 121
Narrativer Modus 133
Nebelsprech 40
netzpolitik.org 232, 269
Neue Weltordnung (NWO) 9
NSA vii, 39, 41, 243

O

Ockhams Rasiermesser 160, 227
Oktoberfestattentat 237

P

Paradigmatischer Modus 133
Paranoia 197
Persönlichkeit 194
Philosophie 42, 65, 75
Popper, K.R. 15, 146, 169

Postdemokratie 25
Postfaktisches 28
Postmoderne 21, 196
Prägnanztendenz 98
Predictive Processing 99
Probehandeln, inneres 132
Propagandamodell 48
Protokolle der Weisen von Zion 180
Psychologie 6, 45, 94, 98, 203, 224
Psywar on Cuba 234

R

Realität 52, 63, 67, 68
  im Film 86
Reichsbürger 26, 187, 209
Reizverarbeitung 98
Religion 6, 15, 60

S

Sapir-Whorf-Hypothese 6
Sarrazin-Effekt 184
Schweinebucht 234
Science Fiction 33
Sia 262
Signifikanz 155
Simulacra und Simulation (Buchtitel) 22
Simulation argument 52, 86
Sinn 116
Slippery slope 84, 176

Snowden, E. vii
Spiegel-Affäre 231
Stanford-Prison-Experiment 191
Sumerer 6

T

Theorie 146, 148, 151
Tiamat 6
Trump, D. 25, 29, 205
Tuskegee-Syphilis-Experiment 264

U

Überwachung 37, 39, 270
Umfrage 192
Universalien, narrative 130
Unterhosen, lange 256
Unwissen 29
Urban legends 137

V

Vernunft 72, 76, 77, 79
  und Evolution 75, 78
Verschwörung
  Bacchanalienskandal 12
  der Geheimdienste vii
  der jungen Götter 8
  des Catilina 12
  des Piso 12
  gegen Cäsar 14
  Schweinebucht 234

Verschwörungsbaukasten 213
Verschwörungstheorie
  als literarisches Narrativ 34
  aus Asien 259
  aus Brasilien 262
  aus China 256
  aus den USA 263
  aus Neuseeland 258
  Definition x
  die erste 3
  im alten Rom 11
  Kriterien 227
  und Antisemitismus 176
  und Information 216
  und Marginalisierung 186, 196
  und Vernunft 76
  und Werte 219
  ungerechtfertigte 82
Volkszählungsurteil 245

W
Wahn 197
Wahrheit 19, 28, 143, 176, 208
Wahrnehmung 99, 101, 116
  und Vorhersage 102, 108
Wahrscheinlichkeit 152
Watergate 235
Weihnachtsmann 91
Werte 219
Widerspruch 77
Wiedervereinigung 9
Wirklichkeit 15
Wissen 145
Wissenschaft 143, 145, 155, 161
Wort des Jahres 20

springer.com

Willkommen zu den Springer Alerts

Jetzt anmelden!

- Unser Neuerscheinungs-Service für Sie:
  aktuell *** kostenlos *** passgenau *** flexibel

Springer veröffentlicht mehr als 5.500 wissenschaftliche Bücher jährlich in gedruckter Form. Mehr als 2.200 englischsprachige Zeitschriften und mehr als 120.000 eBooks und Referenzwerke sind auf unserer Online Plattform SpringerLink verfügbar. Seit seiner Gründung 1842 arbeitet Springer weltweit mit den hervorragendsten und anerkanntesten Wissenschaftlern zusammen, eine Partnerschaft, die auf Offenheit und gegenseitigem Vertrauen beruht.

Die SpringerAlerts sind der beste Weg, um über Neuentwicklungen im eigenen Fachgebiet auf dem Laufenden zu sein. Sie sind der/die Erste, der/die über neu erschienene Bücher informiert ist oder das Inhaltsverzeichnis des neuesten Zeitschriftenheftes erhält. Unser Service ist kostenlos, schnell und vor allem flexibel. Passen Sie die SpringerAlerts genau an Ihre Interessen und Ihren Bedarf an, um nur diejenigen Information zu erhalten, die Sie wirklich benötigen.

Mehr Infos unter: springer.com/alert

Ihr Bonus als Käufer dieses Buches

Als Käufer dieses Buches können Sie kostenlos das eBook zum Buch nutzen.
Sie können es dauerhaft in Ihrem persönlichen, digitalen Bücherregal
auf **springer.com** speichern oder auf Ihren PC/Tablet/eReader downloaden.

Gehen Sie bitte wie folgt vor:
1. Gehen Sie zu **springer.com/shop** und suchen Sie das vorliegende Buch
   (am schnellsten über die Eingabe der eISBN).
2. Legen Sie es in den Warenkorb und klicken Sie dann auf:
   zum Einkaufswagen / zur Kasse.
3. Geben Sie den untenstehenden Coupon ein. In der Bestellübersicht wird
   damit das eBook mit 0 Euro ausgewiesen, ist also kostenlos für Sie.
4. Gehen Sie weiter **zur Kasse** und schließen den Vorgang ab.
5. Sie können das eBook nun downloaden und auf einem Gerät Ihrer Wahl lesen.
   Das eBook bleibt dauerhaft in Ihrem digitalen Bücherregal gespeichert.

978-3-662-53883-8
JRFPrDWspfyhG5s

eISBN
Ihr persönlicher Coupon

Sollte der Coupon fehlen oder nicht funktionieren, senden Sie uns bitte
eine E-Mail mit dem Betreff: **eBook inside** an **customerservice@springer.com**.